Der Untergang Amerikas

W0048992

Michael Ewert

Der Untergang Amerikas

Terror und Gehirnwäsche

SEMIT
edition

2005 © Melzer Verlag GmbH, Neu Isenburg
Alle Rechte vorbehalten
Satz & Layout: Bernhard Heun, Rüssingen
Umschlagentwurf: Publikations Atelier, Dreieich
Druck und Bindung: GGP Media GmbH, Pößneck
ISBN 3-937389-59-8
Printed in Germany

In Gedenken an den 11. September 1973,
Carlo Giugliani ⊤ 20. Juli 2001 in Genua
und die Opfer der „Chilenischen Nacht", inszeniert
all'italiana im globalen Netzwerk des Staatsterrorismus

Inhaltsverzeichnis

Einleitung

Die Punischen Kriege waren für Rom die wichtigste Etappe auf dem Weg zur Weltmacht. Das ist bekannt. Weniger bekannt sind die Kollateralschäden des Sieges über die Karthager. Sie waren Ausgangspunkt dieses Buches, das Ostern 2001 begonnen und dessen Konzept im folgenden September von einer Greueltat überschattet wurde. Aber die Konturen verschärften sich lediglich, denn die Besitzenden nutzten die Gelegenheit und hämmerten noch penetranter Eingeschüchterten ihre Heilslehre ein: Abbau des Sozialstaats, Militarisierung der Außenpolitik und Dominanz der Wirtschaft mitsamt der unaufhörlichen Bereicherung einer Minderheit.

Von hier aus erklärt sich die Hysterie, mit der jeder Einwand gegen die offizielle Sprachregelung zu den Anschlägen vom 11. September 2001 abgewehrt wird. Der Boden bräche unter den Füßen der etablierten Kräften samt ihrer Klientel weg, müßten sie sich den Bankrott des politischen, kulturellen, wirtschaftlichen und militärischen Fixpunktes ihrer charakterologischen Orientierung eingestehen. Die groben Unstimmigkeiten, die dabei in Kauf genommen werden, verweisen auf die zunehmenden Schwierigkeiten, die ideologischen Fassaden aufrecht zu erhalten. Einem Einsturz sind die U.S.A. auf dem Weg nach Bagdad ein gutes Stück näher gekommen. Den Rest erledigt weiterhin George W. Bush mittels einer ruinösen Steuer-, Haushalts-, Wirtschafts- und Außenpolitik, woran er 2004 keinen Zweifel ließ: „Unsere Gegner [...] hören nie damit auf, sich neue Wege zu überlegen, wie sie unserem Land und unserem Volk schaden können – und wir auch nicht." Das war kein Versprecher, denn er wird Wort halten.

Ein Imperium fährt an die Wand, und jeder sollte alles daransetzen, nicht mitzufahren. Dazu bedarf es allerdings mehr als der Hoffnung auf einen Gegenkandidaten, den David Letterman als „Senator, Milliardärsgatte und Windsurfer" bezeichnete. Durchbrochen werden muß eine Reduzierung von Sinn und Verstand, deren Glanzzeit mit Pearl Harbor anbrach. Die ästhetische Heroisierung vollzog sich mit blendenden Darstellern à la General Douglas McArthur oder einprägsamen Arrangements wie auf Iwo Jima. Die vier Soldaten, die sich an einer Fahnenstange festhalten, standen wohl für die vier Freiheiten, die man verteidigte. Das kam gut an. Die fünfte blieb unerwähnt. Es ist die Freiheit zum Ausplündern. Während der Vorbereitungen zum Irakkrieg erinnerten propagandistische Zuarbeiter in der ganzen Welt an den Glaubensartikel von der uneigennützigen Weltmacht, die es verdient habe, als Führungsnation anerkannt zu werden. Wenn man es soweit gebracht hat, hat man nicht viel falsch gemacht.

Tatsächlich haben die U.S.A. ihre Brutalitäten nicht schlecht inszeniert. Die Ausrottung der Indianer lief unter dem Motto: „Go west, young Man!" Dieser sympathische Abenteurer kam in Fahrt mit dem „Kauf" von Florida und „Louisiana", einem riesigen Territorium im Mittleren Westen von der heutigen kanadischen Grenze bis New Orleans. Die Übervorteilung mit lästigen Eingeborenen wurde nachträglich korrigiert. 1848 war mit dem „Frieden" von Guadalupe-Hidalgo halb Mexiko annektiert und der Kontinent durchschritten. Sechs Jahre später erzwang ein Commodore Perry die „Öffnung" Japans. In den Schulbüchern klingt es, als hätte ein Freizeitkapitän sich verfahren und tumbe Heiden mit Glasperlen beglückt. Der disneyeske Erzählstil bewährte sich nach dem 11. September 2001, wenngleich das Imperium Americanum mit seiner Deutungshoheit schneller an seine Grenzen gestoßen ist, als man es für möglich gehalten hätte.

Die Mahnung, daß es für Terrorismus „kein Verständnis" geben dürfe, hat ihren Grund. Niemand soll zur Besinnung kommen, Verantwortung auf sich nehmen und Gedanken verschwenden über die Rolle, die er in dem Drama von Herrschaft, Ausbeutung, Knechtschaft und Tyrannei zu spielen hat. Die bloße Ahnung, daß die Rückschläge, die man erleidet, nichts sein könnten als Mißerfolge, die aus den Erfolgen des eigenen Lebens resultieren, muß abgewehrt werden. Unterstützt wird diese Art der Gehirnwäsche von einem Kanon an Merksätzen, der in das Vorverständnis allgemeiner Wahrnehmung übergegangen ist: aus einer unerschöpflichen Wundertüte hätten die U.S.A. Wohltaten verteilt, denen die Europäer den

Sieg über den Faschismus, Demokratie, Freiheit, Schutz im Kalten Krieg und die Deutschen auch noch die Wiedervereinigung verdanken. So sieht Geschichtsklitterung aus, wenn sie aus einem Guß ist. Das muß sie auch sein, denn sonst könnte die Vergangenheit nicht als Folie dienen, die alles Neue filtert.

Doch vom Kapitol sind es nur ein paar Schritte zum Tarpejischen Felsen. Ende 1999 jubelte ein Charles Krauthammer im *Time*-Magazin, die U.S.A. durchschritten die Welt gleich einem Koloß: seit Rom Karthago zerstörte, hätte keine andere Macht solche Höhen erreicht. Trunken vor soviel Glück las er nicht mehr weiter. Es ist Caesar, den Cassius bei Shakespeare als Koloß beschreibt, um dann fortzufahren: „Und wir kleinen Leute,/ Wir wandeln unter seinen Riesenbeinen,/ Und schaun umher nach einem schnöden Grab." (Julius Cäsar, 1. Akt, 2. Szene) Es wird gegraben durch die Verzerrungen nach Punischen Kriegen und steht als unser aller Heimstatt in Aussicht, weil die sich bildenden Strukturen auf Sand gebaut sind. Rom zerstörte Karthago. Aber es zerstörte auch sich selbst.

Die Siege in Punischen Kriegen führen zu militärischer Hegemonie und gesellschaftlichen Schieflagen, die nicht zu verkraften sind. Die Bedeutung eines Pyrrhus-Sieges hat sich über 2.000 Jahren erhalten, die Punischer Kriege ging im Rausch unter. Wie umnebelt schreitet die gesellschaftliche Erosion voran. Der Zusammenhalt, der sich auf den Erfolg von Inszenierung und Spekulation stützt, verliert seine Elastizität. Er wird brüchig, gefördert von einer Politik der Desozialisierung. Öffentliche Einrichtungen werden zum Luxus, in Europa am markantesten in Großbritannien, weltweit vorbildlich in den U.S.A.

Die „Gemäßigten" in Washington sind keine freien Mitarbeiter der „grünen U.S.A.", wie Raymond Chandler sie spöttisch nannte. Von den „Fanatikern" unterscheiden sie sich durch das Vermeiden gröbster Wahrnehmungsdefizite, auf die sich einzuschießen vielleicht Spaß macht, aber kaum hilfreich ist. Man macht sich lustig über die kognitiven Fähigkeiten eines Bush, so wie man gelegentlich über das Auftreten von Adolf Hitler die Nase rümpfte. Der Schein ist alles in unserer Gesellschaft. Trügt selbst er, steht es freilich wirklich schlecht und Potemkinsche Dörfer geraten ins Wanken.

Iggy Pop besang als *Caesar* die Analogie zur U.S.A. in Herrschaftsform und Machtausübung. Seine Figur ist geldgierig, brutal, zynisch und konsum- wie unterhaltungssüchtig. Sie erinnert daran, daß ein Imperium an gewonnenen Kriegen zu Grunde gehen kann. Geblendet von der Zerstörung Karthagos verdrängte die unaufhaltsame Ausbreitung des Machtbereichs in Rom das Gefühl für die innere Zersetzung, der auch die U.S.A. nicht gewachsen sind. Niemand ist es. Innere und äußere Widersprüche werden jeden niederwerfen, mag er sich auf noch so hohen Rossen wähnen. Einmal im Galopp, gibt es kein Halten mehr und alle Zügel reißen. Vor unseren Augen.

Siege in Punischen Kriegen sind das, was sich mit Kant als „lauter Schein und schimmerndes Elend" bezeichnen ließe. Sie stellen einen Höhepunkt dar, in dem der Niedergang begründet ist, welch verallgemeinernder Schluß aller Geschichtsbetrachtung ihre Bedeutung verleiht: mit ihrer Hilfe zu hoffen, uns besser zu erkennen, indem wir ihr Muster für das Verständnis unserer eigenen Situation entnehmen.

I

Imperiale Entfaltung

*Plünderer der ganzen Welt, schufen sie eine
Wüste und nannten es Frieden.*

Tacitus

Es fing alles so gut an, mit den drei Punischen Kriegen.
Der erste (264–241 v.Chr.) war weniger bedeutend,
obwohl Sizilien (erste) römische Provinz wurde. Der nächste Konflikt Roms mit Karthago (238) machte mit Sardinien und Korsika das Tyrrhenische Meer zum *Mare
nostrum* und wird nicht einmal mitgezählt. Überhaupt
wichen die Punischen Kriege zunächst wenig von der Normalität ab, da sich Rom seit vier Jahrhunderten in Expansion befand. Gleichwohl waren sie eine militärische, ökonomische sowie gesellschaftliche Meisterleistung. Es ist
bezeichnend, daß sich das Schicksal von Pyrrhus nicht
nach seiner Niederlage bei Benevent (275 v.Chr.) besiegelte, sondern schon nach den gewonnenen Schlachten
(280/ 279) bei Heraclea und Ausculum: „Noch so ein Sieg
und ich bin verloren!" Rom war auch nach einer Reihe
von Niederlagen gegen Hannibal nicht verloren. Dessen

Siege 218 am Ticinus (Tessin) und an der Trebia (Lombardei) sowie 217 am Trasimener See (Umbrien) gipfelten 216 in seinem legendär gewordenen Triumph bei Cannae (Apulien), der den Römern die schwerste Niederlage ihrer Geschichte bescherte (50.000 Tote). Doch wegen der unzureichenden Unterstützung aus Karthago reichte es nur für glanzvolle Anmerkungen in den Annalen. Es fehlte die Kraft, die notwendig ist, ein ganzes System zu erschüttern.

Kein Sieg Hannibals konnte an der Basis römischer Stärke rühren. Sie bildete sich aus der Disziplin der Streitkräfte, der Unerschütterlichkeit der militärischen und politischen Oberschicht, der Identifizierung aller Bürger mit den strategischen Zielen und ihrer Opferbereitschaft, d.h. einer nicht versiegenden Quelle humaner und materieller Ressourcen nicht zuletzt seitens eines wankenden, aber niemals fallenden Systems von Bundesgenossen. Sie sahen ihr Heil nicht an der Seite Hannibals, der ihnen vielleicht einen schnellen Erfolg auf dem Schlachtfeld bieten konnte, aber keine Unterstützung in einem langen Leben. Ausdauer entschied den Krieg, wie auch Pyrrhus erfahren mußte. Später konnte Adolf Hitler diesen Punkt nur ignorieren, weil er einem Realitätsverlust, der durch eine rassistische Ideologie und eine fanatische Ordo-Politik kompensiert wurde, erlegen war.

Wirklichen Erfolg hatten die Nazis nur, solange sie sich nicht wesentlich von ihrer Umwelt abhoben – allenfalls in der Radikalität, mit der sie humanistische Werte verachteten. Hitler erreichte mit dem Bluff eines Hasardeurs, was der Weimarer Republik versagt blieb: die Beendigung der Reparationszahlungen, die Remilitarisierung des Rheinlands, die Einführung der Wehrpflicht und die Aufhebung rüstungspolitischer Beschränkungen. Er re-etablierte Deutschland als führende Macht auf dem europäischen Kontinent, doch machte sein nekrophiler Charakter schon aus den „Friedenszeiten" eine kriegerische Angelegenheit. Zehntausende Leichen ab 1933 waren der Grundstock für Massenmorde unglaublichen Ausmaßes. Allen Anschein zum Trotz grub man sich, von Sieg zu Sieg eilend, die Grube für die letztendliche Niederlage. Sie war vorgezeichnet.

Hitlers Aufrüstung mußte die Wirtschaft ruinieren, die sich kaum von 1. Weltkrieg, Reparationszahlungen und Weltwirtschaftskrise mit ihrem Zusammenbruch des traditionellen Exporthandels erholt hatte. Zudem waren die herzustellenden Waffensysteme auf ausländische Lieferungen von Rohstoffen wie Eisenerz, Kupfer, Bauxit, Nickel, Erdöl oder Kautschuk angewiesen. Hitler war nicht der einzige in Deutschland, der den Krieg wollte. Doch jeder, der ihn wollte, hätte ihn nur in der Weise führen können, wie Hitler ihn führte. Sein Fanatismus war eine krankhafte Rationalisierung national-imperialistischer Strebungen. Für einen Krieg gab es keine andere Möglichkeit als die Plünderung Europas in gigantischer Manier. Hitler *mußte* erobern, um einen Bankrott abzuwenden. Dieses Vabanquespiel konnte nur eingehen, wem das Destruktive wesentliches Merkmal seines Charakters ist (s. Fromm, Anatomie, 415ff; Ewert, Blinde Flecken, 26f).

Eine krankhafte Seele war die Form, in die sich ein militaristisches Deutschland flüchtete. Hitlers Wahn führte in die Katastrophe, aber man erfaßt nicht ihr Wesen, wenn man nicht sieht, welche Katastrophen zu diesem Wahn führten. Der Überfall auf die Sowjet Union war ein Verbrechen, aber es war nicht allein das Verbrechen Hitlers. Der Angriff entsprang nicht einer verblendeten Logik, sondern lag in der Logik einer Verblendung nationalen Ausmaßes: ohne die Rohstoffe einschließlich des Erdöls, auf das man hoffte, hätte das militärische Abenteuer des Großdeutschen Reiches nicht einmal Aussicht auf Erfolg gehabt (s. Kennedy, 461ff, 512ff, 519ff). Es war ein Verbrechen von Anfang an, doch diesen Anfang zurückzuverfolgen ist mühseliger als das Organisieren routinierter Erinnerungsveranstaltungen. Sie verschleiern in der Regel nur, wie es so weit kommen konnte.

Die militärischen Erfolge ohnegleichen verdeckten, daß ihre Basis nicht tragfähig war. Sie erinnern insofern an die Punischen Kriege, als sich der Charakter, den sie zu Tage förderten, mit jeder Schlacht weiter demaskierte, immer zügelloser auftrat und so den Sturz in den Abgrund beschleunigte. Im Umfeld von Brutalität und Zynismus, in dem die Geldherrschaft durchgesetzt wird, war es Betriebsunfall und Glücksfall zugleich, daß Hitler schließlich komplett aus der Rolle fiel. Aber anders hätte er seine Glanznummer im Rahmen des nationalkapitalistischen Projekts nicht aufführen können. Sie bestand darin, den dominierenden Kräften in Deutschland noch eine Möglichkeit zu geben, Europa zu ihrem Gunsten zu verändern.

Dieses Konzept war mit dem Überfall auf die Sowjet Union gescheitert. Auch Hitler war am Ende, zumal er mit seiner Kriegserklärung an die U.S.A. wie seinerzeit Hannibal ins Räderwerk einer imperialen Großmacht kam, die anders als Karthago nicht einfach über einen brillanten Strategen verfügte oder wie sein germanisches Kommandoreich eine sehr eng befristete Verfallszeit hätte. Das entstehende Imperium der Neuen Welt war wie Rom schon zu republikanischen Zeiten von einer anderen Dimension: zu machtvoll, zu flexibel und zu effizient, wozu noch Tugenden kommen, die nicht unbedingt zu dem zählen, was man gemeinhin als „Tugend" bezeichnet.

Die ersten Früchte der Tyrannei wurden in der eigenen Hemisphäre geerntet, bis um 1900 die Karibik und der Pazifik überquert waren. 1913 kam das Industriepotential an das von Großbritannien, Deutschland und Frankreich zusammen heran, 1938 fast zuzüglich dem Japans. Eine Zäsur stellte der Erste Weltkrieg dar, wie die Bevölkerungszahlen zeigen: 1913 hatte Deutschland fast 70% der Einwohnerzahlen der U.S.A., 1920 war es mit noch gut 40% bereits abgeschlagen. Es mag Berechnungen geben, nach denen die U.S.A. den gesamten europäischen Kontinent an Produktionsvolumen ohnehin 1925 überholt hätten. Doch das sind Rechnungen mit mehreren Unbekannten. Sie unterstellen die Permanenz gesellschaftlicher Strukturen, die jede Entwicklung der Wirtschaft hemmen, politische Verwerfungen produzieren und letztlich zum Ersten Weltkrieg geführt haben.

Frei von derlei Friktionen war ein kühler Kopf in den 30er Jahren angesichts der japanischen Greueltaten nicht um die Rechte Chinas besorgt, sondern um die der U.S.A., so ihr Botschafter John Grew 1939 in Tokio (zit. nach Chomsky, Wirtschaft, 341). Er teilte nicht die „Ansicht, Japan sei der Bösewicht und China das zu Boden getrampelte Opfer gewesen". Tatsächlich gab es Gründe für Japan, einen Krieg anzufangen. Es war, abgesehen von China und der Sowjet-Union, umgeben von europäischen und US-Kolonien, ergänzt durch Australien und Neuseeland. Die Freihandelsidee wurde nur solange verfochten, wie Japans Ökonomie keine Gefahr darstellte. Ins Hintertreffen geraten, beklagte man „unfaire" Praktiken und schottete sich mit einer Hochzollpolitik ab. Am 7. November 1941 gestand Japan den U.S.A. den gewünschten Zugang zu „seinem" Wirtschaftsraum zu – vorausgesetzt, Lateinamerika, die US-Wirtschaftszone seit 1823, stünde ebenfalls offen. Ein solches Ansinnen wurde als jenseits aller Vernunft empfunden. Einen Monat später erst begann für den Westen das Unheil im pazifischen Raum – mit dem Angriff auf Pearl Harbor. Hawaii, als Vorposten westlicher Werte gepriesen, war eine US-Kolonie wie die Philippinen, wo an der Wende zum 20. Jahrhundert US-Marines der Bevölkerung Lektionen über zivilisatorische Standards erteilte, die über 100.000 Lernunwillige mit dem Leben bezahlten.

Im Gegensatz zu der Hitlerschen oder japanischen Aggression wird die Expansion der Vereinigten Staaten ausgegeben wie ein Naturgesetz. Die Anwesenheit ihrer

Flotte und der schmucken Besatzung kann nur die Schönheit der Landschaft und das Glück der einheimischen Bevölkerung vergrößern. Davon abgesehen kann man sich wie das Königreich Hawaii seine Eroberung durch die U.S.A. selbst verschulden – man sollte keinen profitablen Zuckeranbau betreiben und nicht auf halben Weg zum asiatischen Festland liegen. 1900 bestand die Mehrzahl der 154.000 Einwohner aus Japanern und Chinesen, wobei die angestammte Bevölkerung, zu 90% Hawaiianer, bereits auf ein Sechstel geschrumpft war.

Nachdem zwei Drittel des angelegten Kapitals US-Amerikanern gehörte, war es höchste Zeit für eine „Revolution", um dann „zum Schutz amerikanischen Lebens und amerikanischer Habe" (zit. nach Grossmann, Akkumulation, 470) ein Kriegsschiff nach Honolulu zu schicken – zumal die monopolartigen Gewinne gegenüber Kuba, Java und Brasilien nur mit der Eingliederung in das Staatsgebiet und der damit verbundenen Zollfreiheit gesichert waren. Am 4. Juli 1894 ernannte sich der US-Patriot Sanford Dole zum Präsidenten einer Republik Hawaii. Die Produkte seiner Plantagen machen bis zum heutigen Tag ganze Ländereien zu solchen Bananenrepubliken, die streitig zu machen ins Mark aller freiheitlichen Ideale trifft. Eine solche politische Ökonomie der Menschenrechte ist der Staatskunst höchstes Ziel, wie sich bei der Anti-Nazi-Koalition insgesamt beobachten ließ.

Für die UdSSR begann Hitlers Verbrecherlaufbahn, als er 1941 den Nichtangriffspakt von 1939 brach. Die US-Amerikaner wurden noch später zu „Anti-Faschisten". Bis in die späten 30er Jahre hatten sie die Regime in Rom und Berlin mit hohen Direktinvestitionen gestützt. Ihre Beziehungen zu den Nazis waren exzellent. Schließlich blieb ausländisches Kapital unbehelligt. Auch die Kampagne, die Olympischen Spiele 1936 in Berlin zu boykottierten, war in den U.S.A. zum Scheitern verurteilt: in seinem Club in Chicago würden auch keine Juden aufgenommen, meinte der damalige Präsident des Nationalen Olympischen Komitees der U.S.A., Avery Brundage, profaschistisch wie sein Protegé und einer seiner Nachfolger an der Spitze des IOC. Erwin Chargaff gelang es noch, seine Schwester 1938 aus Wien herauszubringen – seiner Mutter hatte der mit den Nazis sympathisierende US-Konsul das Visum verweigert (s. *stern* vom 15. Nov. 2001). Entsprechend heroisch sah Truman die Perspektive der U.S.A.: „Wenn wir sehen, daß Deutschland den Krieg gewinnt, sollten wir Rußland helfen, und wenn Rußland gewinnt, sollten wir Deutschland helfen und die Deutschen auf diese Weise so viele wie möglich umbringen lassen" (*New York Times* vom 24. Juli 1941, zit. nach Horowitz, 52).

Als es dann hieß: „Germany is a problem", war der Grund nicht, daß es im Innern ein Terrorregime etabliert hatte, sondern weil es außenpolitisch Interessensphären tangierte. 2002/3 griffen die U.S.A. gegenüber Deutschland zu einer Wortwahl, mit der sonst Karibikstaaten beglückt werden, weil sie ihre Hegemonie in Europa gefährdet sahen (dabei unterlief ihnen die Fehlleistung, den Deutschen ein Streben nach Vorherrschaft zu unterstellen, womit sie Verlustängste als tieferes Motiv ihrer Depression zum Ausdruck brachten). Sechs Jahrzehnte früher waren die U.S.A. gegen Hitler, weil er seinen ihm zugedachten Laufstall verlassen hatte. So viel Glück, daß Hitler ihnen auch noch den Krieg erklärte, hat nur der Tüchtige.

Am 4. Oktober 1940 stellte Franklin D. Roosevelt klar: „This country is, aah, ready to pull the trigger if the Japs do anything. I mean we won't stand any nonsense, public opinion won't in the country from the Japs, if they do some fool thing."[1] Nur dank weit verbreiteter Illusionen machte sich die Sicherheitsberaterin Condoleezza Rice nicht lächerlich, als sie sich wegen des Vergleichs der Nazi-Politik mit Bushs (jr.) Kriegsvorbereitungen entrüstete: „Wie kann man den Namen Hitlers und den des amerikanischen Präsidenten im selben Satz verwenden? Vor allem, wie kann eine Deutsche [die Justizministerin] das tun, wenn man die Hingabe der U.S.A. bei der Befreiung Deutschlands von Hitler bedenkt?" (zit. nach SZ vom 23. Sept. 2002)

Hingabe war sicher im Spiel. Pearl Habor, das wie die Anschläge vom 11. September 2001 Tausende Tote „kostete", war die Eintrittskarte in einen Krieg, auf den die besitzenden Klassen lange hingearbeitet haben. Nicht notwendig bewußt, sowenig sich eine bestimmte Art des Wirtschaftens mit der ihr entsprechenden Charakterstruktur bewußt vollzieht. In den U.S.A. ist sie geprägt vom

---

[1] zit. nach Stinnett, 322 Fn. 8 (Tonbandmitschnitt, Weißes Haus).

Triumph über konventionelle Schranken der Ausbeutung. Hieraus ergibt sich eine politische, ökonomische, kulturelle und vor allem psychische Zwangssituation, Konstellationen herbeizuführen, die einen anderen Ausweg als Gewalt, Zerstörung und Vernichtung kaum noch zulassen. Die plumpe Variante war bei Hitler zu beobachten, der alles in Gang setzte, um sich das realistische Gefühl zu vermitteln, ein Getriebener zu sein, der nicht anders könne.

Komplexer war die Strategie der U.S.A. Ihr Drang in den Pazifikraum und vor allem auf den chinesischen Markt kollidierte mit Interessen Japans. Ähnlich wie gegenüber den Taliban blieb schließlich als einzige Lösung eine kriegerische Auseinandersetzung, der freilich die Lethargie der eigenen Bevölkerung entgegenstand. Noch am 30. Januar 1941 waren 88% gegen einen Kriegseintritt der U.S.A. in Europa (s. Stinnett, ebd., 33), von Asien war gar keine Rede: „Yet FDR[oosevelt]'s military and State Departement leaders agreed that a victorious Nazi Germany would threaten the national security of the United States. They felt that Americans needed a call to action." (ebd., 7) Länger schon machten die Verluste mühsam erworbener „Rechte" im pazifischen Raum Sorgen, weshalb seit geraumer Zeit der Druck auf Japan, „to do some fool thing", erhöht wurde.

Als erstes wurde 1939 der Handelsvertrag von 1911 gekündigt und ein Embargo kriegswichtiger Materialien verhängt (Öl, Eisen). Dadurch wurde für Japan das Ziel wirtschaftlicher Autarkie zu einem nationalen Interesse und erhielten die Pläne zur Eroberung vor allem Niederländisch-Indiens (Indonesien) besonderen Nachdruck. Am 7. Oktober 1940 hatte Arthur McCollum, Chef der Navy-Aufklärung und Ostasienexperte, eine Liste mit acht Maßnahmen vorgelegt, die Japan zu einem Angriff auf die U.S.A. verleiten könnten. Es sah Flottenabkommen mit Großbritannien und den Niederlanden vor, eine größtmögliche Unterstützung von Tschiang Kai-schek, die Verlagerung kleinerer Einheiten nach den Philippinen oder Singapur und ein totales Handelsembargo durch die U.S.A. und das Britische Empire, dem insbesondere auf dem Ölsektor sich anzuschließen auf die Holländer eingewirkt werden sollte.

Eine weitere Empfehlung bestand in der Verlegung eines Großteils der Pazifikflotte in die Nähe von Hawaii, was Roosevelts Zustimmung fand: „If by these means Japan could be led to commit an overt act of war, so much the better." (zit. nach Stinnett, 275). Am 8. Oktober 1940 wurden die Punkte im Weißen Haus diskutiert, doch war der damalige Befehlshaber der Pazifikflotte, Admiral James O. Richardson, nicht bereit, auch nur eins seiner Schiffe zu opfern. Er zitierte in seinen Memoiren Roosevelt mit den Worten: „Sooner or later the Japanese would commit an overt act against the United States and the nation would be willing to enter the war." (zit. nach ebd., 11)

Richardson wurde am 1. Februar 1941 durch Admiral Husband E. Kimmel ersetzt, der nicht in den Plan eingeweiht wurde. Auch er war gegen provozierende Flottenbewegungen wie die Stationierung in Pearl Harbor. Dem neuen Befehlshaber wurden Protegés Roosevelts wie der zum Konteradmiral beförderte Walter S. Anderson zur Seite gestellt. Er kam vom Geheimdienst und war jetzt Kommandant von neun Kriegsschiffen. Eins war an der Westküste, die anderen acht wurden in Pearl Harbor schwer getroffen. Während des Angriffs war Anderson auf keinem seiner Schiffe. Sein Quartier war auch nicht wie das von Kimmel bei seinen Offizieren und Mannschaften gute 500 Meter vom Hafen entfernt. Anderson mietete sich privat ein Haus mit Blick auf das Meer, aber nicht auf seine Schiffe (s. Stinnett, 36f). Am 5. Januar 1942 sah dafür die Nation einen Kongreß, der ein gigantisches Rüstungsprogramm bewilligte. Die Umwandlung einer Zivil- in eine Kriegsgesellschaft war eingeleitet.

Die Voraussetzungen waren schon lange gegeben, weil sich anders die Aufrechterhaltung eines gesellschaftlichen Repressionsapparates nicht legitimieren läßt. Staatliche Gewalt in Form von Polizei, Justiz und Verwaltung, propagandistische Indoktrinierung über Medien aller Art, eine allgemeine Verkümmerung der Instinkte auf materialistische Bedürfnisse sowie die zunehmende Verbreitung patriotischer Wahnvorstellungen sind unerläßliche Bedingungen, um Gier und Ausbeutung abzusichern. Historische Grundlage des Gesellschaftscharakters war die nahezu vollständige Ausrottung der Ureinwohner sowie die jahrhundertelange „Verwertung" aus Afrika verschleppter Sklaven. Wie die Verrohung durch die Vernichtungskriege im Osten die Ermordung der europäischen Juden entscheidend begünstigte, fiel im Klima der europäischen

Ausrottungsfeldzüge in Süd-, Mittel- und Nordamerika und anderer Kolonialkriege nicht weiter auf, daß allein der Sklaven*handel* zwischen Afrika und Nordamerika geschätzten zehn Millionen Menschen das Leben kostete.

Damit werden in den Vereinigten Staaten keine Schülerseelen gemartert. Es paßt sowenig in eine Erfolgsgeschichte wie ein seit Jahren unveränderter Mindeststundenlohn von 5.15 USD für die *working poor*, zu denen ein Viertel aller Beschäftigten gehören. Jeder achte US-Bürger lebt unter der Armutsgrenze (fast ein Viertel aller Schwarzen) und ein Drittel aller Arbeitenden verdient weniger als 8.89 USD, die von der *National Coalition for the Homeless* als *Living Wage*, als Minimum zur Lebenssicherung, festgesetzt wurde. 67 % aller erwachsenen Mindestlöhner beantragen die Lebensmittelnothilfe (s. Ehrenreich, Arbeit poor).

Nach vier Amtsjahren von Bush jr. gab es fast eine Million Arbeitsplätze weniger, haben 5 Millionen Menschen mehr keine Krankenversicherung (insgesamt 45 Millionen). Die Zahl der Armen ist nach, wie Kritiker behaupten, geschönten Angaben 2002 und 2003 um drei Millionen auf 35.9 Millionen gestiegen. Im Vergleich zu anderen Industrieländern leben Kinder doppelt so häufig in Armut. 2003 waren es 12.9 Millionen Heranwachsende (17.6%), acht Millionen litten an Hunger. So gewiß diese Zustände nicht ewig anhalten und in Streiks, Unruhen oder Revolten münden werden, hatten sie als unabdingbare Voraussetzung die Zerschlagung einer organisierten Arbeiterschaft.

Systematische Gewalttätigkeit waren dem Imperium in die Wiege gelegt. Die U.S.A. sind gegründet worden von Kolonisten, die fern der Heimat nicht auf unberührtes Land stießen. Die Verdrängung dieser Tatsache ist (wie auch bei Israel) stets ein Zeichen charakterlicher Deformierungen. Anders kann man nicht leben mit dem Ausmaß an Mord, Versklavung, Grausamkeit und anhaltender Unterdrückung geschlagener Völker in Gefolge europäischer Eroberungen nach Christoph Kolumbus. Den Anfang machte (neben Portugal) Spanien, das gerade seinen eigenen Niedergang eingeläutet hatte. 1492 wurden nicht nur die Juden vertrieben oder zur Taufe gezwungen. Mit dem Fall von Granada ereilte die Mauren das gleiche Schicksal und die spanische Inquisition entfaltete ihre barbarische Gewalt.

Was man heute in Granada bewundern kann, ist der Rest an Errungenschaften, den Brutalität, Fanatismus und Rassismus von einer toleranten, weitaus entwickelteren Kultur übriggelassen haben. Damit waren die zivilisatorischen Standards für die Neue Welt so nachhaltig vorgegeben, daß bis heute die farbige Bevölkerung unterprivilegiert, benachteiligt bis zur Rechtlosigkeit und Schikanen ausgesetzt ist. Auch in den U.S.A. ist sie diskriminiert und (nach *amnesty international*) Opfer eines alltäglichen Rassismus. Seit dem sog. „Ende der Rassentrennung" 1964 haben sich die Einkommensunterschiede kontinuierlich vergrößert (ein Weißer besaß 2004 im Durchschnitt zehnmal mehr als ein Schwarzer).

Ein inhumaner Charakter, der bei der Verfolgung seiner

28

Ziele alle Brutalitäten in Kauf nimmt, blockiert sich. Diese Impotenz wird allen zum Verhängnis, die als Sand im Getriebe der Mechanismen von Macht und Reichtum, Gewalt und Habgier empfunden werden. Die Indianer waren die ersten, und solange die an ihnen verübten Verbrechen nicht in der Erinnerung auftauchen, werden sie nicht die letzten sein. Sie werfen einen langen Schatten auf Charakterstrukturen, die sich über Generationen dynamisch entwickeln. Am Ende sind sie ein Programm für gesellschaftliches Verhalten, obwohl der einfachste Mensch, hat er sich ein Herz bewahrt, erkennen kann, daß es allen zivilisatorischen und moralischen Prinzipien Hohn spricht. Die unerläßlichen Vorstufen, die aus Punischen Kriegen eine Tragödie machen, bilden sich in den ersten Siegen, mit denen alle Hindernisse beseitigt werden, die dem „Streben nach Glück" im Wege stehen.

Die Methoden, die eine Gesellschaft ohne nachzudenken anwendet, sind dieser nicht äußerlich. Sie sind kein bloßes Werkzeug, sondern ein Teil unseres Charakters, der mit dem der Gesellschaft konform geht, diesen bestärkt und von ihm bestärkt wird. Die Art unseres Handelns ist vom Muster der dominierenden Charakterformen vorgegeben. Große Spielräume bestehen nicht. Selbst kleine müssen hart erkämpft werden, wofür fast alle Voraussetzungen fehlen, wenn „man so weiter machen kann" wie bisher. Solange sich „Erfolg" einstellt, werden die selbstzerstörerischen Konsequenzen vernachlässigt, welche Ignoranz schon selber ein Symptom von Bösartigkeit, Destruktivität, Sadismus und Unbarmherzigkeit ist.

Die ersten Opfer waren 1637 im heutigen Connecticut die Pequot-Indianer, an denen Pilgram Fathers, christliche Fundamentalisten, Massaker verübten, von denen sie sich nicht mehr erholten. 1643 war der erste Indianerstamm ausgelöscht, gefolgt von den *Algonquin*-Indianern in Lower Manhattan dank holländischer Soldaten. Ein Zeitgenosse schrieb, die Mörder „glaubten, römische Größe bewiesen zu haben, als sie die Menschen im Schlaf hinmordeten, Säuglinge von der Mutterbrust rissen und vor den Augen der Eltern in Stücke hackten, die sie dann ins Feuer oder ins Wasser warfen." (zit. nach Chomsky, Wirtschaft, 374) *Lower Manhattan*. Man muß nicht an eine Strafe Gottes glauben, um sich des Gedankens nicht erwehren zu können, daß sich dreieinhalb Jahrhunderte später bei den Nachkommen kolonialer Berserker ein Kreis geschlossen hat.

Die Ausrottung der Indianer war kein Vorgang im Geheimen. Der erste US-Kriegsminister erwähnte, daß die englischen Kolonialisten Methoden anwendeten, die „sich auf die indianischen Eingeborenen vernichtender auswirken als das Betragen der Eroberer von Mexiko und Peru" (zit. nach Chomsky, Der neue militärische Humanismus, 143). Später nannte Adams die völlige Ausrottung der Indianer, zu der er beigetragen hatte, was er beitragen konnte, „eine der übelsten Sünden dieser Nation", „für die Gott [sie] meiner Ansicht nach eines Tages zur Rechenschaft ziehen wird" (zit. nach ebd.). Unrecht Gut gedeiht nicht, meinte La Rochefoucauld. Seinen Anfang nahm es mit Verbrechen von einer Art, die auch geschildert ist im

Schwarzbuch über den Genozid an den sowjetischen Juden (s. Grossman/ Ehrenburg). Noam Chomsky fühlte sich erinnert an den ersten Massenmord (1980 am Rio Sumpul) des von den U.S.A. geleiteten Krieges in El Salvador, der weniger beachtet wurde als das Vorgehen der Puritaner, die für ihren Triumph in US-Schulbüchern jenen Beifall erhalten, mit dem sie sich einst selber bedachten (s. Chomsky, Wirtschaft, 375).

Die Selbstgerechtigkeit erinnert an Heinrich Himmler, wie er 1943 in Posen Massenmörder rühmte, „bei alledem" anständig geblieben zu sein. Alexis de Toqueville sah gute hundert Jahre vorher, wie die US-Armee „mitten im Winter", aber „mit einzigartiger Seelenruhe, ruhig, legal, auf menschenfreundliche Art, ohne Blutvergießen" Indianer vertrieb. Mit „größerem Respekt für die Gesetze der Menschlichkeit" sei es nicht möglich, Menschen zu entrechten und zu vernichten (zit. nach Chomsky, Der neue militärische Humanismus, 144). Das (neben Auschwitz) einzige Massaker, das in den U.S.A. die Gemüter in Wallung bringt, fand 1770 in Boston statt. Es wurde von der britischen Kolonialmacht begangen. Es war kühl provoziert und forderte fünf Opfer.[2] Fünf tote Afghanen oder Iraker kommen in den U.S.A. nicht gegen die Meldung an, daß in Idaho ein Sack Getreide umgefallen ist.

---

[2] s. Howard Zinn, „Un pouvoir que nul ne peut réprimer", in: *LE MONDE diplomatique*, Janvier 2004; ders., A People's History of the United States (in den U.S.A. bereits mehr als eine Million mal verkauft).

II

Gracchus in Homestead

*Mit der Gewerkschaft sind [1898 in Homestead]
auch die Demokratie und die zivilgesellschaftlichen
Freiheiten zusammengebrochen.*
Noam Chomsky

Rom blühte. Dafür zahlten die Menschen einen Preis,
der die Unzulänglichkeit der römischen Religion
deutlich werden ließ. Der Verlust jeder Orientierung führte zu einem geistig-spirituellen Umbruch. Die offiziellen
Götter eigneten sich für die unmittelbaren Bedürfnisse des
Alltags, doch hatten sie wenig Trost und geistige Anregung
zu bieten. Der Glaube an Zufall oder Schicksal ist ungenügend in unruhigen Zeiten. Zufall und Schicksal wurden
in dieser aus den Fugen geratenen Epoche zu einer Bedrohung, so daß sich immer mehr Menschen Erlösung inmitten allgemeiner Verzweiflung, innerer Leere und eines
Gefühls hoffnungsloser Verlassenheit ersehnten. Schon
mit den Eroberungen Alexander des Großen kam drei
Jahrhunderte vor Christus der Mittelmeerraum in Kontakt mit orientalischen Kulten, welche dann über die hel-

lenistischen Mysterienreligionen auch die jüdische Religion und das aus ihr entstehende Christentum beeinflußten. An Bedeutung gewannen sie nach den Punischen Kriege, als die gesellschaftlichen Verwerfungen alle traditionellen Beziehungen verhöhnten.

Wie New York nach dem 2. Weltkrieg wurde auch Rom nach dem 2. Punischen Krieg größtes Handels-, Bankiers- und Kapitalistenzentrum. Es bildete sich eine Kriegsindustrie, deren Merkmal im Einsatz von Sklaven bestand. Wie in allen Zeiten raubartiger Bereicherung bildeten sich reformerische Gegenströmungen. 133 v.Chr. begann das Volkstribunat des Tiberius Gracchus, dessen von ihm beantragtes Ackergesetz (in Übereinstimmung mit einem Gesetz aus dem Jahre 167) die Begrenzung des Anteils jedes Einzelnen am *ager publicus* vorsah. Vordergründig ging es um die Frage, welche Grundstücke zu öffentlichem Land erklärt werden sollten. Grundsätzlich stand zur Diskussion, wer über die Reichtümer des Imperiums verfügte. Zwar stimmte die Volksversammlung für den Gesetzesantrag, nach dem für das 133 an Rom vermachte Erbe des Attalos III. von Pergamon die Agrarkommission zuständig war. Doch dem stand die Verteilung öffentlicher Gelder aus persönlichen und politischen Gründen entgegen.

Der Senat mit seinen Mächtigen und Reichen hatte längst Blut geleckt. Gracchus wurde beschuldigt, den Staat stürzen zu wollen. Tiberius Gracchus (133), sein Bruder Gaius (121) und eine Anzahl Anhänger wurden ermordet, weil die Oligarchie die Möglichkeiten, die sich ihr mit der imperialen Expansion boten, nutzen wollte. Sie trachtete nach Gemeindeland, dessen Verkauf beim älteren Gracchus prinzipiell verboten, später umstritten, dann unter C. Marius, Konsul ab 107, per Gesetz erlaubt war. Verdrängt wurde bäuerlicher Grundbesitz, der nicht konkurrieren konnte mit Latifundien auf der Basis von Sklavenwirtschaft. Die Zahl der *assidui*, jener Gruppe der Bürgerschaft, die über ausreichend Besitz verfügte, um den Legionärsdienst auszuüben, nahm ständig ab, Verarmung und Zuzug in die Städte nahmen zu.

Mit der wirtschaftlichen Ausbeutung Italiens, die ein Spiegelbild der Ausplünderung gewonnener Provinzen war, brach das sich selbst tragende, nachhaltige und schier unerschöpflich belastbare Rückgrat Roms: der opferbereite, selbstbewußte, über Mittel zum Leben verfügende Bürger, der zu den Waffen eilen wollte und konnte, wenn Not am Mann war. Rom fügte seinem nichtstehenden Bauernheer, das den Mittelmeerraum eroberte, selbst die entscheidende Niederlage bei. Die Logik der Expansion gebar die Logik des Verderbens. Ein immer größerer Teil von Heer und Flotte bestand aus *proletarii*, Männer ohne ausreichendem Besitz. Politisch gerieten die unteren Schichten ins Abseits, weil das Bürgerrecht, das theoretisch die vollen Rechte umfaßte, praktisch losgelöst wurde von dem Anspruch, auch tatsächlich wählen zu dürfen. Die Volksversammlung wurde immer weniger repräsentativ und die römische Aristokratie selbstherrlicher.

Das Verhängnis Roms war, die Basis seiner Triumphe mit jeder Niederlage, die verkraftet werden konnte und zu neuen Siegen führte, zu erschüttern. Das Verhängnis des römischen Volkes war neben der Ermordung der Gracchus-Brüder vor allem die ausbleibende Rache. Beide wurden zwar nicht während ihrer Amtszeit als Volkstribunen umgebracht. Auch war die Plebs zur Tötung der Mörder ihrer konsularischen Vertreter nicht verpflichtet gewesen. Doch ihr Freispruch durch das Volk (explizit 122 im Fall von C. Gracchus) stellte einen Sieg der Oligarchie dar. Die Schieflage des Gemeinwesens zeigte sich schließlich in demographischen Verschiebungen. Der Süden Italiens verödete zunehmend und seine Bevölkerung wanderte in die Städte, wo sich in Folge der kriegerischen Auseinandersetzungen und der damit verbundenen Gewinne eine neue Klasseneinteilung vollzog. Es bildete sich die Grundlage für gewaltige Zentrifugalkräfte, denen nur mit neuen Eroberungen entgegengewirkt werden konnte.

Hier tritt die Kehrseite Punischer Kriege hervor, den Untergang auch des Siegers einzuläuten. Nach dem zweiten Punischen Krieg (218-201) zeigte sich schnell, daß die Römische Republik den neureichen Begierden nicht gewachsen war. Damit setzte der Niedergang ein. Der Kitt, der die vielfältigen Strukturen in Wirtschaft, Politik und gesellschaftlichem Leben auf so scheinbar natürliche Weise zusammenhält, löste sich, ohne gleichwertig ersetzt zu werden. Der Anfang vom Ende richtet sich nach dem Zusammenspiel der einzelnen Bereiche der Gesellschaft, nach ihren Strukturen und den Möglichkeiten, wie sie unter veränderten Bedingungen selber Veränderungen unterworfen werden und als Ganzes weiterfunktionieren.

Die entscheidende Frage ist, ob gesellschaftliche, historische Prozesse von einer bestimmten Gesellschaftsstruktur verkraftet werden können oder einzelne Teile von ihr dermaßen in Mitleidenschaft gezogen werden, daß unumkehrbar die Grundlage für ein Auseinanderdriften gelegt ist. Für das Römische Reich kam es zu dieser schleichenden Katastrophe, weil der Lohn des Sieges Dynamit war für seine Grundlage.

In Rom begannen sich alle traditionellen Maßstäbe zu verschieben. Als reich galt nur jemand, der sich eine Legion halten konnte. Damit war er ein Machtfaktor, besaß Ansehen (*dignitas*) und Einfluß (*auctoritas*). Im Laufe des 2. Jahrhunderts wurde das ländliche Besiedlungsprogramm aufgegeben, was den Weg für den Aufbau einer Privatarmee ebnete, mit der L. Sulla 88 v.Chr. den ersten Bürgerkrieg begann. Es war ein Jahrhundert der Rechtlosigkeit, Unsicherheit und Brutalität in einem Reigen von Krisen, Standeskämpfen, Bürgerkriegen, Schreckensherrschaften und Proskriptionen. Was mit dem Sieg über die Karthager so glanzvoll begann, endete mit der Auflösung aristokratischer Herrschaft, wie sie sich im Laufe der Republik etablierte. Es siegte die Oligarchie, die, einmal in Bewegung durch die ersten großen Eroberungen, sich nicht mehr aufhalten ließ und ein Regierungssystem zerstörte, das 450 Jahre Bestand hatte (s. Christ, Kaiserzeit, 27ff).

Man hat T. Gracchus beschuldigt, er wolle einen anderen Staat. Den Staat, den der Senat mehrheitlich wollte, wollte er in der Tat nicht. Die Gracchus-Brüder waren keine Revolutionäre. Sie sahen nur den Treibsand, der die ausgewogene Stabilität des Gemeinwesens verschlingen mußte. Sie hätten ihn auch in der Neuen Welt gesehen. Deren unbegrenzte Möglichkeiten implizierten die Möglichkeiten unbegrenzter Ausbeutung. In diesem Rahmen vollzog sich die Zerschlagung einer organisierten Arbeiterschaft, die sich anschickte, gegenüber der geballten Macht riesiger, sich zuerst in den U.S.A. entwickelter Kapitalkonglomerate den Kampf um ein menschenwürdiges Dasein aufzunehmen. Für das Stadium von Manipulation und Gehirnwäsche setzten die U.S.A. Maßstäbe. Dabei sind sie in den entscheidenden Kriterien für das Wohl der Menschen, bezogen auf die nichtprivilegierte Mehrheit, mittlerweile vielleicht mit Guatemala vergleichbar (auch im Wahlverfahren hat man sich angeglichen), nicht aber mit Kuba oder europäischen Ländern (in denen es fern jeder Idealisierung um so schlechter um den Lebensstandard steht, je näher sie – wie Großbritannien – dem US-Vorbild kommen).

Es geht um die elementaren Bedürfnisse nach Heimstatt (Wohnungen, keine Gettos oder sonstige Notunterkünfte), Gleichberechtigung (keine korrupten Geflechte zwischen dem großen Geld und der großen Politik), Förderung (nach dem Marxschen Diktum: jeder nach seinen Fähigkeiten, jeder nach seinen Bedürfnissen), Arbeit (nicht als monotones Abrichten), Schutz (der Würde vor unternehmerischer wie staatlicher Willkür), Auskommen (die Deckung eines unverzichtbaren Grundbedarfs, der nicht gleichzusetzen ist mit Existenzminimum oder konsumtiver Einfalt), einem guten, allen zugänglichen Schulsystem und einer medizinischen Versorgung, die nicht Krankheit zur Armut und Armut zur Krankheit führen läßt. Die Internationale Arbeitsorganisation (ILO) setzte 2004 in einer Liste, in der Industrienationen je nach nationaler Zufriedenheit und wirtschaftlicher Sicherheit ihrer Bewohner indexiert sind, die skandinavischen Länder an erster Stelle, Deutschland deutlich dahinter an neunter und mit nochmals ähnlich großem Abstand Großbritannien an 15., Japan (mit seinem Streß am Arbeitsplatz) an 18. und die U.S.A. an 25. (s. SZ vom 2. Sept. 2004).

Eine frühe Kampagne für diesen Triumph waren die philanthropischen Schwärmereien eines Andrew Carnegie. Der „Pazifist" verdiente Millionen mit dem Bau von Kriegsschiffen, gab sich als „Wohltäter" und stieß die Arbeiter seiner Stahlwerke ins Elend. Als er 1892 die 60.000 Mitglieder starke Gewerkschaft der Eisen- und Stahlarbeiter (AAISW) zerschlug, setzte er Streikbrecher und Schlägerbanden ein, die von der Nationalgarde unterstützt wurden (s. Chomsky, Wirtschaft, 398ff). *Homestead* bei Pittsburgh wurde zum Fanal einer Oligarchie auf der Suche nach ihrem Glück. Um sich nicht bescheiden zu müssen, galt es, jegliche Foren für eine eigenständige Meinungsbildung in politischen, wirtschaftlichen und kulturellen Fragen zu diskriminieren, kriminalisieren, anzugreifen und schließlich, als oberstes Ziel, zu zerschlagen (wie die Bolschewiki ab 1917, die italienischen Faschisten dann 1922 und die deutschen Nationalsozialisten 1933).

38

Ergebnis war eine radikale Kürzung der Löhne, die Durchsetzung eines 12-Stunden-Arbeitstages sowie enorme Gewinne durch staatliche Protektion (Zollschranken) und Subvention (Aufträge). Bis heute hat sich eine totalitäre, den Nichtbesitzenden in seiner Bedürftigkeit verachtende Grundeinstellung erhalten. Eine gleichgeschaltete Presse hämmerte ihren Lesern ein, was in Homestead los war: Freibeuter und Erpresser, ein zerstörungswütiger Mob, Anarchisten und Sozialisten wollten die Bundesbank in die Luft sprengen; Gesetzesbrecher, Feinde der menschliche Rasse hätten eine Unordnung geschaffen, die, so die *New York Times*, „ausgerottet werden [muß]" (zit. nach ebd., 402).

In den folgenden Jahrzehnten herrschte in Homestead ein Klima von Angst und Bedrückung wie nach einem Nazi-Pogrom vor Deportationen oder einer stalinistischen Säuberungsaktion. Die Konsequenzen des zivilisatorischen Massakers von Homestead für die Arbeiterschaft reichen über unsere Zeit hinaus: systematisch dumpf, unwissend, ungebildet, unselbständig gehalten, werden die dramatischen Aspekte voll zum Tragen kommen, wenn die einmaligen Bedingungen der 90er Jahre des 20. Jahrhunderts: technische Innovation und spekulativ angehäufter Reichtum einheimischer und ausländischer Anleger, weggefallen sind und das Geld wieder „mit ehrlicher Arbeit" verdient werden muß. Dann wird das Klientelverhältnis unmündiger Abhängiger zu den Machtinhabern als Verhängnis deutlich.

Schon während der Etruskerzeit bestand in den römischen Patrizierfamilien eine fast feudale Beziehung zwischen den *pater familias*, dem Oberhaupt, und seinen Abhängigen, die bis zu wohlhabenden Kaufleuten ohne politischen Einfluß und eigenen Verpflichtungen als Familienoberhäupter reichten. Der *patronus* konnte sich auf den *clientes* verlassen, der ihm verpflichtet war und seinerseits um Unterstützung bitten konnte. Ihre Position verdankten die Patrizier ihrem Einfluß, der ihnen die Schlüsselstellungen in Regierung und Verwaltung vorbehielt. Die Abhängigkeit einer plebejischen Klientel von der herrschenden Oligarchie erscheint heute als konformistisches Verhalten gegenüber anonymen Autoritäten, wodurch scheinbar demokratische Abläufe ihren totalitären Zuschnitt erhalten.

Die Resultate waren zunächst überzeugend: 1913 entfielen auf zwei Prozent der Bevölkerung 60% des Volkseinkommens, allein S. Morgan und John Rockefeller kontrollierten 20% des Volksvermögens. Die einzige Großmacht war nach 1945 charakterlich denkbar schlecht vorbereitet, als es darum ging, die Weltordnung neu zu ordnen. Zu brutal hat sie schon frühzeitig ihre imperialen Ambitionen verfolgt. Kuba wurde seit jeher als ihnen zustehender Vorposten betrachtet, was nach der Vertreibung der Spanier 1902 zu einer Verfassung führte, in der Havanna zur Sicherung der kubanischen Unabhängigkeit ein Interventionsrecht der U.S.A. akzeptieren mußte: die Regierung sollte „Leben, Eigentum und individuelle Freiheiten" schützen können. Vorausgingen 1898 Hawaii, Guam und die Philippinen.

Seit der Monroe-Doktrin von 1823 realisierte sich ein imperiales „Amerika den Amerikanern" unter militärischem und politischem Druck über Kapitalinvestitionen, die zur Bereicherung der einen und Verwandlung ganzer Länder in Finanzprotektorate (mit einem lokalen Bluthund als Prokonsul) für die anderen führten. In Frank Capras *Arsenic and Old Lace* (U.S.A. 1944) gräbt der sich für Theodore Roosevelt haltende Bruder der alten Schwestern jedesmal, wenn diese jemand ermordet haben, eine „neue Staustufe des Panamakanals" (im Keller des Hauses). Die Pointe kommt der Realität ziemlich nahe, was dem Publikum entgeht, falls es von Th. Roosevelt eine andere Vorstellung hat als Chomsky. Für ihn war er „einer der schlimmsten Rassisten und Geisteskranken der Gegenwartsgeschichte [...]. Hitler hat ihn aus guten Gründen bewundert. Es ist erschreckend, seine Schriften zu lesen." (Chomsky, War against People, 61, 62) Rumsfeld erschrak nicht, als er sie las – aus guten Gründen bewundert auch er ihn.

Im Innern schützte sich die Oligarchie durch Aushöhlung des Streikrechts und Aussperrung von Gewerkschaften. Die Macht der Unternehmen nahm unaufhörlich zu, bis die Zulassung von Betriebsräten in ihrem Ermessen lag (s. Fanasia/ Voss, Des syndicats domestiqués). Bis in die 70er Jahre des 19. Jahrhunderts wurden Körperschaftsurkunden nur für die Dauer der Erfüllung öffentlicher Aufträge erteilt. Dann setzten Bemühungen ein, den Status der Gesellschaften zu konsolidieren, wodurch es zu einer Konzentration der Herrschaft kam, die, so Chomsky, den

Hintergrund bildete für „drei wesentliche Entwicklungen: Faschismus, Bolschewismus und die Tyrannei der Kapital-gesellschaften." (Chomsky, Haben und Nichthaben, 25)

Verbindendes Merkmal ist die Definition des Wohles einer Klasse als das des Volkes. Ihm fühlt sich der Einzelne nicht als selbständiger Bürger verbunden, sondern weil er „stolz" ist, in einem von ihm „geliebten" Land leben zu dürfen. Trotz einiger Schocks, den das Unternehmertum in der Durchsetzung seiner Ansichten erleiden mußte, konnte es zufrieden sein. Zwar sicherte der *Wagner Act* von 1935 den Arbeitern das Koalitionsrecht, doch zeigte man ein Jahr später im Streik gegen *Bethlehem Steel* im Mo-hawk Valley (Py.), daß man dazugelernt hatte: die Strei-kenden wurden nicht niederkartätscht, sondern außerhalb einer propagierten „Volksgemeinschaft" gestellt.[3]

„Anti-Amerikanismus" wurde ein Schlagwort gegen die Arbeiterbewegung, das etwa zeitgleich mit den faschisti-schen Bewegungen in Europa entstand. Undeutsch, anti-sowjetisch, Feind des chinesischen Volkes – diese Meta-phern finden in unserer „Zivilisation" ihre Entsprechung nur in *unamerikanisch*. Als Rita Hayworth in *Gilda* (U.S.A. 1946) gefragt wird, ob sie als Tänzerin auch hier, in Argentinien, aufgetreten sei, antwortet sie: „Nein, [nur] in Amerika." Ihr Gesprächspartner muß lachen: „Ist das hier nicht Amerika?" Zu lachen gab es da nichts. Man macht sich nicht lustig über einen Gemeinschaftsmythos,

---

[3] s. Chomsky, Desinformation und der Golfkrieg, in: ders. et al., Neue Welt-ordnung, 105ff; ders., Media Control, 33ff.

von dem die PR-Strategen in den 30er Jahren auf Grund ihrer Studien an totalitäre Staaten fasziniert sein mußten. Der leere Begriff *Amerika* ruft bis heute zur Disziplin auf, jeden kritischen Gedanken als moralische Verfehlung und unseriöse Diffamierung fernzuhalten.

Die Nazis machten mit ihren Gegnern kurzen Prozeß, weil es Feinde des Volkes seien. Nicht anders werden US-Bürger gesehen, die es an der nötiger Begeisterung für die Politik ihres Heimatlandes fehlen lassen. Man denke an Kritiker wie Gore Vidal (Schriftsteller), Howard Zinn (Historiker), Alan Sokal (Physiker), Thomas Gumbleton (Katholischer Bischof), Edward Herman, Michael Perelman und Dean Baker (Ökonomen), die in ihrem Offenen Brief „An unsere Freunde in Europa" (s. SZ vom 10. Apr. 2002) die Praxis der U.S.A. kritisieren, bei Bedarf gegen andere Länder „Bomben und Raketen [...] loszuschicken, die Tod und Verderben auf sie herabregnen lasse", und dabei eine vollkommene Gleichgültigkeit an den Tag zu legen. In diesem Sinn werden auch die „Verschwörungs-theoretiker" zu Recht des „Anti-Amerikanismus" beschuldigt: sie sind ein Affront gegen die völkisch-totalitäre Ideologie eines Schurkenstaates, nach der er unermüdlich das Füllhorn des Glücks über den Rest der Welt ausschüttet (zusammen mit Napalm, Streubomben und Präzisions-schlägen).

Ebenso wird der Begriff des „Antisemitismus" einge-setzt, um Kritik an Israel abzuwehren. Für Shimon Peres war die Darstellung einer spanischen Satirezeitschrift von Scharon als Schwein in Nazi-Uniform per se antisemitisch wie 2003 ganz Europa, als es mehrheitlich Israel für die größte Bedrohung für den Weltfrieden hielt. Wie kaum andere Länder verleihen die U.S.A. und Israel ihren Interessen eine völkische Hülle, außerhalb derer die Gebote der Menschlichkeit keine Anwendung zu finden haben. 1989 stellte Rabin den Palästinensern anheim, „sich in menschlichen Staub und den Abfall der Gesellschaft zu verwandeln" (zit. nach Chomsky, Sprache und Gewalt, 142), 2003 rechtfertigte Benjamin Netanjahu die Fortsetzung des israelischen Landraubs durch meterhohe Sperranlagen als Schutz „vor wilden Tieren" (zit. nach SZ vom 10. Dez. 2003). Für den US-Außenminister Colin Powell war der flüchtenden Saddam nichts als „Müll, der darauf wartet, abgeholt zu werden" (zit. nach SZ vom 31. Juli 2003).

Die Nähe resultiert aus einer Wesensgleichheit der Systeme: der Brutalität der Vorgehensweise, ihrem banalen Materialismus und dem Kokon an Glaubenssätzen, in dem sich alle Gedanken verfangen mögen. Es ist kein Zufall, daß zu den vehementesten Verteidigern der US-Strategie nach dem 11. September 2001 jene Juden gehören, die sich stark mit Israel und seiner Politik verbunden fühlen. In dieser Apologie staatlichen Terrors zeigt sich allerdings nichts spezifisch Jüdisches, denn, wie die Gruppe „Berliner Jüdinnen und Juden" unterstreichen, „Panzer mit Davidsternen zermalmen jüdische Werte." (zit. nach SZ vom 9. April 2002) Für Fritz Teppich, von seiner Familie einziger Überlebender der Nazi-Verfolgung, sind die Israelis „nach Hitler [...] die schlimmsten Antisemiten." Petra Mendelsohn, Tochter von Überlebenden, hält Israel entgegen früherer „romantischer" Vorstellungen heute für ein Apartheid-Regime, und Harry Grünberg, mit deutsch-israelischer Doppelstaatsbürgerschaft außenpolitischer Mitarbeiter der PDS, mahnt an, auch im Falle Israels ethnische Säuberungen als solche zu benennen.

Nach Hajo Meyer, Überlebender von Auschwitz und Vorstandsmitglied der holländischen Gruppe *Eine andere jüdische Stimme*, sei es gerade der in ritualisierten Abwehrmechanismen sich manifestierende Glaube von Juden, „über alle Kritik erhaben zu sein", der den Antisemitismus schüre. Er sei geschockt, daß „Antisemitismus von der israelischen Regierung als Waffe eingesetzt wird" und nannte die auch von Peres angewandte Strategie, letztlich alle Kritik an Israel mit Antisemitismus gleichzusetzen, „ein Verbrechen". Dadurch werde der Kampf zwischen Palästinensern und Israelis „auf dem Rücken der europäischen Juden ausgetragen."[4] Der Vorwurf des Antisemitismus ist der Versuch der Einschüchterung, mit der ein autoritäres Weltbild abgesichert werden soll, und sei es dadurch, daß, so Grünberg, in Frankreich jüdische, gegen Scharon demonstrierende Intellektuelle von jugendlichen Likud-Anhängern zusammengeschlagen werden (s. SZ vom 12. Apr. 2002).

Analoge Methoden lassen sich bei den Propagandatrupps von *New York Times* über das Außenministerium bis zur Sicherheitsberaterin (von den christlichen Sekten

---

[4] zit. nach Siggi Weidemann, Dunkle Wolken über die Niederlanden, in: SZ vom 30. Apr./ 1. Mai 2002.

ganz zu schweigen) beobachten: wenn Rice wie Mai 2002 die Europäer vor „antisemitischen" Äußerungen warnt, stößt sie Warnungen des Imperiums vor unbotmäßigen Gedanken aus. Jede Elite, deren Macht sich auf militaristische und korporatistisch-industrielle Strukturen stützt, wird so argumentieren – bei 1688 antisemitischen Vorfällen im eigenen Land (2001). In der steilen Felswand ist der Weg nach oben mit Codewörtern markiert. Die Sicherungshaken dienen auch als Nägel für Kreuzigungen.

„Abweichler" und „Renegaten" sollen als Störenfriede stigmatisiert werden, die nicht einfach der herrschenden Ordnung zuwiderhandelten, sondern Schädlinge für das allgemeine Wohlergehen seien. Der Gedanke eines allumspannenden, organischen Volkskörpers, der sich spätestens mit der Kampagne von Mohawk Valley durchgesetzt hatte, ist in der totalitären Hetze von Senator Joseph McCarthy selbstverständlich geworden. Man bekämpfte „fanatische Ideologen" und koppelte die U.S.A. von westlichen Standards ab. Chomsky bemerkt, daß kein Land außer El Salvador und Litauen (mit Abstand) so wenig Abkommen der ILO unterzeichnet hat. Der Herold unter den Ermahnern zur Einhaltung der Menschenrechte (außerhalb des eigenen Territoriums) ist nicht einmal den Abkommen über Kinderarbeit und das Recht auf gewerkschaftliche Organisation beigetreten.

Die Zahlungsrückstände gegenüber der ILO, die vergleichbar sind denen bei der UNO (s. Chomsky, Menschenrechte, 21ff), sind Teil des Kampfes gegen Bestrebungen, die von Komitees zur Untersuchung *unameri-*

kanischer Umtriebe schon Anfang der 40er Jahre unter Roosevelt als umstürzlerisch, radikal, anarchistisch, sozialistisch oder kommunistisch bezeichnet wurden. Die Zensur, ob Aktivitäten dem Charakter eines Landes entsprächen oder nicht, finden wir in allen totalitären Gesellschaften. In den U.S.A. wurden mit der Überprüfung verfassungsrechtlicher Bedenken ganze Gruppierungen, Strebungen, Einstellungen und bloße Ansichten diffamiert und kriminalisiert. Die Gracchus-Brüder hätten nichts zu lachen gehabt in Zeiten, in denen Kritik als irrational und subversiv erschien. Eine Ära, der McCarthy den Namen gab, brachte unterschiedlichste Themen wie Redefreiheit, Versammlungsrecht, Verbraucherschutz, Rassengleichheit oder Organisationsmöglichkeiten für Arbeiter und Angestellte in einen Zusammenhang mit kommunistischen = sowjetischen = ausländischen = unamerikanischen Versuchen, den Staat und seine Sicherheit zu unterminieren. Das Ergebnis war die Niederlage der Demokratie gegenüber totalitären Institutionen, die praktisch keiner Kontrolle unterliegen.

Unter Kontrolle hingegen waren viele Intellektuelle, die sich von der CIA kaufen ließen. 1950 veranstaltete die CIA einen „Kongreß für kulturelle Freiheit", der bis in die 60er Jahre tagte. 1948 gründete Melvin Lasky „seinen" *Monat*, unter François Bondy erschien 1951 *Preuves*, zwei Jahre später folgte der britische *Encounter*. Die Ausrichtung des „Geisteslebens" war im Westen nicht weniger gelenkt wie im Osten. General John Magruder konnte im Pentagon mit der Umsetzung dieses Propagandafeldzugs, dessen

Worthülsen sich im „Kampf gegen den internationalen Terrorismus" wiederfanden, zufrieden sein. Er pries den Kongreß als eine „raffinierte Tarnorganisation auf höchstem intellektuellem Niveau … unkonventionelle Kriegsführung der besten Art" (zit. nach Saunders, Zeche, 87).

Flankierend standen Radiosender auf der Empfängerliste der CIA, Künstler wie Jackson Pollock wurden protegiert, Konzerte und Kongresse finanziert, Preise und Stipendien vergeben – und Frank Sinatra, ein Jahrzehnt vorher noch ein Verfemter, durfte sich 1960 mit einem Auftritt in Paris rehabilitieren. So wie er dort *Night and Day* sang, konnte man vier Minuten und 19 Sekunden glauben, an Magruders Strategie sei etwas dran. Etwas war auch dran: blockiert war am Ende jede nichtkonformistische Energie, deren ein Land für eine gesunde Entwicklung bedarf. Es fehlte das kritische Engagement als integrative Kraft im gesellschaftlichen Leben, das auf soziale Fortschritte und kritische Diskussionen angewiesen ist.

In einem Klima von Denunziation und Einschüchterung wurden Karrieren beendet, Existenzen zerstört, Leben vernichtet und anregende Ideen marginalisiert. An renommierten Universitäten wie Harvard räumte, so Norman Birnbaum (s. ders., Fatale Erinnerungen, in: SZ vom 16. März 2001), der Dekan und spätere Sicherheitsberater unter John F. Kennedy und Lyndon B. Johnson, McGeorge Bundy, „dem FBI praktisch ein Vetorecht bei der Besetzung vakanter Professuren in seiner Fakultät ein." Die Realität wird einem polizeistaatlichen Raster unterworfen, das dann mit allen Mitteln abgesichert wird, auch in der Wissenschaft oder der Kunst. Zum Ausgleich wurden den Menschen die Ideale eines kriegswirtschaftlichen Gemeinwesens eingetrichtert.

Die politischen Parteien haben ähnlichere Programme als die verschiedenen Fraktionen der Ex-KPdSU. Auch bezüglich Fluktuation und altersmäßiger Zusammensetzung haben die Differenzen zwischen Sowjet und US-Kongreß den seinerzeitigen Hohn über die immergleichen alten Männer im Kreml nicht gerechtfertigt. Die Vererblichkeit oder Käuflichkeit politischer Ämter hat nur eine „demokratische" Legitimation erhalten, die mit Wahlfälschungen auf offener Bühne wie 2000 bei Bushs „Sieg" über Al Gore vereinbar ist. Die Unverfrorenheit des Vorgehens wurde vom Unterlegenen anerkannt aus Respekt vor Institutionen, die nur mehr eine Farce sind. Die Verfehlungen trifft man in allen Ländern an, in denen demokratische Grundregeln verletzt werden.

Die massivsten Eingriffe hat es im Bundesstaat Florida gegeben, dessen Gouverneur dem Präsidentschaftskandidaten der Republikaner, seinem Bruder, versprochen hatte, ihm „seine" Wahlmännerstimmen „auf dem Silbertablett" zu servieren. Er hielt Wort. Die *New York Times* hat nach dem 11. September 2001 auf die Veröffentlichung der von ihr durchgeführten Nachzählung in Florida verzichtet. Die Gründe kann man sich ausmalen. Man versteht auch, daß Bush dem deutschen Bundeskanzler nach dessen Wahl 2002 nicht gratulierte: mit der Mehrheit der Stimmen zu gewinnen ist wirklich kein Kunststück. Zu den Wahlen 2004 hatte die OSZE Beobachter angekündigt, die feststellten, daß die US-Wahlbehörden aus dem Debakel gelernt hätten – was möglicherweise ein Verweis auf elektronische Wahlmaschinen war, deren Ergebnisse nicht belegbar und überprüfbar sind ...[5]

2000/ 2001 war am deprimierendsten die Apathie, mit der die Wähler den Beweis lieferten, daß ihr demokratischer Akt eine Geste ist, die nichts besagt. Wenn Bush gewählt wurde, dann nicht an der Urne, sondern von Unternehmen, die ihn mit Hunderten Millionen USD in ihr Portfolio aufgenommen hatten (2004 war es geschafft, und beide Kandidaten gaben mehr als eine Mrd. USD aus). Es gab immer Kritiker, die behaupteten, repräsentative Wahlen hätten nur vage etwas mit demokratischer Willensbildung zu tun. Der Schwindel wird hingenommen, weil die eigenen Erwartungen ebenfalls ein Schwindel sind, der aufrecht erhalten wird, weil er nicht überwunden werden kann – zumindest nicht ohne kolossale Anstrengungen im wirklichen Leben. Als der Oberste Gerichtshof der U.S.A. am 12. Dezember 2000 nicht gefälschte Wahlergebnisse, sondern ihre Überprüfung für verfassungswidrig erklärte, ist auch erklärt worden, wieweit die Vermutungen über die Anpassung der dominierenden Charakterstrukturen an einen autoritär-strukturierten, durch entfremdete Institutionen geprägten Gesellschaftscharakter berechtigt sind. Diesbezüglich waren die Richter sehr professionell.

---

[5] s. auch Moore, Stupid White Men, 21ff, 309ff; Vidal, Bocksgesang, 94ff; Die vergeßliche Nation, 32ff; Hertsgaard, Sternenbanner, 169ff; SZ vom 29. Sept. 2004.

Im Rom der Jahre 232 bis 133 verteilten sich die 200 Consulate auf 58 Familien. Weniger als die Hälfte (26) stellten fast zwei Drittel aller Consuln (159), von denen wiederum 99, also insgesamt gut die Hälfte, auf ganze zehn Familien fallen (s. Meier, Res publica, 309). Der Charakter der Wahlen hat sich gegenüber den Zeiten der Römischen Republik erstaunlich bewahrt. Nach der unter Servius Tullius durchgeführten Heeresreform zwischen 550 und 530 v.Chr. wurde in der *comitia centuriata* des *exercitus* (die Heeresversammlung), dem nach der Vertreibung der (etruskischen) Könige hauptsächlichen Gesetzgebungs- und Wahlorgan mit Beteiligung der wohlhabenden Mittelschicht, ein bereits vorbestimmter Kreis von Bewerbern nachträglich plebiszitär bestätigt. Es kam darauf an, „das Volk primär nicht wählen, sondern nur die erforderliche Anzahl von Bewerbern mit der absoluten Mehrheit ausstatten" (ebd., 312) zu lassen. Bei den Nazis und den Staatskapitalisten gab es die Einheitsliste, die zu bestätigen war. Im liberalen Kapitalismus haben sich Parteien durchgesetzt, die den Willen unterschiedlicher Fraktionen des großen Kapitals vermitteln.

Entscheidend ist das Interesse der herrschenden Klassen, ihr Anliegen durchzusetzen. Benutzt wird eine Metaphernsprache, in der wie bei der Debatte um Renten und Gesundheit Kinder und Alte auftauchen. Doch es geht wie immer um arm und reich. Nur wem die dramatisch wachsende Ungleichheit innerhalb der Generationen eine Herzensangelegenheit ist, wird sich begeistern für eine kapitalgedeckte Rente, die eine weitere Belastung der

Arbeitseinkommen bei gleichzeitiger Entlastung der Kapitaleinkommen zur Folge hat. Nicht die demographische Entwicklung brachte unser Sozialsystem in die Schieflage, sondern die zunehmende Privatisierung gesellschaftlich erzeugten Reichtums (s. Butterwegge/ Klundt, Kinderarmut und Generationengerechtigkeit).

Ist dieser Prozeß im Gange, lassen sich Kandidaten anbieten, die auch durchfallen können. Auf den knappen Wahlausgang angesprochen, soll Kennedy geantwortet haben, sein Vater habe sich keinen Erdrutschsieg leisten können. Eine politische Klasse übt wie ehedem die *praerogativa centuria* ein Vorstimmrecht aus und bietet einen Kreis von Bewerbern dem Volk an, das hieraus seine Favoriten küren darf. Ein solches Verfahren entspricht den gängigen Vorstellungen von Demokratie und ist grotesk. Wie eine Kompensation für den Verlust von *auctoritas* erscheint der Zivilprozeß, in dem der Kläger horrende Summen Schadensersatz erhält – gleichsam für den Verlust an *dignitas* (wirklich profitieren die Anwälte, von denen es in den U.S.A. so viele gibt wie im Rest der Welt).

Im letzten Jahrhundert vor Christus wurde die *comitia centuriata* immer seltener eingerufen. Die Oligarchie ermittelte die Machtverhältnisse ohne Farce. In der Auflösung rechtsverbindlicher Normen zeigten sich Despotie, innere Zersetzung und schwindendes Vertrauen in sich selbst. 1990 konnte man in Nicaragua nach der Ankündigung, das Wirtschaftsembargo und die jahrelange Terrorisierung des Landes würden bei einem Erfolg der US-Kandidatin eingestellt, den Sinn der *praerogativa centuria* gut erkennen. In den U.S.A. hat sich der Klientelstatus, den die Masse der Bevölkerung einnimmt, seit der Zerschlagung einer Arbeiterbewegung zementiert. Schon lange ist gut für die U.S.A., was gut für *General Motors* ist. In jedem Fall war es gut für *General Motors*, daß sein Präsident als Minister unter Roosevelt und Berater von Truman ein Wort für seine Firma einlegen konnte. Weniger gut war es für die U.S.A., daß die Ansprüche der Nichtbesitzenden seit Homestead immer weiter zurückgedrängt wurden, bis das Recht auf Eigentum als Recht des Eigentums auftrat.

Die Strukturen, die sich hieraus bilden, haben keine Zukunft, weil sie in ihrer Einseitigkeit von begrenztem Nutzen sind. Es ist für jede Herrschaft verlockend, Stabilität und Sicherheit mit Macht erreichen zu wollen. Doch sie ist, wie die Geschichte der Menschheit zeigt, per se instabil und unsicher, führt zu korrupten Verhältnissen und bricht früher oder später in sich zusammen. Auch die Vereinigten Staaten mit ihrem oligarchischen System werden wie das Römische Reich an Grenzen stoßen, die aus systemimmanenten Zwängen nicht zu überwinden sind. Auf der einen Seite haben wir die Unfähigkeit, die gewaltigen Kapazitäten, die in der menschlichen Produktivität liegen, zu nutzten, auf der anderen kommt es infolge ständig steigender Kosten zum Kollaps, da soviel Ineffizienz auf Dauer nicht zu finanzieren ist.

III

Der Kalte Krieg um transnationale Latifundien

[Aufgabe der Politik zu Zeiten des Kalten Krieges ist es,]
dem amerikanischen Volk den Schrecken seines
Lebens einzujagen.
US-Senator Arthur Vandenberg

Wir müssen das amerikanische Volk an
seine Verwundbarkeit erinnern.
US-Sicherheitsberaterin Condoleezza Rice (2002)

1945 hat nicht ein Feind die Aufrüstung erfordert, sondern die Aufrüstung einen Feind. Nicht Europa war
bedroht, sondern die Wirtschaft der U.S.A., in der erst seit
Pearl Harbor Vollbeschäftigung herrschte. 1939 betrug die
Arbeitslosigkeit noch 17% und Franklin D. Roosevelt
rechnete 1944 mit 4.5 Mio. Arbeitslosen, falls nicht „die
amerikanische Industrie ihren angemessenen Anteil an
den Märkten der Welt bekommt." (zit. nach Loth, Teilung
der Welt, 33). George F. Kennan machte 1948 die Rechnung auf: „Wir haben 50% des Reichtums der Welt, aber
nur 6.3% ihrer Bevölkerung. In dieser Lage ist es unsere

eigentliche Aufgabe in der kommenden Zeit, ein Beziehungsgeflecht aufzubauen, das es uns erlaubt, diese Ungleichheit aufrechtzuerhalten. [...] Wir sollten aufhören, über Menschenrechte nachzudenken, über die Anhebung von Lebensstandards und über Demokratisierung." (zit. nach Florian Coulmas, Unsere Werte, in: SZ vom 3./4. Mai 2003)

Da die Reichen nicht reich sind, weil sie für Freihandel sind, sondern für Freihandel, weil sie reich sind, war jetzt die Losung der „Offenen Tür" angebracht. Sie gebot, den Einfluß fremder Regierungen zurückzudrängen. Die US-Propaganda war seit Homestead „anti-kommunistisch", richtete sich seit 1917 gegen die Sowjet Union und mäßigte sich nur, solange die Rote Armee gegen Hitler benötigt wurde. Sie kam wieder auf Hochtouren, als die Beeinträchtigung privatwirtschaftlicher Entscheidungen drohte. Die Gefahr besteht immer, wenn militärische Anstrengungen zu optimieren sind. Das Ergebnis ist eine Art „Kriegssozialismus", den nach 1917 die Bolschewiki als einzige beibehielten. Dagegen helfen nur Interventionen, Bürgerkriegsszenarien, Embargos und Boykottmaßnahmen, um die Segnungen eines weltweit offenen Marktes aufrechtzuerhalten (s. auch Horowitz, 59ff, sowie Williams, 261 ff.).

Alle politischen und sozialen Bewegungen, die nicht restlos von einem *freien*, d.h. ungezügelten Unternehmertum überzeugt waren, mußten nach 1945 ausgeschaltet werden. Kritiker galten als Gegner des „Westens" und seiner Werte. Sie waren die 5. Kolonne Moskaus, eine eigenständige Entwicklung Europas war Ketzerei, Schwärmerei, Irrationalismus, die Idee deutscher Neutralität nichts als agitatorischer Schwindel, der sowjetische Großmachtträume unterstützte. 1943 gab es eine Ausgabe der Illustrierten *Life* mit Stalin auf dem Titelblatt. Sie war der UdSSR, dem russischen Volk und der Roten Armee gewidmet. Im April 1949 wurde das Publikum auf einer Doppelseite steckbriefartig mit 50 Portraits bekannt gemacht: die Untaten des Kremls würden von „nützlichen Idioten" wie Norman Mailer, Albert Einstein, Charles Chaplin oder Henry Wallace, dem ehemaligen Vizepräsidenten Roosevelts, unterstützt. Tatsächlich sahen sie aber lediglich nicht die Frevelhaftigkeit regulierter Märkte ein.

Man kann darüber streiten, ob der Kalte Krieg eine bewußte Entscheidung der U.S.A. war oder nicht, wie William A. Williams (s. ders., Tragödie, 233ff, 261ff, bes. 267ff) annimmt. Andererseits benutzte die US-Politik bereits 1900 bezüglich Rußland die Worte *contain* und *containing* (eindämmen), worauf Kennan 1946 zurückgriff. Tatsächlich ließen die Zwänge, denen man sich seit Homestead ausgesetzt hat, eine gemäßigte Politik weder in der „eigenen" Hemisphäre noch gegenüber der Sowjet Union zu. In der aktuellen Situation war damit die Entscheidung gefallen für jenen *militärisch-industriellen Komplex*, dessen Anfänge im 2. Weltkrieg liegen und der von Chomsky das *Pentagon-System* genannt wird: Protektionismus für die Besitzenden und freie Märkte für alleinerziehende Mütter und den Kongo. Das Herzstück eines

Wohlfahrtsstaats der herrschenden Klassen war schon in Rom ein politisch-religiöses Beziehungsgeflecht.

Der Kalte Krieg war nach der Zerschlagung offen faschistischer Systeme *die* Option zur Durchsetzung totalitärer Maximen, denen all unser Handeln zu unterwerfen sei. Die US-Strategie zielte auf gesellschaftliche Strukturen ab, in denen materielle Werte vorherrschen und gemeinschaftliche Aufgaben ebenso der Verachtung anheimfielen wie produktive Arbeit. Sie wird vom angehäuften Kapital beherrscht und ist so, eigentlich Ausdruck des Lebens, Totem geweiht. Der Marktfanatismus, mit dem sich am Ende wenige Starke zu Lasten vieler Schwacher bereichert haben, wird rationalisiert in ökonomischen Modellen, nach denen Effektivität auf eine Ausschaltung störender Kontrolle angewiesen sei. Auszuschalten war jedes Streben nach einer selbstbewußten Gestaltung der Lebenszusammenhänge, dem ein autoritäres Muster an Wahrnehmungen, Bedürfnissen und Haltungen entgegengesetzt wurde. Zur Legitimation von straffer Disziplin und unterwürfiger Einstellungen bedarf es allerdings eines Bedrohungspotentials, dessen Aufbau Angelpunkt aller Politik sein muß. An diesem Punkt war der Auftritt der UdSSR vorgesehen, der für Menschen, die sich den Mechanismen von Marktgesetzen ausgeliefert haben, so schwierig zu beurteilen wie ihre eigene Rolle in der kapitalistischen Gesellschaft. Sie nehmen destruktive Vorgänge erst außerhalb des Marktes wahr. Den destruktiven Charakter des Marktes selber sehen sie nicht und damit auch nicht die Gewalt, die von ihm ausgeht.

So wurde Europa ganz natürlich wieder aufgebaut in einem ökonomischen, politischen und ideologischen Rahmen, der von den U.S.A. vorgegeben war. Diese Maßnahmen waren nicht nur infolge Manipulation, Pressionen und Korruption erfolgreich. Entscheidend war, daß sie zugeschnitten waren auf die psychologischen Bedürfnisse der dominierenden Charakterstruktur, die dem Angebot einer dynamischen Anpassung an neue politische Konstellationen nicht widerstehen konnte. Auf der Strecke blieben Vernunft und logisches Denken, was daran abzulesen ist, daß die Präsentation eines unermeßlich geschwächten Alliierten als Bedrohung nicht als geisteskrank eingestuft wurde. Es kam noch besser. Einer eben noch befreundeten Macht, die sich keinerlei Vertragsverletzung zu Schulden hat kommen lassen, war man nicht einmal mehr zu Dank verpflichtet. Ganz im Gegenteil.

Die Sowjet Union trug im 2. Weltkrieg auch militärisch die Hauptlast. Im Westen „spielte" man nach Winston Churchill mit ein paar Divisionen „herum", was Bände spricht über die Fähigkeiten insbesondere der U.S.A. in einem Landkrieg (ihre bevorzugte Taktik besteht seit der Vernichtung der Indianer aus Gemetzeln und Materialschlachten, perfektioniert in den letzten 50 Jahren nach Korea und Indochina mit etwa sechs Millionen Toten in Grenada, Panama, Serbien, Afghanistan und Irak, alles wehrlose Länder ohne effektive Luftabwehr). Der Erfolg der Westalliierten war kein Wunder. Es war ein Wunder, daß die Deutschen mit ihren geringen Kräften so lange Widerstand leisteten. Geschlagen wurden sie im Osten.

Wenn Deutschland irgendwo befreit wurde, dann hier, durch die Rote Armee.

Ein ganzes Bündel an Faktoren hat ein gegenteiliges Meinungsbild produziert. Dazu gehört der kultivierte Schrecken hunderttausendfacher Vergewaltigung deutscher Frauen durch sowjetische Soldaten, während die 11.080 Fälle, an denen Angehörige der US-Armee beteiligt waren, isolierte Vorgänge waren, die im allgemeinen Bewußtsein nicht eingeordnet werden konnten. Von der US-Militärjustiz konnten sie eingeordnet werden: als unzulässige Sexualkontakte mit unverheirateten Frauen, d.h. als Banalitäten (s. Lilly, La Face cachée des GI's). Allein in der Schlacht um Berlin verloren die Sowjets fast so viele Soldaten wie die U.S.A. in ganz Europa. Im Grunde kommen die insgesamt über 25 Millionen Toten der UdSSR nicht einmal gegen den *D-Day* an, wie noch nach 60 Jahren anläßlich der Feierlichkeiten zum Jahrestag in der Normandie Juni 2004 deutlich wurde. Die Leistungen anderer Nationen waren spätestens eliminiert mit Marshall-Plan und Berlin-Blockade, Meilensteine im Kalten Krieg.

George Marshall war 1941, als die Japaner Pearl Harbor angriffen, Armeeminister und einer jener 34 Personen mit vollem Zugang zu entschlüsselten Funksprüchen. Er kannte mit neun Anderen McCollums Achtpunkteplan und erlebte die Inszenierung unverdienter Heimtücke aus nächster Nähe. In seiner Anwesenheit warnte Admiral Harold R. Stark am 10. Februar 1941 im Weißen Haus, Kreuzer in der Nähe japanischer Gewässer könnten Feindseiligkeiten heraufbeschwören. Es war sicher lehrreich, daß Roosevelt auch den Verlust von ein oder zwei Kreuzern in Kauf nehmen wollte (s. Stinnett, 9). Diesem Muster folgte die Auseinandersetzung mit der Sowjet Union, deren Vergehen war, unter Freiheit in Europa nicht primär die Freiheit des Warentausches zu sehen. Doch das hört sich nicht gut an. Besser klingt es, wenn Menschenrechte ins Spiel gebracht werden.

Dabei nehmen die U.S.A. bis heute jede Kritik an *ihren* Verhältnissen, wie *amnesty international* jährlich feststellt, nicht einmal zur Kenntnis. Schon 1999, lange vor den Foltervorwürfen von 2004, wurde die Methode der U.S.A. kritisiert, Menschenrechtsfragen zu benutzen, um andere Länder zu disziplinieren, während in US-Gefängnissen physische und sexuelle Mißhandlungen „üblich" seien, ebenso Zwangsmittel wie Elektroschocks oder stundenlange Fesselungen (s. SZ vom 25. Febr. 1999). Die Methode, mit einer „anti-totalitären" Rhetorik eigene Interessen zu verhüllen, ist so geläufig geworden, daß vom Olympischen Komitee der U.S.A. die Drohung des IOC, aufgeblähte Muskelpakete rund um die Uhr kontrollieren zu wollen, als „Gestapo-Methoden" bezeichnet wurde (s. SZ vom 4. März 2003).

Die wirtschaftliche Erholung in der Nachkriegszeit sagt nichts darüber aus, wie sich nationaler Wohlstand und soziale Sicherheit in den einzelnen Ländern entwickelt hätte *ohne* eine radikale Öffnung der Märkte. Glorifiziert werden Entscheidungen, die den US-Interessen am besten dienten. Weniger Beachtung finden die „Kollateralschäden", die von der Zerstörung traditioneller Industriestrukturen über niedrigere Wachstumsraten (seit etwa 1970) bis zur Reduzierung auf einen Zuliefererstatus für mächtigere Industriestaaten reichen. Diese hatten sich am Beginn *ihres* Erfolges gegen die Freihandelsidee gewehrt und dem Protektionismus vertraut – weniger Frankreich, Deutschland und Japan als Großbritannien im 19. Jahrhundert und die U.S.A. bis 1945.[6] Sie vertrauen ihm auch im 21. Jahrhundert, falls ein Wirtschaftszweig Schwierigkeiten hat, sich ausländischer Konkurrenz zu erwehren, wie der Baumwollsektor, dessen jährliche Subventionierung mit vier Mrd. USD ganze Länder ins Elend stößt, oder die US-Stahlindustrie, zu deren Schutz schon bisher 135 Antidumping- und Antisubventionszölle erhoben wurden. Als 2002 die Produkte der kanadischen Holzindustrie mit Strafzöllen belegt wurden, meinte der US-Senator und Vorsitzende des Finanzausschusses, Max Baucus, das Nachbarland unterstütze ein Forstwirtschaftssystem „nach sowjetischem Stil" (s. SZ vom 27. März 2002).

Das ist heuchlerisch, aber nicht unrealistisch. Tatsächlich verdeckte die sozialistische Ideologie der Bolschewiki, daß der Bruch von 1917 eine Reaktion auf die Quasikolonialisierung Rußlands durch fremde Mächte war. Das Kapital war europäisch dominiert, die Oberschicht westlich orientiert und abhängig in einem Dienstleistungsverhältnis zu den Industriestaaten. Aus diesem Grund wurde

---

[6] s. Chomsky, Profit over People, 21ff; Ha-Joon Chang, Du protectionnisme au libre-échangisme, une conversion opportuniste, in: *LE MONDE diplomatique*, Juin 2003.

nicht nur die Befreiung vom ausländischen Kapital angestrebt, sondern auch den Kampf gegen das einheimische Bürgertum, das für eine eigenständige Entwicklung zu schwach war (s. Mattick, Marx und Keynes, 302ff; ders., Leninismus). Zwar wurden 1917 alle sozialrevolutionären Ziele im Keim erstickt. Trotzdem gab es für die großen Mächte, insbesondere Frankreich, Großbritannien, Japan und die U.S.A., genug Anlaß, entsetzt zu sein: ein Lakai war aus seinem Prokrustesbett ausgebrochen und strebte eine nationale Entwicklung seiner Industrien an.

Ein solches Ansinnen mußte für Aufregung sorgen, zumal es zum Vorbild für andere Länder werden könnte, die Vorherrschaft der etablierten Industriestaaten abzuschütteln und statt dessen auf raschen ökonomischen Fortschritt zu setzen. In Umlauf kamen zudem Maximen der Arbeiterbewegung, die bei der kapitalistischen Oligarchie nur für Unbill sorgen können: Solidarität, Fürsorge, Kontrolle und soziale Gerechtigkeit. Vor solchen Flausen galt es die eigene Bevölkerung zu bewahren. Damit war der Kalte Krieg vorprogrammiert, da die vergrößerte Machtposition der Sowjet Union mit der beanspruchten Bildung einer Pax Americana kollidieren mußte.

1945 entfiel mehr als die Hälfte der weltweiten Industrieproduktion auf die U.S.A. Bomber, Jagdflugzeuge und eine Flotte von 1.200 größeren Schiffen mitsamt Flugzeugträgern standen bereit, überall Zugang für Waren in jenem Umfang zu gewährleisten, der dem erst im Krieg voll ausgeschöpften Wirtschaftspotential entsprach. Bedingung war eine Weltordnung, die auf diese Produktionsmaschinerie zugeschnitten war. Die Entwicklung anderer Länder hatte zu erfolgen nach dem Muster, das die U.S.A. entsprechend ihren Bedürfnissen entworfen hatten. Der militärisch-industrielle Komplex, den Präsident Eisenhower bei seiner Abschiedsrede 1960 beklagte und sein Nachfolger mit Hilfe eines Technokraten Speerschen Ausmaßes als Verteidigungsminister auf Hochtouren bringen sollte – dieser Komplex ist ein Resultat des Krieges sowie der Möglichkeiten, die sich nun anboten.

Historische Abläufe werden bestimmt von der Dynamik, die entsteht im Spannungsfeld von materiellen Möglichkeiten, Vorgeschichte, Gesellschaftscharakter sowie dem Stadium, in dem sich die dominierende Charakterstruktur befindet. Sowohl die Werktätigen als auch die Unternehmer hatten gute Erfahrungen mit staatlichen Eingriffen in die Wirtschaft gemacht. Die Lohnabhängigen sahen sich geschützt vor kapitalistischer Willkür und konjunkturellen Schwankungen. Die Unternehmer sahen etwas anderes: wie gewaltige Steuermittel in bestimmte Sektoren der Wirtschaft geleitet wurden. Zu diesem Zweck mußten Strukturen, die der Despotie des Geldes besänftigend Einhalt gebieten könnten, so weit wie möglich zerschlagen werden. Es galt den Keynesianismus von allem zu befreien, was einen Rattenschwanz an freiheitlich-demokratischen Forderungen hätte nach sich ziehen können: optimale Ausbildung für alle Schichten, gute medizinische Versorgung, ein effektives öffentliches Verkehrssystem oder bezahlbare Wohnungen in einem sozial verträglichen Umfeld. Statt dessen bearbeitete man Felder, die nur Früchte von beschränkter Schönheit hergaben: Rüstung, Raumfahrt, Computer, Elektronik, Flugzeugbau, begleitet von einem Moloch an Aggressivität, Zynismus und Einfalt.

Verbunden ist damit eine kolonialistische Vorstellung von „Entwicklung", in der eine Förderung von Industrien, die einer selbständigen Gestaltung der jeweiligen Volkswirtschaft zuträglich wäre, nicht vorgesehen ist. Umgekehrt unterstellte Bush den Protestierern gegen das genuesische G-8-Treffen, sie wollten, „daß die Entwicklungsländer keinen Zugang zur Entwicklung haben." (zit. nach SZ vom 19. Juli 2001) Blankes Entsetzen herrscht vor, wenn sich Unterentwickelte wie Patrice Lumumba als undankbar erweisen für soviel Fürsorge. Fidel Castro, der den Status seines Landes als Bordellbetrieb und Spielhölle beendete, sollte mit Mordanschlägen, Sabotageakte und Invasionsversuchen zur Raison gebracht werden. Guatemala, wo Demagogen die Interessen der Bevölkerung ernst nahmen, kam in den Genuß der Finanzierung eines Bürgerkriegs mit über 200.000 Toten.

Die Skala ist nach oben offen, wie Vietnam zeigte oder Indonesien, wo von US-Geheimdiensten an Todesschwadronen und Militärs gelieferte Proskriptionslisten die Zahl der Toten auf eine Zahl hochtrieb, die von *Amnesty International* auf bis zu eine Million geschätzt wird. Nach den Erfahrungen von 1917 (wenn nicht 1892) war es ein Trost, daß nicht die ganze Welt im Chaos versank, sondern energische Regierungen sich zu wehren wußten wie in Italien 1922 oder Deutschland 1933. Ländern, die sich nicht selber helfen können, müssen, so Chomsky (s. ders., Wirtschaft, 118), die U.S.A. zur Hand gehen, so geschehen in Nicaragua, um es in den 30er Jahren vor dem bolschewistischen Mexiko zu schützen, und 50 Jahre später, um Mexiko vor dem bolschewistischen Nicaragua (nach dem seinerzeitigen Außenminister George Shultz standen die Sandinisten kurz vor dem Einmarsch in Houston, Texas). 30.000 Tote in einem ruinierten Land werden dann vor der UNO als Sieg der Zivilisation gefeiert (eine von Israel und den Marshall-Inseln unterstützte Einschätzung).

Der Kalte Krieg war das Mittel der U.S.A., nicht nur Europa in ihrem Sinn zu gestalten. Die Interessen der Kriegsverbündeten gingen, sobald der Sieg in greifbarer Nähe war, nicht wegen des Gegensatzes Freiheit-Unfreiheit auseinander, sondern weil die sowjet-russischen Bedürfnisse nach Reparationszahlungen mit den US-Interessen nach Anlagemöglichkeiten, Absatzchancen und Profiten nicht zu vereinbaren waren. Die dominierende Macht des Westens stellte sich quer zu den Wünschen Moskaus, das ohnehin von gegenseitigen Verdächtigungen bedrohte Klima verhärtete sich und die U.S.A. hatten keine große Schwierigkeiten, Situationen herzustellen, in denen sie „die Freiheit" verteidigen konnten. Anders läßt sich eine längerfristige Besatzung nicht erfolgreich durchführen. Empfehlenswert ist auch die vorherige Zerstörung des ganzen Landes, weshalb das militärischen Kreisen in den U.S.A. nahestehende *Stratfor*-Institut die Herrschaft über Deutschland und Japan beispielhaft hervorhob und dem

Vorgehen im Irak keine gute Noten ausstellte (s. SZ vom 5./ 6. Juli 2003).

Ein halbes Jahrhundert vorher bereitete die UdSSR Kopfschmerzen, nicht weil mit ihr keine Einigung, sondern gerade weil eine Einigung möglich gewesen wäre. Damit wären alle Pläne hinfällig geworden für eine Weltordnung, die den Bedürfnissen des US-amerikanischen Systems Rechnung trüge. Der kriegswirtschaftliche Keynesianismus gebot, weiter für den Krieg produzieren zu müssen, obwohl er zu Ende gegangen ist. Woher einen neuen nehmen? Das Pech der Sowjets war, daß sie nach Indianern, unzivilisierten Wilden auf den Philippinen, Kuba oder Haiti in der nicht enden dürfenden Reihe blutrünstiger Schurken entscheidend zur Lösung dieses Problems beitragen sollten.

Die den Sowjets zugedachten Leistungen entsprachen in keiner Weise ihrer Politik, die stets zaghaft war, auf Konsolidierung des Bestehenden ausgerichtet, seine Gefährdung vermeidend. Offensive Strategien sind angewiesen auf das dynamische Zusammenwirken aller Kräfte, der Eigeninitiative Untergebener und Vorgesetzte, die wissen, daß sie sich auf sie verlassen können und müssen, wenn sie im großen Stil vorankommen wollen. Die sowjetische Truppen hatten zwar die Nazis besiegt, aber ihre Verluste fingen schon an mit der Enthauptung der Roten Armee während der Säuberungen Ende der 30er Jahre samt der Liquidierung der Generalstroika Michail Tuchatschewski, Wladimir Triandofilow und Georgi Isserson. Behelfen mußte man sich danach mit einfallslosem Schematismus, dessen Schwächen selbst in Ostpolen offenbar wurden. 1939/ 40 konnte im Winterkrieg das kleine Finnland dem großen Angreifer widerstehen. Für die westliche Propaganda war das keine einfache Situation.

Als das Imperium seine Stunde gekommen sah, gab Truman die Parole aus, daß „wir uns nicht mehr mit Kompromissen abgeben [sollten]." (zit. in: Horowitz, 52) Diese Rigorosität bekamen schon die Bewohner deutscher Städte zu spüren, denen die neue Weltanschauung ebenso eingehämmert wurde wie den Japanern. Noch fünf Tage nach Nagasaki führte die *US Air Force* mit 1.000 Bombern einen Schlußangriff aus, der „zum möglichst eindrucksvollen Finale" (zit. nach Chomsky, Wirtschaft, 338) geraten sollte. Überlebende wie der japanische Freund Howard Zinns, dem er den Vorfall erzählte, wurden auf mitabgeworfenen Flugblättern belehrt, daß Japan bereits kapituliert hatte: „Der Krieg ist vorbei"[7]. 2003 klärten eine Million Flugblätter angesichts von Zerstörung, Leid, Plünderungen in Krankenhäusern und Museen sowie Zehntausenden Toten (die Schätzungen reichen von 15 bis 50.000) die Iraker nach der Eroberung Bagdads auf, daß sie befreit seien – wenn auch nur vom verschwundenen Saddam Hussein, dem Erdölministerium und den dazugehörigen Quellen.

Sie wurden sofort gut gesichert, anders als der angeblich so bedrohliche Atomkomplex Tuwaitha, in dessen Umge-

---

[7] Zinn, Macht, Geschichte und Kriegsführung, in: Chomsky et al., Weltordnung, 53.

bung nun ein nukleares Desaster droht (s. GREEN-
PEACE MAGAZIN, Aug.-Okt. 2003), die 380 Tonnen
hochexplosiven Sprengstoffs, die von der Internationalen
Atomenergie-Agentur (IAEA) versiegelt, südlich von Bagdad gelagert und kurz nach der Invasion im März 2003
entwendet wurden, oder das archäologische Erbe, dessen
Verschleuderung, wie Augenzeugen berichteten (s. SZ
vom 8. Mai 2003), sogar gefördert wurde. Ergänzend
wurde Jay Kislak von Bush Juli 2003 zum neuen Vorsitzenden der Kommission für Kulturgut ernannt. Der
Sponsor der Republikaner ist Mitglied im *American Council on Cultural Policy*, wo man seit langem einer Deregulierung des Marktes auch für irakische Kulturgüter ent-
gegenfiebert. Die Plünderungen haben wie stets bei der
„Globalisierung" mit der Ausweitung der (militärischen)
Einflußsphäre gut Schritt gehalten. Sie sind Sinnbild für
Überheblichkeit und Verachtung in kultureller, politischer
und wirtschaftlicher Hinsicht.

Jeder Widerstand gegen die US-Ordnung in Nach-
kriegszeiten wird mit Bomben, Propaganda und Einfluß-
sicherung ausgelöscht. Im besetzten Westen Deutschlands
arbeitete man ab 1944 sofort mit den alten Kräften
zusammen und blockierte Widerstandsbewegungen, die
über die Stränge schlagen könnten (s. Padover, 200ff).
Dieses Vorgehen entsprang einer Affinität autoritären
Denkens, die nicht von heute auf morgen zustande
gekommen ist. Man kannte sich. Die Kollaboration von
Firmen wie *IBM* (s. Black, IBM), *General Motors*, *ITT*,
J.P. Morgan und *Chase National Bank*, deren Büros im

besetzten Paris den Nazis hilfreich zur Seite standen und jüdische Konten einfroren, wurde übertroffen von der *Ford Corp.*, deren antisemitischer und profaschistischer Gründer früh für die NSDAP spendete und 1938 zum 75. Geburtstag das Großkreuz des Ordens vom Deutschen Adler, die höchste Auszeichnung für Ausländer, erhielt – womit Thomas Watson, legendärer IBM-Chef, schon ein Jahr vorher sich schmücken konnte. Ein Mussolini-Foto zierte seinen Schreibtisch.

Skrupellosigkeit wird zur unbedingten Tugend. In dem Geflecht von finanziellem Reichtum, militärischer Stärke und politischer Macht gelten als schlecht, illusionär oder unzureichend alle Maßnahmen, die nicht geeignet sind, für ausreichende Zuwächse zu sorgen. Sie werden zu Fall gebracht, wenn sie bestehende Strukturen im politischen, militärischen oder ökonomischen Apparat nicht genügend berücksichtigen – vorausgesetzt, nichtopportune Ansinnen sind von den Gesetzen des Marktes nicht längst weggefegt. In Italien wurde der von Mussolini zerschlagenen Mafia wieder auf die Beine geholfen, indem mit der zweiten Landungswelle Herren aus dem fernen Amerika an Land gebracht wurden, die Pate standen für *la cosa nostra* wie Truman für *seine* Sache: eine Entwicklung, der sich die Menschen zu unterwerfen haben wie dem nazistischen oder bolschewistischen Modell.

Offene Gewalt wäre kontraproduktiv (Nazi-KZ's und Todesschwadronen sind nur sinnvoll bei einer sehr niedrigen Wirtschaftsstufe wie der Sklavenarbeit). Statt dessen wurde eine reduzierte Vorstellung von Freiheit und Demokratie propagiert, indem die Ablehnung des totalen Marktes zu einem Synonym für Zwang und soziale Gerechtigkeit zur „sozialistischen Gleichmacherei" wurde. Bis in unsere Tage wird „Selbstbestimmung" und „Eigenverantwortung" gepredigt, wenn höhere Profite und verringerte Sozialleistungen gemeint sind. Die Bedeutung des *Marshall-Plans* lag in seiner Propagandawirkung. Er bewirkte wegen seiner geringen Mittel für die europäischen Volkswirtschaften nur einen Verzicht auf eine an nationale Ziele orientierte Industrieentwicklung (wovon nur indirekt die Rede war als Zusammenarbeit je nach dem spezifischen Potential). Damit sollten staatliche Eingriffe abgewehrt und Ergebenheitsadressen an die US-Giganten des Weltmarktes als selbstlose Hilfe der Vereinigten Staaten für einen daniederliegenden Kontinent präsentiert werden.

Stalin war barbarisch, aber nicht wegen seiner Ablehnung des Marshall-Plans. Er hatte nichts gegen Kredite. Sie wurden ihm von den U.S.A. vor Kriegsende verweigert, weil ihr Ziel nicht Kreditvergabe war, sondern wirtschaftliche Kontrolle. Warum hätte sich die UdSSR darauf einlassen sollen? Sie wurde von den Nazis nicht in die Knie gezwungen und jetzt sollte sie klein beigeben? Wenn ihre Reaktionen die westliche Position zu bestätigen schienen, so war dieser Selbstbetrug ein Produkt der eigenen Geistlosigkeit. Stalin besann sich auf das, was er beherrschte. Das war für Kennan keine Überraschung, der bei einem Scheitern der von ihm vorgeschlagenen Politik die Teilung Europas explizit in Kauf nahm. Die gleiche

Strategie verkündete seit 2000, Jassir Arafat sei ein Despot. Wer Arafat war, wußte man schon 1992, als er ein „Friedensabkommen" schloß, das einem Verrat an seinem Volk gleichkam (s. Said, Frieden in Nahost?; ders., Das Ende des Friedensprozesses). Die westliche Propagandamaschinerie war in Hochform, als sie 2000 die Schuld an dem Scheitern der Verhandlungen zwischen Barak und Arafat den Palästinensern gab.[8] Diesen Selbstbetrug bezahlte Israel mit dem endgültigen Ruin von Integrität, Sicherheit, Wirtschaft und Ansehen. Die U.S.A. wurden zu ihrem Trugschluß verleitet, weil der Erfolg der Konfrontationspolitik in jedem Fall sicher war: Ziel war ein von den U.S.A. dominiertes Bündnis, das anders nicht zu rechtfertigen war. In Trumans Zwei-Lager-Theorie war das andere Lager nur von geringem Interesse.

Die Zustände *in* der Sowjet Union spielten für die Strategie der U.S.A. keine Rolle. Niemand verlangte freie Wahlen für Rußland. Man verlangte auch keine freien Wahlen im faschistischen NATO-Mitglied Portugal, um das man sich erst sorgte, als nach der Diktatur die neuen Machthaber linke Volkshelden in Uniform waren. In der Türkei unterstützte man einen Massenmord an den Kurden mit Zehntausenden Toten und Hunderttausenden Vertriebenen, ganz zu schweigen von den Gefolterten. Auch in Osteuropa, wo man zwar freie Wahlen verlangte, verhöhnte man die Menschenrechte. Denn gerade um

---

[8] s. Yossi Beilin, „Qui, Israel a un partenaire pour la paix", sowie Amnon Kapeliouk, Retour sur les raisons de l'echec de Camp David, in: *LE MONDE diplomatique*, Février 2002).

71

ihretwillen hätte man einem Land entgegenkommen müssen, das nach jahrzehntelangen Feindseligkeiten mit einem brutalen Vernichtungskrieg als Höhepunkt Anspruch auf Sicherheitsgarantien in seinem geographischen Umfeld hatte.

Die Abmachungen zwischen der Sowjet Union und Großbritannien bezüglich Griechenlands, Bulgariens, Rumäniens und Ungarns, die von Stalin (wie im griechischen Bürgerkrieg) skrupulös eingehalten wurden, konnten kein Modell sein für die U.S.A., da sie in ihm nicht die dominierende Rolle gespielt hätten. Die Frage war nicht, ob man zusammen mit der Sowjet Union zu einer Lösung der deutschen Teilung hätte kommen können, denn darüber bestand wenig Zweifel. Die Frage war, ob diese Lösung noch den Interessen der U.S.A. gedient hätte wie ein Westeuropa mit einer transatlantischen Hegemonialmacht. Es hätte nichts genützt, wenn die Sowjets ihre Truppen abgezogen hätten, denn im Gegenzug wäre, so damals Dean Acheson, „der Abzug amerikanischer und britischer Truppen […] ein zu hoher Preis" (zit. nach Chomsky, Wirtschaft, 88). Der Kalte Krieg war erforderlich, um die US-Vorherrschaft über ihre „Alliierten" zu sichern und, nach Chomsky als umfassendes Hauptziel, „die industriellen Kernländer in eine vom staatlich-kapitalistischen Komplex der U.S.A. beherrschte Weltordnung zu integrieren." (ebd., 89)

Große Unterstützung fanden die Vereinigten Staaten in Deutschland, dessen Bewohner gerade noch einer Bewegung anhingen, die von Anfang an schreiendes Unrecht war, zu verbrecherischen Angriffskriegen sowie Massen- und Völkermord führte. Aufgrund ihrer autoritären Charakterstruktur waren die Deutschen prädestiniert, das Angebot eines Platzes in einer militant antiliberalen Ordnung mit totalitären Zügen anzunehmen. Die Partnerschaft in diesem „Kreuzzug für die Freiheit" war um so verlockender, als sie den Wandel weg von der Diktatur hin zur Demokratie symbolisierte, ohne daß Fragen nach dem tieferen Wesen des Faschismus gestellt würden.

Jede Verantwortung nicht nur für die Nazi-Verbrechen, sondern auch für die Teilung Deutschlands konnte abgewehrt werden. Man hatte nichts damit zu tun, weil man das Opfer schrecklicher Mächte war, gegen die man sich aber jetzt wehren wollte. Man ließ die Vergangenheit ruhen und freute sich über den Fortschritt der Geschichte. Solche Selbsttäuschungen gelingen um so besser, je günstiger die objektiven Bedingungen sind für den Widerstand gegen das Bewußtsein eigener Verantwortung und ihre Übertragung auf ein Idol, dem sich zu unterwerfen auf das Angenehmste begründet ist. Die Eindämmungspolitik, die im politisch-ökonomischen Interesse der U.S.A. lag, kam bei den Deutschen so gut an, weil sie sich bestätigt sahen in ihrer Einstellung bis 1945 gegen alles, was kritisch, aufklärerisch oder „links" erschien. Die Art von Fortschritt, wie sie in Gestalt des Kampfes gegen den „Kommunismus", die Sowjet Union und die „Unfreiheit" auftrat, konnte nur als glückliche Fügung empfunden werden.

Es wurde vom nicht enden wollenden Kampf gegen jegliche Diktatur geredet, obwohl sich Hitler erst unmöglich machte, als er außenpolitisch Probleme bereitete. Dank dieser Anamnesis spielte auch die ablehnende Haltung der meisten Attentäter des militärischen Widerstands gegenüber der Weimarer Republik keine Rolle. Sie handelten im letzten Augenblick, weil sie geprägt waren von einer autoritären Gesinnung, die zudem oft latent antisemitisch war. Hier ließ sich anknüpfen, zumal die Nazis mit den neuen Formen der Indoktrinierung nicht mithalten konnten. Sie wurden einfach altmodisch und hatten sich durch den Zeitablauf erledigt. Über den Anachronismus ethnischer Verfolgungen konnte man sich nur noch schämen. Die neue Zeit hob sich davon so wohlwollend ab, daß ihr ebenso manipulativer Zug für schlechthin moralisch gehalten wird.

Diese Täuschung gelang, weil sich alle Wahrnehmung nach einem geheimen, unwiderstehlichen Fahrplan vollzog. Der Kampf um Imagegewinn und Imageverlust gestaltete sich so vorteilhaft, daß man die sowjetischen Vorwürfe wörtlich zitieren konnte. Niemand nahm es ernst, wenn behauptet wurde, daß die NATO ein Mittel sei, sich das Industriepotential in Europa, vor allem West-Deutschland, zu sichern. Die Einführung einer Dreizonenwährung bedeutete die Teilung, doch angelastet wurde den Sowjets. Wenn sie den Westen als „Spalter" bezeichneten, fiel das noch auf sie zurück: als Ausdruck von Irrationalität, Dreistigkeit und Verlogenheit. Als die deutschen Ministerpräsidenten am 7. Mai 1947 zu einer Konferenz in München am 6. und 7. Juni einluden, verboten die Westalliierten jede Diskussion über eine deutsche Zentralregierung. Ein entsprechender Vorschlag der ostzonalen Vertreter für die Tagesordnung wurde nicht abgelehnt. Die Ablehnung kam von den Ostdeutschen, die ihre Meinung nicht einmal kurz erläutern durften. Solche Reaktionen gerannen zur Meinung, der Westen basiere auf freier Zustimmung, offenem Austausch und demokratisch legitimierter Vielfalt, wohingegen die Sowjets sich aus Motiven, deren Finsternis spätestens die Nazis jedem Deutschen eingebleut hatten, aller konstruktiven Mitarbeit entzögen.

Am 19. September 1952 reiste eine Delegation der ostdeutschen Volkskammer nach Bonn, um einen Vorschlag zur Wiedervereinigung Deutschlands zu unterbreiten. Der Empfang beim Bundestagspräsidenten dauerte 25 Minuten. Eine Diskussion wurde abgelehnt, ebenso das Ansinnen, eine Antwort des Bundestages in Bonn abwarten zu dürfen. Die Vorschläge schlugen dem Faß den Boden aus: sie beinhalteten eine Vier-Mächte-Konferenz über das Deutschlandproblem, die Bildung einer Kommission aus Vertretern der DDR und der BDR sowie Überlegungen zu freien Wahlen in ganz Deutschland. Eine Einladung an den Bundestag nach Ostberlin setzte dem Ganzen die Krone auf, bevor am 27. Juli 1957 der Vorschlag kam, einen Staatenbund zu bilden, der keinem Militärbündnis angehören und frei von fremden Truppen sein sollte. In großer Einmütigkeit durchschauten Bundesregierung und Opposition diese Manöver als Propaganda.

Später entrüstete man sich über den Bau der Berliner Mauer, die vom Westen spätestens dadurch gebilligt wurde, daß man einen Peter Fechter im Grenzstreifen verbluten ließ. Der Tod des Flüchtlings war nicht beabsichtigt, so das Urteil gegen die Grenzpolizisten in den 90er Jahren. Auf östlicher Seite habe ein Kompetenzwirrwarr geherrscht, das die Rettungsmaßnahmen verzögerte. Kein Kompetenzwirrwarr herrschte auf westlicher Seite. Ausdrücklich verbot der US-Kommandant einzugreifen, obwohl die Besatzungsmächte das Recht hatten, sich uniformiert in ganz Berlin aufzuhalten. Den DDR-Grenzsoldaten, die Hilfe durch Ostberliner Bürger verhinderten, wurde ihr System zu Gute gehalten, in das sie eingebunden gewesen waren. Worin waren die US-Grenzsoldaten eingebunden, als sie sich strikt an Befehle hielten und nicht an Hilfe gehindert werden mußten?

Wie es sich für eine Gesellschaft mit funktionierender Gehirnwäsche gehört, wurde Kennedy triumphal gefeiert und nicht ausgelacht, als er am 26. Juni 1963 in Berlin verkündete: alle, die meinten, man könne mit den Kommunisten zusammenarbeiten, sollten nach Berlin kommen. Ebenso überhörte man den drohenden Aspekt seines Anspruchs, „ein Berliner" zu sein. Er verglich ihn mit dem Stolz, der mit der römischen Staatsbürgerschaft verbunden war. Auch sie war Mittel einer imperialen Macht, ihre Hegemonie zu dokumentieren.

Noch zum 50 Jahrestag der Stalin-Note vom 10. März 1952 wurde die Alternative *Freiheit statt Einheit* (s. SZ vom 9./ 10. März 2002) propagiert. Sie usurpiert bis heute den Begriff der Freiheit für den „liberalen" Kapitalismus, weist Verantwortung für die Pressionen gegen die UdSSR von sich und nimmt eine sich radikalisierende Diktatur Stalins über Osteuropa als notwendiges Risiko hin. Andererseits läßt sich auch nur so ein militärischer „Schutzschild" über in Panik versetzte „Verbündete" legitimieren, der dann im Rahmen des einmal arrangierten Konfrontationsszenariums wie von selbst aufrechterhalten werden kann. Die entsprechenden Denkschemata beruhen auf Unsicherheit, Angst und latenter Aggressionsbereitschaft. Sie haben sich über das Ende der UdSSR hinaus soweit verfestigt, daß sie als feste Eckpfeiler politischer Kategorien immer schon ins Bewußtsein einfließen und alle Überlegungen mitbeeinflussen.

Der Kalte Krieg war eine *Reality Show*. In einer ihrer Fortsetzungen trat Bush jr. auf und warnte in wörtlich übernommenen Metaphern der Trumanschen Zwei-Lager-Theorie, wer nicht für uns ist, ist gegen uns: „Jedes Land in jeder Region muß sich jetzt entscheiden – entweder es steht an unserer Seite oder an der Seite der Terroristen. Von diesem Tag an werden die Vereinigten Staaten jedes Land als feindliches Regime betrachten, das weiterhin den Terrorismus unterstützt." (zit. nach SZ vom 22./23. September 2001) Das war nichts Neues. So hat schon immer die kriegswirtschaftliche Despotie nach Punischen Kriegen funktioniert. Jeder ist im Visier, der sich nicht an die Vorgaben hält (irgendwann wird wieder Berlin bombardiert werden).

IV

Pax alla Romana – Institution des Krieges

Anstelle von Anstand, Beherrschung, Tüchtigkeit
herrschten Frechheit, Bestechung, Habgier.
Sallust (über Rom nach den Punischen Kriegen)

Ich bin ein Patriot der alten Republik,
die sich in den Jahren der Expansion allmählich aufgelöst hat.
Gore Vidal (über die U.S.A. nach dem 2. Weltkrieg)

Die gigantischen Kriegsgewinne, die das soziale Gefüge durcheinanderbringen, sind zugleich ein Ausweg, es funktionsfähig zu halten. Unterschlagungen, Korruption und die Hilflosigkeit, ihnen zu begegnen, zeigen die Macht des Geldes über alle Tugend an. Den Niedergang hin zu Bürgerkrieg und Expansion in Permanenz kündigte Cato an, Zensor seit 184. Hannibal, dessen Auslieferung Rom von Karthago (195) und dann von Bithynia (Kleinasien) verlangte, wurde zur Flucht und schließlich in den Freitod gezwungen (183). Catos „Ceterum censeo Carthaginem esse delendam" drückte eine strukturell angelegte Manie aus, die Dinge voranzutreiben. Caesar wiederum *mußte* Gallien erobern und verwüsten, allein um *sich* zu finanzieren. Der Rubicon wurde ständig überschritten. Er war unter diesen Bedingungen keine wirkliche Grenze. Es schien nur so, weil immer noch Illusionen und Hoffnungen bezüglich überkommener Ideale einer republikanischen Verfassung mit ihrer wohlaustarierten Machtbalance vorherrschten.

Sowenig wie der von einer Öl&Gas-Junta geführte Krieg gegen den Irak war der 3. Punische Krieg (149-146) das Produkt von Hysterikern, sondern Folge systematischer Überlegungen, an deren Ende vertragswidrige Auseinandersetzungen Karthagos mit Nubia standen, einem römischen Vasallenstaat (150). Er hatte, ermuntert von seinem Protektor, ständig Streitigkeiten mit Karthago provoziert, das vier Jahre später erobert und zerstört ist. Seine Bewohner, die zuvor wie der Irak 2003 alle Vorgaben zur Abrüstung erfüllt hatten, wurden ermordet oder in die Sklaverei verkauft. Ihre Heimat war fortan eine Provinz namens Africa (s. Christ, Krise, 17ff). Cato starb (85jährig) in dem Jahr, in dem jener Krieg begann. Er war an sein Ziel angekommen. Zehn Jahre nach den Punischen Kriegen wurden auf Sizilien am Ende des ersten (vierjährigen) Sklavenkriegs Zwanzigtausend gekreuzigt.

Es waren 20.000 Warnungen, den Willen Roms, seine Kriege, Erfolge und Handlungsweisen als „gerecht" anzusehen. Zuwiderhandlungen sind „Unrecht", das Rache nach sich zieht. Die Gerechtigkeit der U.S.A. erreichte, nachdem sie zu Hause gewütet hatte, fremde Gestade in Gestalt einer Neokolonialisierung Lateinamerikas und der

Besetzung der Philippinen. Der Bogen spannte sich zu Flächenbombardements in Deutschland und Japan mit zwei Atombomben als Abschluß. Kriegsverbrechen kündigten eine Mischung aus hohen Idealen und niedriger Gesinnung an, die sich auch bewährte bei den Ansprüchen an Deutschland, ehemalige Zwangsarbeiter des Dritten Reichs zu entschädigen: auf die Geschädigten im eigenen Land, Indianer und Schwarze, wurden sie nicht übertragen.

Ebenso pragmatisch begegnete man Greueltaten von Japanern und Deutschen, wenn sie Gefangenenexperimente mit Giftgasen und Druckkammern betrafen oder für Partisanenbekämpfung (*counterinsurgency campaigns*) von Interesse waren. Mit Hilfe von Wehrmachtsoffizieren (Reinhard Gehlen von *Fremde Heere Ost* war der bekannteste) kam die Weitsicht der Nazis mit den Zielen der „Nationalen Sicherheit" zur Deckung: „Kommunisten", „Partisanen" und „Terroristen" sind auszuschalten, um die Bevölkerung zu „schützen" oder zu „befreien" – Teile der Bevölkerung, die nicht „geschützt", „befreit" werden wollen oder gar Insurgenten Hilfe zukommen lassen, dieser Hilfe verdächtigt werden oder einfach „sich am falschen Ort befinden" wie die 60.000 Einwohner von Vinh, von Philip Shenon „das vietnamesische Dresden" genannt (zit. nach Chomsky, Wirtschaft, 344), sind zu liquidieren. Am Ende waren Millionen tot.

Nichts bezeichnet den Verfall eines Landes wie seine Unfähigkeit, kriminelle Handlungen zu erkennen und zu bedauern. Dem Absturz in Selbstgerechtigkeit, zwanghaftem Handeln und Brutalität bis zur Niedertracht ist kein Einhalt zu gebieten. In Rom leiteten die Siege in den Punischen Kriegen einen Prozeß ein, der für Marx (Gr., 386) mit der Spirale von Entwicklung der Sklaverei, Konzentration des Grundbesitzes, Austausch, Geldwesen und neuen Eroberungen „mit der Grundlage [der Entwicklung] bis zu einem gewissen Punkt verträglich [...] und sie teils nur unschuldig zu erweitern" schien. Mit dem Kaisertum kam zwar das alte Chaos zum Abschluß, doch führte Augustus seine Monarchie nur ein, weil nicht nur die Republik am Ende war.

Er wurde inmitten allgemeiner Erschöpfung durch militärisches und politisches Geschick wirklich, wie der Name sagt, zum *Erhabenen*. Die erniedrigte Gesellschaft hatte Grund zur Dankbarkeit und machte sich Illusionen über die Dynamik, der sie unterworfen war. Es entstand der Anschein, die mit den Punischen Kriegen begründeten Verwerfungen ließen sich meistern durch einen Rückgriff auf den Mythos vorrepublikanischer Herrschaftsformen. Gleichwohl lehnte Caesar (einen Monat vor seiner Ermordung am 15. Februar 44 v.Chr.) die Königswürde ab. Auch Augustus ließ sich nicht formell zum „Kaiser" küren, sondern nur Amtsbefugnisse zusprechen. Die Ämter selber blieben unbesetzt, wodurch es etwa keinen Volkstribunen gab, der gegen seine Gesetze hätte interzessieren können.

Augustus übernahm gleichzeitig Repräsentation und Kontrolle des Staates. Er leitete die wichtigsten Provinzen oder legte gegen Entscheidungen des Senats sein Veto ein.

Herrschaft vollzog sich nicht in den Institutionen, sondern qua informeller Absprache durch die Institutionen hindurch, in welcher Konstruktion sich die Würde des *princeps* bildete, das monarchische Ansehen des *Ersten Bürgers*. Auch Caesar strebte eine Verwaltungsreform an. Während er jedoch den Senat, der sich verweigerte, einbinden wollte, übertrug Augustus die alltäglichen Regierungsgeschäfte einem neu konstituierten Verwaltungsapparat, dessen Personal sich hauptsächlich aus aufstrebenden Schichten rekurrierte. Die Mitsprache des Volkes reduzierte sich auf ein Minimum, es existierte keine Opposition, als Imperator befehligte er das Heer und als Wahrer der republikanischen Form sonnte er sich in einem Senat, der einem Diktator zu Füßen lag.

An der Geschichte des Römischen Reiches läßt sich das Schicksal jeder auf Gewalt, Unterdrückung, Manipulation und Ausbeutung gründenden Macht der Weltgeschichte ablesen. Die Grenzen sind immer Grenzen der Ausdehnung in Relation zur Elastizität der gesellschaftlichen Strukturen. Die wirtschaftlichen Großräume, die im 1. Jahrhundert n.Chr. entstanden, wurden im 2. selbstständiger, weil anders keine Wirtschaft dieser Art halbwegs funktionieren kann. Die Konkurrenz durch die Provinzen brachte eine Verödung Italiens mit sich. Seit dem 3. Jahrhundert verstärkte sich in der Folge politischer Unsicherheiten die Dezentralisierung. Die Tendenzen zur Naturalwirtschaft und Bindung des Bauern an die Scholle läuteten den Übergang zum Feudalismus des Mittelalters ein.

Der Aufwand für die Militärmaschinerie, ein Glanz-stück römischer Zivilisation, war immer schwerer in Einklang zu bringen mit ihrem Nutzen. Er war nur gegeben bei permanenten Eroberungen, die allein später auch Hitlers Armee hätten finanzieren können. Damit ist wie bei den U.S.A. das Ende absehbar. Sie benutzten ihren Triumph nach dem 2. Weltkrieg, um ihre Produktionskapazitäten weiterhin auszulasten. Hierbei ist die gegebene Sozialstruktur mit ihrer Verteilung des nationalen Reichtums im Auge zu behalten, denn der Produktionsprozeß wird nicht in Gang gehalten, wenn ein Bedarf besteht (nach, sagen wir, Schulen, Krankenhäusern, Bibliotheken, wohnlichen Städten oder öffentlichen Verkehrsmitteln), sondern wenn es die herrschende Ratio, das Interesse der Besitzenden gebietet. Nicht der *reiche*, einer Totalität menschlicher Lebensäußerung *bedürftige Mensch*, von dem Marx spricht, steht im Mittelpunkt, sondern der nationalökonomische Reichtum, mag er noch soviel Elend produzieren.

Die U.S.A. haben es soweit gebracht, daß ihre Justiz am Ende meint 25 Jahre Gefängnis für ein gestohlenes Deo bereithalten zu müssen. Jene, denen mit den Gesetzen des Marktes nicht beizukommen ist, werden von den Gesetzen der Justiz in die Mangel genommen. Die ethnische und soziale Zusammensetzung der zum Tode Verurteilten, ohnehin eine Bankrotterklärung, ist die gleiche wie in Straflagern des 19. Jahrhunderts. Justizurteile sind de facto käuflich wie beliebige Waren. Freilich sind es Luxuswaren, die zu erwerben verdient sein will. Die marktstalinistische

Gläubigkeit zeigt sich auch hier in der Erbarmungslosigkeit der Handelsbedingungen (was soweit gehen kann, daß nach dem Urteil kein neues Entlastungsmaterial zugelassen ist und der Tod eines Angeklagten gefordert wird wie das einem Fetisch dargebrachte Menschenopfer.

In Kalifornien, wo es mehr Gefangene gibt als in Frankreich, Großbritannien, Deutschland, Japan, Singapur und den Niederlanden zusammen (bei einem Zehntel der Einwohnerzahlen), übersteigen die Ausgaben für Gefängnisse den Bildungsetat. Für private Wachleute wird noch einmal doppelt soviel Geld ausgegeben wie der Staat für seine Polizei bezahlt (s. Martin/ Schumann, Globalisierungsfalle, 19f). Nach *Manpower Inc.*, einem Unternehmen für Zeitarbeitsvermittlung, *General Motors* und *Wal-Mart* sind staatliche und private Gefängnisse mit über 600.000 Beschäftigten die größten Arbeitgeber in den U.S.A. Der Strafvollzug ist für arme Regionen das, was das *Pentagon-System* für die Reichen ist: eine staatlich organisierte Entwicklungshilfe.

Die Gefängnisse sind in ihrer Profitorientierung das Spiegelbild einer Gesellschaft, die Gescheiterte und Gestrandete wie am Fließband produziert. Der, so Eric Schlosser, *prison-industrial complex* ist eine Fortentwicklung von Niedriglohnsektoren und sozialer Kontrolle. Der kapitalistische Traum erfüllt sich. Die Arbeitenden sind wohldiszipliniert, flexibel einsetzbar, werden nicht von Gewerkschaften aufgehetzt, der Arbeitslohn ist öffentlich subventioniert, bar aller „Nebenkosten" (einer der schlimmsten Geißeln unserer Zivilisation) und schließlich ist der Arbeitsmarkt insgesamt verschärftem Wettbewerb und nicht übersteigertem Anspruchsdenkens ausgesetzt.

Ausbeutung und Kälte potenzieren sich hinter den Lagertoren als Abkehr von jeglicher Rehabilitation, was wie „draußen" nicht zu Ordnung und Sicherheit führt, sondern zu dem, was bei chronischem Mangel sinnvoller Beschäftigung allein entstehen kann: Destruktivität, Aggressivität, Gewalt, Korruption, Haß und Psychosen. Das Inferno der Züchtigungsanstalten zieht repressive Maßnahmen nach sich wie jedes System, in dem der Mensch dressiert wird zu konformen Verhalten. Dazu gehört, ein ungerechtes Wirtschaftssystem und das entfremdete Leben hinzunehmen, weil ansonsten die Stabilität unersättlicher Bereicherung gefährdet wäre. Sie stellt ein Naturrecht der U.S.A. dar, das den Anspruch auf weltweit offene Märkte und Zugang zu Ressourcen aller Art hinreichend legitimiert. Die Mittel, „Destabilisierung" zu verhindern, standen zur Verfügung, seit dank der „Bedrohung" durch die Sowjet Union endlos aufgerüstet werden mußte.

Mit ihrem Ende durfte kein Ende der Gefahr gegeben sein. Ein Imperium schafft man nicht nach Lust und Laune. Pure Aggression und schlecht durchdachte Rationalisierungen, die sich nur widerstrebend den dominierenden Charakterstrukturen einfügen, erzeugen ein Klima, in dem Distanz und Gegenwehr gedeihen wie in einem Treibhaus. Über kurz oder lang provoziert man eine Konfrontation mit nahezu sämtlichen Kräften des traditionellen Gefüges. Napoleon wußte, weshalb er seine nationalistischen Expansionsbestrebungen in die Ideale der

Französischen Revolution samt dem Fortschritt im Regierungs- und Verwaltungsaufbau kleidete. Nur den Kopf schütteln kann man über Mussolinis *Mare-Nostrum-*Träume bis hin zu den Massakern in Abessinien und vor allem Hitlers europäischen Feldzug, der über Vernichtungskriege und Völkermord führte. Dieser Fanatismus ist ein Zeichen von Schwäche. Ein verkrüppelter Charakter muß sich auf seine Stärke besinnen und darf nicht völlig in destruktiven Kräften aufgehen, was vor allem Geduld gebietet: das Gefühl für die komplexe Struktur des Ganzen, in dem man sich bewegt und von dem man auch abhängig ist, wenn man es in seinem Sinn beeinflussen will.

Vorbildlich war im Römischen Imperium die Anwendung von Gewalt, Hinterhalt und Zynismus eingebettet in strategische Notwendigkeiten. Von jeder neuen Machtposition stellte sich das Kalkül, sie optimal abzusichern, wobei die prinzipielle Richtung lange vor den Punischen Kriegen gegeben war. Danach hätten einem traditionellen Bauern-, Handwerker- und Händlervolk manche Optionen offengestanden, nicht aber einer oligarchischen Klassengesellschaft mit ihrem Ressourcenverbrauch. Viele Länder, sofern sie nicht ohnehin Provinzen wurden, verloren wie Numidia in Nordafrika oder Bithynia in Kleinasien de facto ihre Unabhängigkeit: sie anerkannten die römische Vorherrschaft und verzichteten auf eine eigenständige Außenpolitik. Diese Klientel- oder Vasallenstaaten waren über kurz oder lang völlig zu unterwerfen, was entweder gelang, aufgegeben oder gar nicht in Angriff genommen wurde – wenn eben ein bloßes Protektorat optimal für das Imperium war. Diese Länder hatten dann ihre Ziele in dem Maße für „realistisch" zu halten, wie sie zu den Plänen Roms paßten. Was nicht paßte, wurde solange gedemütigt und schikaniert, bis ein Grund vorhanden ist, gegen Vertragsverletzungen vorzugehen.

Wurden keine Verträge verletzt oder gab es gar keine Verträge, müssen Mittel und Wege gefunden werden, die Perfidie eines Gegners herauszustellen, der ursprünglich womöglich ein Verbündeter war. In den 80er Jahren war der Irak auserkoren, die durch die Politik der U.S.A. begünstigte islamistische Revolution im Iran in Schach zu halten. 1983 reiste Rumsfeld im Auftrag Ronald Reagans nach Bagdad. Später betonte er seine damalige Rolle „als Privatperson", die für die Baufirma *Bechtel Corp.* den Auftrag für eine Pipeline akquirieren sollte. Dem Angebot wurde 2003 Nachdruck verliehen. Zunächst kam Rumsfeld nicht zum Zuge, obwohl er Saddam mit allem lockte, was für eine biologische und chemische Aufrüstung benötigt wurde.

Auf den Schlachtfeldern lagen Millionen Tote, als Bush sen. gegen sein Kabinett im Dezember 1989 neue Kredite für den Verbündeten durchboxte und die U.S.A. eine bei den Vereinten Nationen geforderte Untersuchung über Menschenrechtsverletzungen im Irak ablehnten. Am 25. Juli 1990 signalisierte die US-Botschafterin im Irak, April Glaspie, daß Kuwait *nicht* zur US-Interessensphäre gehöre, zu der in Wirklichkeit selbst der Irak gehörte (s. Salinger / Laurent, Krieg am Golf, 39 ff): der Feldzug gegen „Aggression und Diktatur" konnte beginnen (welch

Lernprozeß seit Bushs Zeit als CIA-Direktor, als Massaker auf Ost-Timor und in Lateinamerika stattfanden).

Husseins Giftgaseinsätze gegen Kurden im März 1988 wurden dem Iran angelastet, bis die Umstände eine „Neue Weltordnung" geboten. Medial verharmloste Massentötungen begleiteten den Kreuzzug gegen einen Ungläubigen, der nicht einsah, daß die Schätze der Natur jenen gehören, die bereits die größten Reichtümer angehäuft haben. Man ahnte, wie Saddam zu seiner Fehleinschätzung kam, als die US-Armee ihm nach Kriegsende gestattete, Hubschrauber gegen Aufständische einzusetzen und Zehntausende Schiiten abzuschlachten. Ihre Massengräber illustrierten 2003 nicht nur telegen eine Schreckensherrschaft, sondern auch, daß man mit Saddam reden konnte, weshalb vor den zwei Golfkriegen (wie 2001 gegenüber den Taliban) Verhandlungen ausgeschlossen werden mußten. Anders geht es nicht.

1990 waren die U.S.A. bei Saudi Arabien mit 100 Mrd. USD verschuldet. Nach den Turbulenzen von *Desert Storm* stand alles Kopf und *Saudi-Arabien* hatte 100 Mrd. Schulden. Eine marode Volkswirtschaft hatte für 600 Mrd. USD in der Region verkauft, was sie noch konkurrenzfähig anbieten kann: Rüstungsgüter. Saddam wurde mit Hitler verglichen (s. MacArthur, 46ff, bes. 82ff), was berechtigt war, weil beide gute Sündenböcke abgaben, als sie verrückt spielten und es in ihrer Krabbelecke nicht mehr aushielten. Ebenso gibt es eine Parallele zu Stalin, denn auch der irakische Diktator war jenes Medium, durch das hindurch globale Ausdehnung und hoher „Verteidigungshaushalt" wie ein Gebot der Verantwortung erscheinen.

In diesem Realismus bewegte sich die 1992 erstellte Studie *Defense Policy Guidance 1992-1994*. Verfaßt wurde sie von Paul Wolfowitz, unter Bush jr. stellvertretender Verteidigungsminister, und I. Lewis Libby, Sicherheitsberater von Vizepräsident Richard Cheney, der schon Februar 1991 den Golfkrieg als Muster zukünftiger Konflikte sah.[9] Andere Industriemächte (wie Deutschland oder Japan) müßten, so die Autoren, entmutigt werden, die Führungsrolle der U.S.A. anzuzweifeln: jede Konkurrenz für ihre „Dominanz beim Zugriff auf die weltweiten Ressourcen in der Zeit nach dem Ende des Kalten Krieges" (zit. nach Ahmed) sei zu verhindern, eine Nationale Raketenabwehr aufzubauen und das Militär zu stärken, um die Strategie der Prävention durchführen zu können.

Die gleichen Punkte hoben zwei Studien der Stiftung *Project for a New American Century* (PNAC) von Juni 1997 und September 2000 hervor, an der neben Wolfowitz und Cheney auch Rumsfeld, sein Berater Richard Perle, Elliott Abrams, im Weißen Haus unter Bush jr. für den Nahen Osten zuständig, und Jeb Bush, der treue Bruder mit dem Silbertablett, beteiligt waren. Sie betonten die Prinzipien jedes Imperiums: es hat nur Vasallen, und „Ver-

---

[9] s. Philip S. Golub, Rêves d'Empire de l'administration américaine, in: *LE MONDE diplomatique*, Juillet 2001; s. auch Petra Steinberger, Gefahr im Verzug. Die neokonservativen Think Tanks und der Ursprung der Bush-Doktrin, in: SZ vom 1./ 2. März 2003; Rudolph Chimelli, Im Weltall wie auf Erden. Die amerikanische Politik hält, was ihre Vordenker forderten, in: SZ vom 10. März 2003; Ahmed, Geheimsache 09/ 11, 68ff.

bündete" sind bei mangelndem Gehorsam „irrelevant",
was auch für die UNO gilt bei nichtgenehmen Beschlüs-
sen. Sie sei ein „Forum für Linke, Anti-Zionisten und
Anti-Imperialisten", an das man sich nur wenden werde,
falls es die US-Politik unterstützt.[10] Die Nummer Drei im
Außenministerium, Cheneys Protégé John R. Bolton,
meinte im Sommer 2002: „There is no such thing as the
United Nations. There is an international community that
can be led by the only real power left in the word, and that
is the United States, when it suits our interests and when
we can get others to go along."[11]

Sollten russische Firmen dem Irak Verteidigungswaffen
geliefert haben, wird die Verletzung von UN-Resolutionen allerdings beklagt (Syrien und Iran wird bei ähnlichen
Vorwürfen mit „ernsten Konsequenzen" gedroht). Auch
an staatliche Souveränität fremder Länder wird pragmatisch erinnert: der Iran wurde vor einer Einmischung in
die inneren Angelegenheiten des Iraks gewarnt – nachdem
die U.S.A. ihn besetzt hatten (was den iranischen Außenminister zu höhnischen Bemerkungen veranlaßte). Aber
Wolfowitz meinte bei einer Pressekonferenz in Bagdad ja
auch allen Ernstes, Hauptproblem des Irak seien die vielen
Ausländer.

Die Favoriten im postsowjetischen Bedrohungskatalog
sind China sowie Drogen und Terrorismus. Am 8. Mai

---

[10] s. Eric Rouleau, De la propaganda et ses ratés, in: *LE MONDE diplomatique*,
Février 2003 (www.newamericancentury.org).

[11] zit. nach David Aaronovitch, Instead of leadership, we have been offered glib
solutions and isolationism, in: *The Independent* vom 11. September 2002.

2001 unterstellte Rumsfeld Osama bin Laden die Fähigkeit eines Angriffs auf die U.S.A. *aus dem All*. Es war nach Ansicht des Kabinetts um die Sicherheit der U.S.A. vor dem 11. September 2001 bestellt wie explizit *vor Pearl Harbor*, ein nicht zufällig nach den Anschlägen sofort angestellter Vergleich. Für Rice bestanden Anfang 2000 die Streitkräfte der U.S.A. aus Sozialarbeitern – sie seien in einem so schwachen Zustand *wie vor 1940* (s. Golub). Es sind Parolen für die Permanenz der Kriegswirtschaft, wie es sie in Friedenszeiten niemals gegeben hatte.

Dieser Zustand ist gleichbedeutend mit moralischem Bankrott, der mit Beginn des Kalten Krieges erklärt wurde. Jedes Land wurde danach beurteilt, ob es Rußland schadet oder nicht. Kein Staat, prophezeite am 13. März 1947 Henry Wallace, werde zu reaktionär sein, um nicht als Verbündeter willkommen geheißen, kein Konflikt zu fern, um nicht Kriegsschauplatz für die U.S.A. zu werden (s. Vidal, Das letzte Imperium, in: ders., Amerika, 260). Soviel Verbissenheit kann einem Gemeinwesen nur zum Schaden gereichen. Seinen entscheidenden Schlag erhielt es am 26. Juli 1947, als nach der Kriegserklärung an den „Weltkommunismus" vom 12. März, mit der nicht die Expansion der UdSSR eingedämmt, sondern die der U.S.A. gefördert werden sollte, der Kongreß den *National Security Act* erließ. Damit wurde neben der CIA der *Nationale Sicherheitsrat* geschaffen, ein Rat, in dessen Belieben es bis heute gestellt ist, was unter „Nationaler Sicherheit" zu verstehen ist.

Roosevelt bildete noch vor Pearl Harbor einen *Nationalen Verteidigungsrat*, doch jetzt ging unter seinem Nachfolger eine der vornehmsten Aufgaben der Legislative: die Entscheidung über Krieg und Frieden, an einen jeder Kontrolle entzogenen Teil der Exekutive über. Damit ist ein mit traditionellen Institutionen dekorierter Rückfall in vordemokratische Zustände vollzogen. Das atomare Wettrüsten und die Geheimhaltungspolitik der Atomindustrie hätten, so der ehemalige Innenminister Kennedys und Johnsons, Stewart Udall, „die amerikanische Demokratie zu Fall gebracht. Rechtsprechung wurde über den Haufen geworfen, Moral untergraben. Die Täuschungen und Lügen, mit denen die Regierung die Atomindustrie geschützt hat, sind einmalig in der Geschichte der U.S.A. Sie hat eine Industrie geschützt, die sich von nichts und niemandem aufhalten ließ, und die bereit war, die eigenen Leute zu opfern."[12]

In Rom stand die Entscheidung über Krieg und Frieden dem Volk zu, doch die Kontrolle der Kriegsfinanzen ließ sich der Senat während der späten Republik aus der Hand nehmen. Die Folgen traten zutage, als Mitte des 1. Jahrhunderts v.Chr. die Saat von Gewalt und Rechtlosigkeit aufging. Seit jeher übertrug die römische Republik in Zeiten äußerlicher Bedrohung alle Befehlsgewalt *einem* Diktator, der sie dann wieder an die beiden Konsuln bzw. den Senat und das Volk Roms abgab. Es waren nicht Niederlagen oder Momente der Gefahr, sondern die Erfolge imperialer Politik, die außerordentliche Kommandos (*impe-*

---

12 zit. nach Claus Biegert, Der Berg, der von der Angst lebt. Nach dem 11. September: Die Gegner der Militärforschung in der amerikanischen Atomstadt Los Alamos verschärfen ihren Widerstand, in: SZ vom 19./ 20. Jan. 2002.

rium) erforderten, um das Erreichte abzusichern. Aus *imperium* wurde *imperium maius*, die *größeren* Machtbefugnisse. Mit ihnen sollte Cn. Pompeius 57 für die Regelung der Getreideversorgung ausgestattet werden, was noch abgelehnt wurde, anders als der Antrag Ciceros 43, Brutus und Cassius über die anderen Statthalter (Prokonsuln) im Osten zu stellen.

Von hier aus war es nur noch ein kleiner Schritt bis zu jener Machtvollkommenheit, mit der Augustus 23 ausgestattet wurde. Schleichend büßte der Senat Schritt für Schritt wesentliche Teile seiner Herrschaft ein. Der Sinn des militärischen Netzes, das über den Globus geworfen wurde, bedurfte in Zeiten des Kalten Krieges keiner besonderen Erläuterung. Waren bestimmte Bedrohungsszenarien etabliert, vollzogen sich die Mechanismen der Hochrüstungspolitik nach dem Muster sich selbsterfüllender Prognosen. Aus einem Verbündeten, der die Hauptlast im Kampf gegen einen gemeinsamen Feind getragen hatte, wurde ein Dämon. Systematisch wurden Zwangsvorstellungen projiziert, als in den 80er Jahren Nicaragua als Bedrohung der westlichen Hemisphäre an die Wand gemalt wurde. Zur „Abwehr" werden Terroristen („Contras") in Gang gesetzt, deren Zerstörungspotential ein kleines Land nicht gewachsen ist. Dank hilfsbereiter Medien entsteht ein Bild der Reformbewegung, das auch „Verbündeten" mögliche Illusionen über ihren Spielraum aus dem Kopf schlägt. Die Vorgaben des Imperiums beeinflussen die Abwägungen durch Dritte bei ihren Entscheidungen so stark, daß sich „Konsultationen" erübrigen. Sie wissen von sich aus, was zu tun ist, wenn die informelle Disziplinierung erst einmal gegriffen hat. Gore Vidal spricht von einer chronischen Tyrannisierung der Verbündeten (s. ders., Amerika, 245ff).

Diese Methode hätte nicht funktionieren können, wäre sie nicht auf fruchtbaren Boden gefallen. Die U.S.A. befreiten den Kontinent ihrer Begierde nicht nur vom Faschismus. Sie befreien ein angeschlagenes Bürgertum auch vom Anti-Faschismus, indem sie Kräften, die schon vor 1933 gegen Hitler waren und während des Krieges vor allem in Frankreich, Italien oder Griechenland zum militanten Widerstand griffen, den Kampf ansagten. In Deutschland war die Gegnerschaft zu den Nazis ohnehin kaum im Gedächtnis verhaftet. Zum Ausgleich glorifizierte man bürgerliche Kreise, denen ganz am Schluß Bedenken kamen. Ansonsten herrschte ein völkischer, selbständige Sozialbewegungen instinktiv ablehnender Grundkonsens. Tragende Ideologie wurde ein Anti-Faschismus ohne jede Verbindung zu eigenen Handlungs- und Bewußtseinsmustern (s. Ewert, Blinde Flecken).

Bei den Nürnberger Prozessen nach dem 2. Weltkrieg ließen die Alliierten alle Anklagen fallen, die auch gegen sie hätten erhoben werden können. Das eigene Vorgehen gilt als normal. Schändlich sind die anderen (der Millionen Opfer fordernde Krieg des Irak gegen den Iran 1980-1988 wurde von den U.S.A. unterstützt – prompt fehlt er in der Anklage gegen Saddam Hussein, wie der Iran im Juni 2004 monierte). Beim Tokioer Tribunal stellte der einzige Asiate unter den Richtern fest, daß die Japaner sich für Verbrechen verantworten mußten, von denen keines so gravierend war wie von den U.S.A. begangene Greueltaten. Genauso zusammengestutzt wie die Anklagen, die auf die Luftangriffe gegen Tokio, Hiroshima und Nagasaki mit jeweils etwa 200.000 Toten keine Anwendung gefunden hätten, ist bis heute der Begriff, unter dem das Wesen des Faschismus gebracht wird. Es wird alles weggelassen, was in bestimmten Formen auch in der bürgerlichen Gesellschaft anzutreffen ist: die autoritären Tendenzen gegen abweichende Meinungen, die Sprachregelungen in den großen Medien, die eindimensionale Weltsicht in wirtschaftlichen Fragen, die gewerkschaftsfeindliche Einstellung, die Ohnmacht des Einzelnen gegenüber gesellschaftlichen Mechanismen, die Verherrlichung technischer Prozesse, die Verantwortungslosigkeit in moralischen Fragen, die Vergötzung von Idolen der Macht, usf.

Geeinigt hat man sich statt dessen auf den kleinsten Nenner, den auch die übelsten Schurken teilen konnten und teilen sollten, wollten sie gut dastehen: den Antisemitismus. Erleichtert wurde diese Entscheidung nicht nur durch die in die Augen springende Monstrosität des Verbrechens, das an Juden begangen wurde. Zigeunern war das gleiche Schicksal zugedacht und die Ermordung sowjetischer Kriegsgefangene reicht quantitativ an vergleichbare Dimensionen heran, ohne daß sie auf eine ähnliche Anteilnahme stoßen würden. Bedeutsamer für die Beschränkung des Antifaschismus und den Verzicht auf eine umfassendere Kritik des Totalitarismus ist die Bequemlichkeit, mit der sich bei Betrachtung der Nazi-Zeit das wohlige Gefühl von Distanz einstellte. Ganz pragmatische Gründe filterten eine Methode heraus, die das Entsetzen über Hitler zu einem Kinderspiel machte, zumal er auch noch den Krieg verloren hatte. Schon 1944 traf Saul Padover, kaum hatte er als US-Nachrichtenoffizier die westliche Reichgrenze überschritten, nur auf Deutsche, die schon immer gegen Hitler waren (s. Padover, ebd.). Man konnte ja wirklich in der Tiefe seines Herzens schwerlich für jemanden gewesen sein, der einen dahin gebracht hat, wo man jetzt war.

Damit waren die ideologischen Voraussetzungen gegeben, daß die U.S.A., so Chomsky, den Faden dort aufnehmen konnten, „wo die Nazis ihn fallengelassen hatten" (ders., Die fünfte Freiheit, 41). Für diese Strategie fanden sich „Verbündete". Gefühle der Angst, des Zweifels und der Ohnmacht steigerten sich im Schreckensszenarium des Kalten Krieges als innerer Zwang. Einmal in Gang gekommen ist die Vorstellung von permanenter Bedrohung und ständig zu erhöhender Wachsamkeit nur schwer zu durchbrechen, da sie durch charakterologische Anpassung, konditionierte Wahrnehmung und selbstproduzierte Sachzwänge sich immer stärker verfestigt. Sie verunsichert Menschen, kann ins Irrationale umschlagen und so die Tendenz verstärken, der Welt mit Angst und Haß gegenüberzustehen. Diese Zweifel können durch autoritäre Verhärtungen kompensiert, aber nicht beruhigt werden, was sie unerträglich macht und den Handlungen, mit denen sie überwunden werden sollen, einen ebenso zwanghaften wie illusorischen Charakter verleiht.

Man spricht von Demokratie, Freiheit oder Schutz vor Aggression, doch auf der Tagesordnung steht die Ausrichtung fremder Märkte nach den Interessen der U.S.A. in globalem Maßstab. Gelegentlich ist ganz offen die Rede von Europa als einem „militärischen Protektorat", so der ehemalige „Sicherheitsberater" Präsident James Carters, Zbigniew Brzezinski, 1993 auf einer Tagung in Wien (s. SZ vom 3. Juli 1993) – Vertreter Polens waren konsterniert (sie nehmen gelegentlich die Kalte-Kriegs-Propaganda auch heute noch ernst). Die Strategie im permanenten Kriegszustand baut auf verhetzte Charaktere und seine psychische Zwangslagen. Das Begründungsgeflecht liefert den Rahmen für eine Tyrannisierung von Verbündeten: sie werden auf eine Logik verpflichtet, auf die sie sich zwar schuldhaft eingelassen haben, die aber gleichwohl nicht, wie sich die Opfer selber einreden, einem schlechthin rationalen System entlehnt ist.

Imperiale Plausibilität richtet sich nach den Maßstäben des Imperiums. Es konnte sich nicht beschweren, als die europäischen Vasallen nach dem 11. September 2001 auf ihre Bringschuld für die US-„Hilfe" im Kalten Krieg verwiesen. Zur Sicherheit hat Perle später noch einmal bei den Europäern mehr Unterstützung bei der „Anti-Terror-Kampagne" angemahnt. Die U.S.A. könnten für ihren jahrzehntelangen Schutz „ein wenig Gegenseitigkeit erwarten" (s. SZ vom 12. März 2002). Wenn es noch eines Beweises für die Eigennützigkeit jenes „Schutzes" bedurft hätte, wäre er durch diese Aufrechnung erbracht. Auf wirklich moralische Taten verweist man nicht. Schon gar nicht fordert man

dafür Tribut ein. Er besteht auch darin, daß die Verbündeten endlich wie der imperiale Lehrmeister ihre Wirtschaften
durch erhöhte „Rüstungsanstrengungen" ruinieren. Die
US-Oligarchie kann nicht tatenlos zusehen, wie der Ast, auf
dem sie sitzt, von skrupulöseren „Partnern" abgesägt wird.

Weil, so der Senator John McCain, die U.S.A. in Afghanistan die Nato-Staaten „ehrlich gesagt" nicht brauchen
konnten, sollen sich nicht die strategischen Optionen
ändern, sondern die NATO-Staaten. Der Wahnsinn funktioniert nur, wenn seine Methode von allen bezahlt wird,
weshalb McCain von dem deutsch-französischen „Beneh-
men" in der „Irak-Krise" nicht begeistert war (s. SZ vom
10. Febr. 2003). Es geht nicht an, daß die Rüstungsausgaben der U.S.A. sich auf 396,1 Mrd. USD belaufen, die
aller übrigen Nato-Staaten zusammen aber nur auf 139,6
(wobei auf Großbritannien, Frankreich und Deutschland
80 Mrd. entfallen). Allein für unbemannte Flugzeuge will
Washington 2003 mit 1 Mrd. so viel ausgeben wie Tschechien insgesamt für sein Militär (die osteuropäischen Länder haben bislang ohnehin den Sinn der NATO nicht
begriffen: mit 800 Mio. gibt Ungarn für die Rüstung 100
Mio. weniger aus als Luxemburg). Im Mai 2002 betonten
Diplomaten und Parlamentarier auf einer Tagung des
Bundesverbands der Deutschen Luft- und Raumfahrtindustrie (BDLI), die Europäer müßten für ihre Sicherheits-
und Verteidigungspolitik zusammen mit den U.S.A.
„neue Lösungen" finden.

So wie Rom nach den Punischen Kriegen alle Fesseln,
die den Angriff Mächtiger auf das Gemeinwohl zügelten,

abstreifte, trat auch in den Vereinigten Staaten nach dem Zweiten Weltkrieg eine Änderung ein, aber nichts, was nicht schon angelegt war. Auf die Chance, die sich jetzt ergab, hatten sie lange gewartet: sie sahen die Möglichkeit, für Zwecke, deren Maximen die Nation seit ihrer Gründung leiteten, in historisch einmaligem Ausmaß Mittel zur Hand zu haben. Auch im Innern des Imperiums ist ein hoher Preis zu zahlen für die materialistische Einseitigkeit, die nach 1945 zu naheliegend war, als daß die Gesellschaft hätte widerstehen können. In Rom nahmen die Machtkämpfe im gleichen Maße zu wie der Reichtum der herrschenden Schichten durch die Eroberungen im Mittelmeerraum und die Mißstände in den niederen Schichten. Ihr Groll wurde von jenen instrumentalisiert, die reich genug waren, Unterstützung zu gewähren, um Gegenleistungen einfordern zu können. Diese Klientelpraxis ist nicht nach den Punischen Kriegen eingeführt worden, hat aber mit der Verarmung der unteren Bevölkerungsschichten im Zuge der sich ausbreitenden Kriegswirtschaft eine eigentümliche Dynamik erhalten.

Während die Mißstände weitgehend ignoriert wurden, wurden die Reichen immer reicher; die Armen hingegen sahen ihr Heil darin, entweder ins Heer einzutreten und / oder im internen Machtkampf der Aristokratie zur Manövriermasse zu werden. Die Bevölkerung in den U.S.A. wählt in Form zweier großer Parteien minimale Differenzen auf dem Weg in den Niedergang. Begleitet ist er von einem christlich-fundamentalistischen, nationalistischen, gewalttätigen Grundkonsens, der von den Mächtigen mit allen Mitteln verstärkt wird, während die Verfassungsorgane in den U.S.A. wie einst in Rom ihre Bedeutung weitgehend eingebüßt haben. Im spätrepublikanischen und erst recht monarchistischen Rom bestanden die Institutionen der *res publica* nur noch als rhetorisches Muster ohne Wert, was nicht störte. Es macht das Wesen etablierter Ideologie aus, daß sie in ihrer Erscheinung gar nicht zu Bewußtsein kommt. Es sind die Handgriffe, die sitzen, jener Teil des bereits unbewußt Vollzogenen, der gesellschaftlich produziert und wesentliches Moment der dominierenden Charakterstruktur geworden ist. Die Institution, der alles untergeordnet wurde, ist die kriegswirtschaftliche und dann auch gewalttätige Anstrengung, „wachsam" zu sein und sich „Bedrohungen" entgegenzustellen.

Fehler, die unterlaufen mögen, fallen kaum ins Gewicht. Längst ist eine gesellschaftsstrukturelle und charakterologische Zementierung eingetreten, die es, wie Aristoteles meinte, unmöglich macht, eine sich einige Oligarchie zu stürzen. Parlamentarier, deren offene Bestechlichkeit sie in Europa ins Gefängnis brächte, ein Kongreß, der sich seiner wichtigsten Rechte berauben läßt, ein oberster Gerichtshof als verlängerter Arm der Exekutive, Wahlen, die unverblümt nur pro forma abgehalten werden, und Präsidenten, die von Banken, Versicherungen, der Öl- oder Luft- und Raumfahrtindustrie ins Rennen geschickt werden – das ist, so Vidor, „Rom im Stadium des Untergangs." (Vidor, Zeit für einen Volkskonvent, in: ders., Amerika, 228).

V

Das Muster im Landraub

*Namentlich der Einfluß des Kriegswesens, der in Rom
z.B. wesentlich zu den ökonomischen Bedingungen der Gemeinde
selbst gehört, – hebt auf das reale Band, worauf sie beruht.*

Karl Marx

Als Rom fiel, war es schon längst gefallen.

Erwin Chargaff

Manche meinen, die U.S.A. hätten mit der Ermordung Kennedys „ihre Unschuld verloren". Oder mit dem Vietnam-Krieg. Oder mit Hiroshima. Mit Kuba. Mit den Philippinen. Das ist alles sehr optimistisch. Doch die Probleme liegen tiefer. Auch der Charakter Roms offenbarte sich nicht an der unerbittlichen Zerstörung Karthagos. Diese Brutalität war vielen gemein. Es geht um den Charakter, der Rom über den Erdkreis trieb, die U.S.A. in den Luftraum über Hiroshima und Hitler in die Sowjet Union. Es sind Metastrukturen, in die Pearl Harbor wie die Ereignisse um den 11. September 1973 oder 2001 eingebettet sind.

Rom war militaristischer strukturiert als es griechische Staaten, selbst Sparta, je gewesen sind. Die autoritäre Herrschaft Spartas spiegelte sich ab dem 5. Jahrhundert v.Chr. in einer straffen Militärausbildung sowie Gemeinschaftsritualen von Männerbünden. Institutionen und Rituale drücken immer die Art der gesellschaftlichen Kontrolle des Einzelnen aus. Ihr Zusammenhang mit dem Gesellschaftscharakter bewog Julius Wellhausen 1878 in seiner Darstellung der Geschichte Israels, die Schriften des Alten Testaments geschichtlich in eine andere Reihenfolge zu setzen als in der Überlieferung durch die Bibel. Es waren historische und nicht theologische Gründe, daß sich beginnend mit der assyrischen Bedrängnis und vollendend in der babylonischen Gefangenschaft (6. Jhrh. v.Chr.) die individualistische Religion der Propheten verhärtete „zu einem Panzer des supranaturalen Monotheismus" (Wellhausen, Prolegomena, 424). Der Wandel von den Individuen, bei denen vor dem Exil das göttliche Recht war, zu den *Institutionen* war ein Ausdruck realer Zwänge. Sie brachten eine Dynamik von Anordnungen, Befehlen und Übungen mit sich, was eine „Tendenz der Kontrollierung und Uniformierung" (ebd., 402) begünstigte. Es war ein Aufbegehren unter den Bedingungen eines übermächtigen Kolonialismus. Wellhausen nennt die mosaische Theokratie „das Residuum eines untergegangenen Staates, [...] ein [...] unpolitisches Kunstprodukt", das „die Fremdherrschaft zur notwendigen Ergänzung [hat]." (ebd., 421)

Die äußere Bedrohung kann, wie bei den Nazis, wahnhafte Züge tragen oder, wie bei den sozialistischen oder kommunistischen Parteien in Deutschland (Sozialistengesetz), Rußland (ausländisches Kapital, Bürgerkrieg), China (japanischer Vernichtungskrieg) oder auch Kambodscha (US-Bombardement mit etwa 750.000 Toten) ganz real sein. Der Institutionalismus als Staatsideologie wird wie der Kultus der mosaischen Theokratie „zu einem pädagogischen Zuchtmittel" (ebd., 423), das die Individuen selbst bei offen autoritären Regimen stärker verinnerlichen als ihnen bewußt werden mag. Despotische „Einheitsparteien" haben das Band zur Sinnlichkeit durchschnitten und ersetzt durch „eine Übung der Gottseligkeit" (ebd.), die bei dem „modernen" Menschen als Anpassung an anonym herrschende Richtlinien auftritt. Sie gründen wie die Ausführung der nachprophetischen Riten „auf den positiven, alle Einzelheiten ordnenden Befehl eines absoluten, unmotivirten Willens." (ebd., 422)

„Eine Übung der Gottseligkeit" war auch die *Constitution* von 1787, deren 55 Autoren, vermögende Weiße, Sklavenbesitzer oder Kaufleute, für den Schutz ihrer Interessen sorgten. Ihnen kam zu Gute, daß „Freiheit" nach Marx und Engels eine Redensart war, die „nur einen Sinn […] gegenüber dem geknechteten Bürger des Mittelalters" hatte (dies., Manifest der Kommunistischen Partei, in: MEW Bd. 4, 476). In diesem Stil hob man sich auch 1945 blendend von der Nazi-Diktatur ab. Doch *Freedom'n'Democracy* hatte sowenig einen Wert an sich wie *libertas* bei den Römern. Es kam darauf an, wessen *libertas* es zu beachten galt, zumal sie, frühzeitig gleichgesetzt mit *civi-*

tas, der Staatsbürgerschaft, eingebunden war in ein macht-politisches System von Rechten und Pflichten. Freiheit im Sinn von persönlicher Unabhängigkeit hatte nur der Mächtige. Der Grad der Unterlegenheit bestimmte den Grad der „Freiheit", der mit der Würde (*dignitas*) zu tun hatte, die jemand beanspruchen konnte. In den Vereinigten Staaten bestimmt der Grad der Unterlegenheit den Wert der gesellschaftlichen Handlungsmaxime, die Thomas Jefferson bar einer Idee des *Commonwealth*, des Gemeinwesens, gegen John Quincy Adams durchsetzte: *the pursuit of happiness*. Es ist eine Metapher für den unmittelbar auftretenden Egoismus des Habens.

Massakrierte Rothäute und versklavte Schwarze waren die augenfälligsten Opfer eines Programms, das Theodore Roosevelt am Übergang zum 20. Jahrhundert „Winning the West" nannte – so der Titel seines protonazistischen Buches. Der Gesinnungsterror französischer Revolutionäre ist vermieden, jedoch der Weg bereitet für einen religiösen Fanatismus als Ersatz für den Verlust von Subjektivität, wie er mit dem Verzicht auf eine Staats*idee* gegeben ist. Subjektivität entsteht durch die Notwendigkeit, geleitet von Ideen Verhältnisse herzustellen, in denen Erkenntnis möglich ist. Der Egoismus des Habens eliminiert die von Gegenständen zu unterscheidenden Ideen, wodurch die Suche nach „Glück" ihren moralischen Ballast verliert. Am Ende weiß das Ich seine Sicherheit nicht einmal in national vermittelten Werten, sondern in Zweckbündnissen wie *Gangs*, mafiosen Organisationen, juristischen Körperschaften bis hin zu gigantischen *Trusts*. Die Jagd nach *happiness* ist ein

Kampf ums Überleben, in dem Aggression und Repression zu Konstanten des Zusammenlebens werden.

Hitlers Gerede vom ‚Volk ohne Raum‘ verwies auf eine schwere Erkrankung: der inzestuöse Bezug auf die Erde, Symbol des Mutterschoßes und damit sowohl des Lebens als des Todes, ist ein Ersatz für Anteilnahme, Bindung und Verantwortung (s. Ewert, Blinde Flecken, 26ff). Die U.S.A. sprachen von *New Frontier* oder *Open Door*. Mangels gesellschaftlicher Solidarität innerhalb des Konglomerats von Individuen, Gruppen, Verbrechersyndikaten, Kirchen, Bundesstaaten, Eisenbahnmagnaten, Agrarjunkern, Stahlbaronen, Streitkräften, Geheimdiensten, kurz Korporationen aller Art, sind kompensatorische Strebungen allgegenwärtig. Sie haben anders als im traditionellen Faschismus keine Möglichkeit, sich auf ein Staatsgebilde zu beziehen, dem verängstigte Individuen zur Einforderung solidarischer Leistungen ihre Gesellschaftlichkeit entäußern könnten.

Es gibt Kanadier, Mexikaner oder Brasilianer. Die Bürger der U.S.A. bleiben namenlos. Wenn sie sich ersatzweise nach einem ganzen Kontinent „Amerikaner“ nennen, so bringen sie damit eine archaische Reduktion zum Ausdruck. Der Regreß läßt sich ablesen an Zehntausenden, die jedes Jahr im eigenen Land erschossen werden, und Millionen, die militärischer Aggression zum Opfer fielen. Paranoia und Aggression, Abwehr und Destruktivität – diese autoritären Muster werden nicht durch die Kriegswirtschaft nach Punischen Kriegen hervorgebracht, aber weiter zementiert.

In den U.S.A. ist die von Luther geforderte Unterwerfung des Menschen insofern radikalisiert worden, als die Einheit von Gott und Staat, göttlichem und irdischem Willen, immer schon gegeben und nicht anzustreben sei über eine Religiosität, die zu seinem inneren Wesen werden solle. Die kirchlichen Fesseln, von denen sich die fürstliche Territorialherrschaft im politischen Machtkampf mit Rom befreien wollte, legte Luther den Gläubigen an. Doch in den U.S.A. mußte sich der Glaube an die Autorität nicht, wie Marx zur Reformation bemerkte, als Autorität des Glaubens stabilisieren. Autorität und Glaube waren identisch, welcher Fanatismus mit den ersten Invasoren wie eine Seuche an Land gespült wurde.

God bless America bedeutet, die U.S.A. *sind* das gesegnete Land. Katholizismus und Protestantismus sind in eins gefallen, was den totalitären Aspekt der Gesellschaft bis zu einem Grad perfektioniert, wie es gerade noch ohne Terror und Gewalt zu erreichen ist. Bereits in der Entstehung der Vereinigten Staaten sei, so George Washington, das Handeln der „Vorsehung" sichtbar geworden. Toqueville fiel die Vermengung des Religiösen mit dem Politischen auf: die Religion sei nicht einfach Glaubenslehre, sondern bereits „öffentliche Meinung".[13] Sie war der ideologische Rahmen, in dem über Jahrzehnte des Klassenkampfes eine militante Unternehmschaft über Medien, Politiker, Erziehung und Bildung ihre Schlagwörter

---

[13] s. Hans G. Kippenberg, Gottes Geschenk. Das Gewaltszenario Bushs: Sein Name ist Prämillenarismus, in: SZ vom 8./ 9. Febr. 2003.

durchgesetzt haben wie seinerzeit Mao die Orakelsprüche seiner Roten Bibel.

Dominant wurde ein Fundamentalismus, der den Bürgern als messianischer Glaube zur zweiten Natur geworden ist. Der „Amerikanismus" beinhaltet die Beherrschung der Medien durch wenige Monopole, einen uniformen Politapparat und den weitgehenden Verzicht auf Gewerkschaften. Die Entäußerung der menschlichen Wesenseigenschaften an die Herrscher einer Gebietskörperschaft verarmt den Einzelnen und schädigt seine geistige Gesundheit. In Europa entstanden kompensativ die faschistischen Parteien, in den U.S.A. ein religiöser Extremismus mit konservativen, chauvinistischen und aggressiven Heilslehren. Vor diesem Hintergrund agiert ein Präsident mehr oder weniger auffällig als Demagoge und Warlord wie auch als Pontifex, der die religiösen Weihen weltlicher Handlungen definiert. Der Staat *ist* die Religion. Die Furcht vor seiner Macht wird verdrängt durch die Liebe zu ihrer Göttlichkeit, was schon Kleinkindern im Kindergarten eingetrichtert wird, wenn sie Treue zur Flagge beeiden müssen.

Mit „I pledge allegiance to the flag: one nation under God, indivisible" beginnt in der Hälfte der US-Bundesstaaten für die Schüler der Unterricht, im ganzen Land militärische und viele zivile Zeremonien. Die Freiwilligkeit der Teilnahme befand ein Appellationsgericht (in San Francisco) als Farce: es schloß sich einer Klage an, die das Gelöbnis als religiöses Konzept bezeichnete. Das Urteil, das im Juni 2004 vom Obersten Gerichtshof aufgehoben wurde (wegen des fehlenden Sorgerechts des Klägers für seine Tochter), führte im Senat zur Unterbrechung einer Haushaltsdebatte. Zahlreiche Mitglieder des Repräsentantenhauses rannten hinaus auf die Treppe des Kapitols, um gemeinsam den Treueschwur abzulegen (s. SZ vom 28. und 29./ 30. Juni 2002). Mit dieser Art von Spontaneität unterhielt Federico Fellini gerne sein Publikum. In Alfred Polgars „Budapest" durchrasen stereotyp Autos mit Bewaffneten die Stadt. In den U.S.A. müssen für die sakrale Erhöhung profaner Zeiten Flaggen herhalten.

Ihre Bedeutung als Symbol ergibt sich aus dem Mangel an Ideen. Die Flagge repräsentiert jenes Äußere, das keine Zweifel erlaubt und den gesellschaftlichen Handlungen der Individuen einen zwanghaften Charakter verleiht. Luthers Theologie bereitete den Menschen darauf vor, sich Mächten außerhalb seiner selbst anzuvertrauen. Die Theologie der Vereinigten Staaten ist einen Schritt weiter. Trotz einer *Bill of Rights* gibt es keine Rechte, sondern nur das Recht auf Rechte. Wie diese Rechte aussehen, muß die Erfahrung zeigen. Da sie von jenen bestimmt wird, die sich als die stärkeren erweisen, lösen sich die Antinomien, die im zeitgenössischen England von den *Whigs* zwischen der Freiheit der Bürger und der gesetzgebenden Macht des Staates gesehen wurden, im Nichts auf. Die Gesellschaft, sofern sie Macht hat, wird eins mit der Macht, die als Gesellschaft auftritt.

Die Dominanz juristischer Personen wie Trusts, Korporationen und Holdings ist ideologisch angewiesen auf den Schein des Natürlichen, in dem sich private Beschränkt-

heit sonnt. Nicht das Volk definiert sich als Souverän, sondern der Souverän sich als Volk. Ein anderes Volk ist in der
Verfassung nicht vorgesehen, weshalb es niemals unterdrückt sein kann. Unterdrückt werden kann nur ein Volk,
das nicht Souverän ist. Weil das Volk alle Macht hat, griffe
ein Kritiker, wenn er die Macht anzweifelt, das Volk an. Er
würde, wie in der Mohawk-Valley-Formel ausformuliert,
„unamerikanisch", „unpatriotisch", zum Verräter – und
sei es, weil er keine Flagge am Revers trägt. Er wäre wie ein
Volksschädling im Dritten Reich oder ein Konterrevolu-
tionär im Bolschewismus an den Rand zu drängen und
wie auch immer unschädlich zu machen. Der Staat tritt
auf als Repressionsinstrument gegen jene, die von den
Machtverhältnissen überrollt werden und sie in Frage
stellen. Jefferson sah klar, daß der in *Stars and Stripes* ein-
gewickelte Mummenschanz die Mehrheit nicht für alle
Zeiten bei Laune halten kann. Sie ist mit Methoden der
guten Sache zuzuführen, die sich aus der Banalität erfah-
rener „Rechte" ergeben: „Der Baum der Freiheit muß von
Zeit zu Zeit mit dem Blut der Patrioten und der Tyrannen begossen werden. Dies ist der Freiheit natürlicher
Dünger."

Die Gesellschaftsstruktur, die sich bildet, stellt ähnlich
dem faschistischen Staat einen Rückgriff auf feudale Verhältnisse dar. Die bürgerliche Revolution, so Marx (s.
ders., Judenfrage, 368), unterscheidet den *wirklichen*
Menschen, der in seinem Alltag tätig ist, vom *wahren*
Menschen, der alle Moralität dem Politischen, d.h. dem
Staat und seinen Institutionen zuschreibt. In den U.S.A.

ist diese Trennung aufgehoben. Die private Sphäre des wirtschaftlichen Egoismus geht in der Sphäre des Politischen auf. Vom Standpunkt des Lebens könnte man sagen: so sieht Demokratie aus. Vom Standpunkt der Philosophie muß man sagen: so sieht die Hölle aus. Ich kann Erfahrung nur mit Ideen bestimmen, auf die aber verzichtet worden ist mit dem Hinweis auf Erfahrung. Erfahrung vermitteln mir gesellschaftlich dominierende Kräfte, die zum Garanten gesellschaftlicher „Moral" werden, eines institutionalisierten Vernunftzustands. Er kann nicht hinterfragt werden, da er sich gerade dadurch auszeichnet, in souveräner Entscheidung des Ich zustande gekommen zu sein. Seine selbstbewußte Tätigkeit, die sich im traditionellen Staat der bürgerlichen Gesellschaft auf die Sphäre des Politischen beschränkt, wird allgegenwärtig. Nicht der unpolitische Mensch, der seinem Egoismus nachgeht, erscheint jetzt als der *natürliche* Mensch, sondern der US-Bürger schlechthin.

In der schönen Neuen Welt ist das Volk mit dem Staat eins und das Individuum sowenig unterdrückt wie es in einem „volkseigenen" Betrieb ausgebeutet war. Gewalt ist nicht erforderlich, solange die Erfahrung anerkannt wird, daß jene Kräfte, die sich in der Staatsgewalt verkörpert sehen, als „Volk" gelten. Als seine Deputierten gehen Manager ohne Aufhebens von der Wirtschaft in die Politik und profitieren von den eigenen Maßnahmen, wenn sie auf ihre alten Posten zurückkehren. Es ist nicht von korrupten Verhältnissen die Rede, sondern von einem „durchlässigen" System, in dem sich Wirtschaft und Politik gegenseitig „befruchten", von unpolitischen Fachleuten, die aus patriotischer Gesinnung „für einen Bruchteil ihres früheren Gehalts" sich in den Dienst ihres Staates, um nicht zu sagen: des Volkes, stellen.

Jenseits einer Gemeinschaft der Korporationen, Trusts und Stände auf den ihnen zugewiesenen Plätzen gibt es keine Repräsentanz. Keine Macht ist vorstellbar, die vom „Volk" getrennt wäre, analog zur Sowjet Union, in der die „Werktätigen" die Staatsmacht ergriffen hatten. Die Reduzierung des Lebens und damit der Wahrnehmung auf *ein* Muster mag auch in Europa angestrebt werden. Doch die offene Verabsolutierung partikularer Wertvorstellungen blieb faschistischen Systemen vorbehalten. Der Ausdruck *American Way of Life* verharmlost den US-Totalitarismus im Alltag, in der Sprache, in Denkschablonen. Das Korsett der national verbrämten Einheitskorporation mit seiner Zwangsidentität schnürt Selbstvertrauen und das Gefühl unveräußerlicher Würde im gleichen Maße ab wie sich über Angst- und Bedrohungsvorstellungen die Ablehnung von Einstellungen, Schichten, Gruppen oder ganzen Ländern bis zum Haß steigern kann.

Die Indifferenz des Inhalts gesellschaftlicher Werte gegenüber ihrer formalen Gültigkeit teilen die U.S.A. mit ihrem antiken Vorgänger, der ein Weltreich organisierte mit Staatsorganen, die für eine kleine Gemeinde eingeführt wurden. Chancen und Grenzen waren immer schon gegeben: Emporkömmling zu sein, die einen gegenüber Europa, die anderen gegenüber der hellenischen Kultur. Auch Rom war einst eine Kolonie, wenngleich relativ selbständig wegen des Charakters des etruskischen Städteverbundes. Als Gründe für die Kontinuität im Selbstverständnis Roms nach den Punischen Kriegen wird meist die Unerschütterlichkeit seiner Institutionen angeführt. Doch die existierten nicht mehr. Auch allgemein das Politische taugt nicht als Erklärung, denn mit seinen Traditionen wurde gebrochen. Sie bestanden pro forma fort, aber davon kann ein Gemeinwesen nur zehren, wenn sie noch nomineller Ausdruck ganz anderer, tieferliegender Strukturen in Gesellschaft und vor allem sie tragender Charakterstrukturen sind.

Die Kontinuität von Bewußtseinsformen in Krisenzeiten läßt sich gut beobachten im europäischen Spätmittelalter zu Beginn der Neuzeit. Renaissance und Humanismus setzten auf die Initiative des Einzelnen, was in der Vorstellung des Katholizismus angelegt war, der Mensch könne und müsse durch eigenes Bemühen zum Erlangen des Heils mit beitragen. Luther hingegen ist von der prinzipiellen Verderbtheit der menschlichen Natur überzeugt, der nur Erlösung zuteil werden kann im Akt der Unterwerfung. Dieser Rückzug auf Zweifel, Angst und Ohnmacht kam den Charakterstrukturen jener Schichten entgegen, die den reformatorischen Eifer zu ihrem Anliegen machten – sonst wäre er kaum ihr Anliegen geworden. Die Rationalisierung von Unselbständigkeit mußte wie der Tatendrang des Renaissancemenschen bestimmten Bewußtseinsformen entsprochen haben.

Nach einer der gewaltigsten Aufbruchsepochen in Europa, dem 11., 12. Jahrhundert, entstand nördlich der

Alpen ein Modellfall der Herrschaft mit ihrer territorialen Enge, während die Entwicklung im Süden von der Dynamik urbaner *Comuni* geprägt war.[14] Man kann bis zu den Germanen zurückverfolgen, weshalb Frankreich, das alte keltische und gallorömische Gallien, „mit seiner sozialen Mobilität und in der Entwicklung sozialer Ideen, Institutionen von konstitutiver Wirkung dem stärker statischen Deutschland bedeutend, das heißt um einige Jahrhunderte voraus war"[15], wie Karl Bosl bemerkte. Freiheit bestand eher in Treue, Gehorsam in der *Gefolgschaft* (womit das freie, auch geistig freie Individuum vorausgesetzt ist) als im altgermanischen Gedanken der *Dienstbarkeit*. Diese archaischere Form des Gemeinschaftlichen findet sich wieder in der Autorität des Glaubens, mit der Luther die Menschen zu Pfaffen machte. Die verlangte Unterwerfung war keine Marotte eines verängstigten, haßerfüllten Theologen, sondern eine geistesgeschichtliche Verneigung vor der „Freiheit", die in Deutschland „seit Jahrhunderten in Aristokratie und Eigenherrschaft unter dem Schutz des Königtums ausmündete" (ebd.), eine Geste gegenüber der viel stärker als in Frankreich oder Italien differenzierten Unter- und Oberschichten, deren Zusammenhalt durch Gläubigkeit an eine gottgewollte Ordnung gewährleistet werden sollte.

---

[14] s. Bosl, Gesellschaftsgeschichte Italiens im Mittelalter, bes. 101ff; ders. Europa im Aufbruch, 43ff.

[15] Bosl, Über soziale Mobilität in der mittelalterlichen „Gesellschaft", 164; s. a. ebd., 163ff; ders., Der germanische Kontinuität im deutschen Mittelalter (Adel – König – Kirche), oder: Die alte deutsche Freiheit. Geschichtliche Grundlagen des modernen deutschen Staates, alle in: ders., Frühformen.

Tatsächlich setzte sich die Reformation im wesentlichen in Gebieten durch, die ehedem *nicht* zum Römischen Reich gehörten. Nicht nur Rhein und Donau bildeten die Grenze, sondern auch der Limes zwischen den beiden Flüssen – so sehr wurden hier in Jahrhunderten andere Voraussetzungen geschaffen für die Aufnahme neuer Ideen bezüglich des Glaubens, der Erlösung und der Möglichkeiten schöpferischer Produktivität (ebenso bildet die Grenze zwischen West- und Oströmischen Reich bis heute die Trennungslinie zwischen römisch-katholischer und orthodoxer Kirche). Auch nach den Punischen Kriegen waren die gesellschaftlich vermittelten Bedürfnisse soweit verfestigt, daß sie als Ausdruck vitaler Leidenschaften galten. In *materieller* Hinsicht müßten sie nicht mehr den dominierenden Zielen entsprochen haben, denn der *ideelle* Bezug hätte ausgereicht, die Gesellschaftsstruktur durch die psychologischen Kräfte zu zementieren.

Der Bezug selber muß sich bereits herausgebildet haben. Er kann nicht durch das erklärt werden, was er nun als Ideologie tatsächlich begründet (die identitätsstiftende Orientierung an Regeln des Politischen und den entsprechenden Institutionen). Es geht nicht um die Geltung bestimmter Ideen, die uns über ihr Wesen und ihre eigentümliche Kraft sowenig sagt wie der Marktpreis einer Ware darüber, weshalb sie überhaupt einen Preis hat. Das Problem ist der genetische Ursprung, das, was bei Waren in der spezifischen Beziehung zwischen den Produzenten und auch bei den Religionen nicht in den konfessionellen Eigenheiten zu suchen ist, sondern im Lebensprozeß der

Menschen. Wenn den Römern eine Jahrhunderte über-
dauernde Unerschütterlichkeit in ihrem Glauben an tradi-
tionelle, quasi unvergängliche Institutionen, Sitten und
Gebräuche und eine imperiale Mission aufweisen, dann
waren bestimmte Merkmale ihrer Charakterstruktur bereits in früher monarchistisch-königlicher Zeit vorhanden
gewesen.

Auffallend waren Aufopferung und Selbstlosigkeit, Disziplin, Härte gegen sich und andere, Ausdauer sowie eine
Unterwerfung unter Autoritäten, was einem Wert an sich
zukam. Die Frage nach Sinn und Kosten stellte sich nicht,
wenn es galt, einem institutionell beschlossenem Unternehmen zum Erfolg zu verhelfen. Beistand leistete die *reli-
gio*, die genaue, letztinstanzlich durch den *pontifex maxi-
mus* überwachte Erfüllung aller Pflichten gegenüber den
vom Staat legitimierten höheren Mächten. In seinen
Anfängen (zwischen dem 10. und 8. Jahrhundert v.Chr.)
war Rom eine vorwiegend bäuerliche Gemeinde, die ihren
ersten Aufstieg (etwa ab dem 6. Jahrhundert) den Etruskern verdankt. Ein entscheidender Schritt in der Stadt-
entwicklung war die Entwässerung des tiefliegenden Ge-
bietes. Karl August Wittfogel geht soweit, Gesellschaften
mit bedeutsamen Wassertechniken wegen des Einflusses,
den staatliche Institutionen gewinnen, hydraulische Gesellschaften zu nennen. Sie bildeten den Rahmen für die
Herrschaftsform der asiatischen Despotie.[16] In Rom ver-

---

[16] s. Wittfogel, Die orientalische Despotie, sowie sein Interview in Greffrath,
Zerstörung einer Zukunft, 263ff.

lagerten sich mit der Verstärkung des Militärs durch die zunehmende Bedeutung des bewaffneten Fußvolks in der Hoplitentaktik die Gewichte in Wirtschaft und Mentalität, wie wir es im *Pentagon-System* der U.S.A. beobachten können.

Nach den Punischen Kriegen beschleunigte sich der Verfall der von allen beschworenen *res publica* unaufhaltsam, während gleichzeitig nichts unternommen wurde, was nicht mit ihrer Verteidigung gerechtfertigt wurde. Als nach Sullas Tod 78 v.Chr. der Bürgerkrieg nicht beendet, sondern institutionalisiert wurde, hatte sich auch ein zwanghafter Gesellschaftscharakter verselbständigt, welchem Sog sich zu entziehen für Zeitgenossen schwierig war. Vor den gleichen Problemen steht das bürgerliche Bewußtsein nicht nur in den U.S.A., sondern allgemein ein Selbstverständnis, wie es in einer entfremdeten, verdinglichten und autoritären Lebensführung entsteht.

Ohne eine autoritäre Form von Gesellschaft, Staat, Regierung, Institutionen und ihnen angepaßte Charakterstrukturen läßt sich keine Expansion durchführen, wie sie in Rom, Brandenburg und von Anfang an, spätestens seit 1776 bei den 13 Gründerstaaten an der Ostküste des nordamerikanischen Kontinents zu beobachten war. Es entsteht ein Étatismus, dessen Übergang zu offen totalitären Zügen fließend ist. Wir haben es mit Gesellschaften zu tun, in denen der Staat qua Militär, das Eroberungen plant, durchführt und absichert, einen Einfluß erhält nicht aufgrund diktatorischer Anordnungen, sondern einerseits aus pragmatischer Zweckmäßigkeit (die anstehenden Aufgaben lassen bei ihm alle Fäden zusammenlaufen) und andererseits durch die Anpassung an den Gesellschaftscharakter (der Einzelne übernimmt durch sein Handeln in einem bestimmten sozialen Zusammenhang dessen Werte). In Nordamerika sehen wir Cowboys als Agenten von Rinderbaronen und Eisenbahngesellschaften, begleitet von der US-Kavallerie als Sturmtrupp der Konzerne auf Suche nach Bodenschätzen.

So wie der bösartigste Mensch nicht leben kann, ohne sich gute Absichten einzureden, hält eine Gesellschaft selbst mit destruktiven Tendenzen ethische Maßstäbe hoch. Rituale stützen ein ideologisches Korsett, das als Beleg fester Überzeugungen gilt und Institutionen absichert, dem organisatorischen Bezugsrahmen einer entfremdeten Welt. Die Dauerberieselung in den U.S.A. nach dem 11. September 2001 durch Nationalhymne und Irving Berlins *God bless America* war die letzte Möglichkeit, nicht die Orientierung zu verlieren. In Ernst Lubitschs *To be or not to be* (U.S.A. 1942) retteten die Protagonisten Situationen, indem sie den Arm hochrissen und sich „Heil Hitler!" zuriefen. Als sich am 12. September 2001 die Abgeordneten im Repräsentantenhaus, Hand aufs Herz, der Flagge zuwandten und im dumpfen Chor den Treueschwur ablegten, war man nicht weit entfernt von der Totemanbetung durch ein Naturvolk oder einer Szene in einem Horrorfilm über satanische Geheimbünde.

Neben den Chinesen, zusammen mit Ägyptern, Indern und Babyloniern die großen Hydrauliker der Weltgeschichte, bewahrten (so Ogilvie, 19) in der Antike die Römer am gewissenhaftesten die Erinnerung an die Institutionen auf. Sie waren stolz auf ihre konservative Einstellung, was sich im rituellen Bezug auf die Tradition der Vorfahren (*mos maiorum*), der auf Sagen beruhenden Festlegung der Vergangenheit, einer sorgfältig geregelten Religionsausübung und einer disziplinierten Miliz zeigte. Bereits die im 6. Jahrhundert eingeleitete servianische Heeresreform strebte nicht nur eine effektive Methode zur Erfassung und Einteilung der römischen Bürger an. Seine oberste Verpflichtung, sollte zugleich zum Ausdruck kommen, hatte dem Staat, nicht der Familie oder Volksgruppe zu gelten.

In der Militarisierung der Gesellschaft, die durch solche Identifizierungsmechanismen gestützt wird, leben gefühlsarme, ausbeuterische Charaktere ihre Leidenschaften aus. Psychisch gesehen ist es eine Reaktion auf sozio-ökonomische Situationen, die entsprechend gesellschaftlich-historischer Charakterstrukturen bewältigt werden. Geprägt von Ideologien wie Vaterland, Opferbereitschaft, Pflichterfüllung und nationaler Ehre weiß das Ich im Streben nach Plausibilität sich Situationen zu schaffen, deren Einengung zur Form des Lebens wird. Die Zwanghaftigkeit im Fühlen, Denken wie im Handeln, in den Bedürfnissen, Hoffnungen und Erwartungen führten bei den geographischen, ökonomischen, politischen und militärischen Möglichkeiten, die dem antiken Rom offenstanden, zu einem Dauerzustand von Kriegen und Eroberungen. Die Triumphzüge für Feldherren waren eine Siegesfeier mit religiösem Charakter, glanzvoller als eine Konfettiparade in New York oder eine Militärparade in Hitlers Berlin.

In den U.S.A. sind die Streitkräfte nicht zuletzt als gesellschaftliche Stütze etabliert, weil sie (neben Gefängnissen) das effektivste Sozialsystem darstellen. Angehörige unterer Schichten sind dankbar für College-Stipendien nach der Dienstzeit. Die 19jährige Jessica Lynch, die im Irakkrieg gefangen genommen und in einer nachgestellten Szenerie à la Hollywood aus dem Krankenhaus „befreit" wurde, ist zur Armee gegangen, weil sie anders ihre Ausbildung zur Volksschullehrerin nicht hätte bezahlen können. Die Verweigerung jeder staatlichen Hilfe für die Bürger ist notwendig, soll die Gesellschaft effektiv militarisiert werden. Es ist natürlich gelogen, wenn gepredigt wird, daß kein Geld da sei. Es ist Geld da. Allerdings darf es nicht verplempert werden. Die Sozialsysteme müssen „unbezahlbar" werden, nicht die Fortführung der Kriegswirtschaft, die eine besonders krasse Form der Bereicherung oberer Schichten ist. Deswegen ist der in den U.S.A. schon im Schulunterricht gepflegte Chauvinismus nicht verwunderlich.

Der Götzendienst an Blut und Boden, wie ihn die Nazis kultiviert hatten, ist nur eine sehr manifeste Art von Nationalismus und Rassismus. Inzestuösen Bindungen begegnen wir überall, wo die Verehrung des eigenen Staates zum Kult wird. Er zeigt sich in einer Mystifizierung von Reliquien mit hohem Symbolwert nicht für humanistische Werte, sondern eine Gebietskörperschaft. Die Manie, Flaggen über jeden Supermarkt, im Sechserpack an Hotels oder als gigantische Fassadendraperie an der New Yorker Börse und zu Dutzenden in ihrem Parkettsaal ins Blickfeld zu rücken, ist keine Folklore, sondern drückt eine schwerwiegende Beschränkung aus. Vernunft und Gefühle werden soweit verfälscht, daß es gegenüber anderen, die nicht durch die Bindung von Blut und Boden vertraut sind, „zu paranoiden Wahnvorstellungen kommen [kann]." (Fromm, Wege, 56; s. 26ff, bes. 55ff) Die Blockierung sowohl der affektiven wie intellektuellen Entwicklung des Einzelnen machten die Begrenztheit des Römischen Reiches gegenüber hellenistischer Kultur und jüdischen Propheten ebenso aus wie die sehr spezifischen Vorteile von Protestantismus und Calvinismus im Vergleich zu den Ideen von Renaissance und Humanismus.

Die innere Verarmung zeigt sich als nationalistische Frenesie, wie sie selbst bei Sportereignissen auftritt. Ein Realitätsverlust zieht immer schwerer zu bewältigende Konflikte im Innern wie im Äußeren nach sich. Gegenüber dem Römischen und Amerikanischen Imperium hat das Dritte Reich den erkenntnistheoretischen Vorteil, nicht als normal zu gelten. Hitler führt allerdings in die Irre, wenn man sich auf seinen krankhaften Charakter konzentriert. Den haben viele, bei denen er meist im Rahmen der „Normalität" bleibt. Hitlers Unglück war, daß ihm die Anbetung von Götzen des Alltagslebens wie routinisierte Arbeitsabläufe, Prestige, Konsum bis zur Verschwendungssucht, Status und Wohlstand nicht offenstand. Er erlitt im Gegenteil eine Reihe von Fehlschlägen, die in Verstärkung bereits vorhandener inzestuöser Dispositionen (einer seit Jugendtagen sich verstärkende Unfähigkeit sozialer Bindungen) zu bösartigen Tendenzen gegenüber seiner Umwelt führten. Sein deutsches Publikum wiederum wählte eine extreme Form mißlungener Sozialisation zu seinem Interpreten, weil die gesellschaftlicher Bedürfnisse ebenso deformiert waren.

Hitler ließ den Gedanken, auf Zerstörung, Tod und Verderben hinzustreben, nicht an sich heran. Das Phänomen bedrohlicher Feinde, gerechter Kriege und imperialer Ausdehnung ist stets auf eine Strategie der Rationalisierung angewiesen. Hitler führte wie die Römer vor ihm und die US-Amerikaner nach ihm ständig Konstellationen herbei, die keinen anderer Ausweg offenließen als „wachsam" zu sein, zu rüsten, sich zu wehren und schließlich in die Offensive zu gehen. Ähnlich ist der israelische Charakter geprägt von geradezu neurotischen Gefühlen der Angst vor Verletzung. Hieraus leitet sich ein Schutzbedürfnis ab, das die Wahrnehmung deformiert. Anders ist die Permanenz von Expansion und Landraub, die sowohl für die Römer als auch US-Amerikaner, Israelis und Nazis gesellschafts- und herrschaftskonstitutiv ist, nicht zu rationalisieren. Die Trümmer der anderen Gesellschaft müssen wie selbstverständlich Fundament der eigenen werden.

Nach Uri Avnery hat die instinktive Angst vor den Arabern Ariel Scharons Mutter (Vera Scheinermann) oder David Grün, später Ben Gurion, bis zu ihrem Lebensende nicht verlassen (s. ders., Schrecken der Araber, in: DER

SPIEGEL vom 12. Febr. 2001). Sie ist das Resultat verdrängter Strebungen der Aggression und des Hasses, bar jeden Mitgefühls und aller Verantwortung. Im Vokabular erpresserischer Gewalttäter, das auch die US-Rhetorik ausmacht, werden Gedemütigte zur Disziplin ermahnt, Geknebelte verhöhnt (man habe ihre Worte satt, sie müßten endlich Taten folgen lassen), und Traumatisierte belehrt, die an ihnen begangenen Verbrechen seien legitime Strafaktionen. Solche Verhaltensweisen, für die Israelis nicht das Monopol besitzen, gelten nicht als pathologisch, weil sie so vertraut sind.

Man ist Getriebener, wie Hitler ein Getriebener war, für den der Sinn des Lebens darin bestand, mit aller Leidenschaft einer Welt der Bedrohung zu trotzen. Die Katastrophen, die daraus entstehen mögen, haben andere zu vertreten. Im 2. Weltkrieg wurden die Juden in Gettos zusammengepfercht, was zu einer Kumulation von Versorgung- und Gesundheitsproblemen führte und inmitten eines Vernichtungskrieges, der in Polen begann, einem verhetzten Charakter ihre Ermordung zwanghaft geboten erscheinen ließ. Es war *die* Lösung, die bei den gegebenen psychischen Voraussetzungen und selbstgeschaffenen Sachzwängen übrigblieb.[17] Nach dem gleichen Mechanismus, der auf die Entmenschlichung des Anderen angewiesen ist, erschossen US-Truppen 1943 rund 150 italienische und etwa 50 deutsche Gefangene. Ein Sergeant gab

---

[17] s. auch Hilberg, Täter, bes. 15ff, 33ff.; ders., Die Vernichtung, bes. 1062f, 1071f; Aly, „Endlösung", 394ff.

an, er habe den Befehl gehabt, die Männer „von der Flug-
piste zu entfernen" (zit. nach SZ vom 24. Juni 2004).

„Entfernt" wurden von der Armee Israels 1967 auch
ägyptische Gefangene, die ein logistisches Problem darstellten. Sie waren einfach im Wege, wie sich auch Ausrottung und Vernichtung von Indianern und Palästinensern
umschreiben ließe. Wenn die Pioniere der „Neuen Welt"
in „unberührte" Gegenden kamen und ihr Glück beanspruchten, dann war wie bei der imperialistischen Lösung
der „Judenfrage" der Gang der Dinge auf fast natürliche
Weise vorgegeben. Am Ende spielt es keine Rolle mehr,
daß ein Volk ohne Land nicht ein Land ohne Volk zu seiner Heimat erkor. Damit war das Schicksal der ansässigen
Bevölkerung besiegelt, für die sowenig Platz vorgesehen
war wie für Juden in Nazi-Deutschland, Polen im ‚Gene-
ralgouvernement' oder Slawen in „Ostland" oder der
Ukraine.

Der Anspruch auf fremdes Land war auch in Deutschland Ausdruck pathologischer Strebungen: man verrennt
sich in Blut und Boden, die Erde, dem Mutterschoß, und
gibt sich inzestuösen Bindungen hin. Der „totale Krieg",
der nach Scharon gegen die Palästinenser zu führen sei
(zit. nach SZ vom 2. April 2002), ist die Spitze des Eis-
bergs einer völkisch-nationalistischen Gesinnung, die in
den Jahrzehnten seit der Staatgründung eine persönliche
Blutspur von zehntausendfachem Tod, Zerstörung, Verachtung, Haß, Maßlosigkeit, Disziplinlosigkeit und Verfall zivilisatorischer Sitten hinterlassen hat. Ein Wort dieses Mannes, so der US-Vermittler Philip Habib während

des israelischen Angriffs auf den Libanon 1982, gilt nichts, er ist ein Mörder[18] – allerdings ein Mörder, der im Interesse der U.S.A. Araber in Schach hält. Ihr Alltag ist geprägt von Ausgehverboten, Arbeitslosigkeit, Schikanen an den Straßensperren, Wasserknappheit, Bombardements, Demütigungen, Angst, zerstörten Häusern und abgeholzten Olivenbäumen. Die Beiläufigkeit, mit der sich dieser Terror vollzieht, ist ein Zeichen charakterologischer Verrottung und läßt Moshe Zimmermann, Historiker an der Hebräischen Universität von Jerusalem, von „suizidalen Tendenzen der israelischen Gesellschaft" sprechen (s. ders., Geht doch nach drüben, in: SZ vom 27./28. Okt. 2001). Für Zeev Sternhell ist es ein Zionismus von Blut und Boden, der Erde und der Toten (s. ders., Nachwort in: ders., Aux origines d'Israël).

In nekrophiler Erstarrung konzentriert sich alles Streben auf das Land, das es zu rauben gilt. Mit der Geringschätzung des Lebens wird auch der Feind verachtet, welche jüdisch-christliche Tradition im Gegensatz zu dem Respekt steht, den griechische Krieger ihren Gegnern entgegenbrachten. In der Ilias, so Jonathan Shay (s. ders., Achill in Vietnam, 151ff), finden sich keine herabsetzenden Bezeichnungen für den Feind und nur zwei milde Beispiele (auf griechischer, keins auf trojanischer Seite) für kritische Äußerungen (etwa nennt Ajas die Trojaner „kleinere Männer als wir"). Im Kampf Davids gegen Goliath

---

[18] s. Amnon Kapeliouk, Les antécédents du général Sharon. Qibya, Sabra et Chatila, Territoires autonomes, in: LE MONDE diplomatique, Novembre 2001.

hingegen wird der „heidnische" Feind moralisch und ästhetisch ins Lächerliche gezogen, mit einer Bestie verglichen sowie seiner kulturellen Identität beraubt, indem das Prestige seiner Bewaffnung der Verachtung preisgegeben wird.

Tacitus schmähte die Germanen, weil sie eine offene Feldschlacht mieden. Unzivilisiert wie sie waren, machten sie Wälder und Sümpfe zu Fallen für schwerfällige Armeetrosse. Darüber klagen nur Versager, die so unprofessionell sind, nicht zu wissen, was sie erwartet, und kompetent nur auf einem schmalen Gebiet. Hervorgehoben wird dann die eigene Schutzlosigkeit, in der sich die Charakterisierung des Gegners als untermenschliches Wesen rationalisiert: es auszulöschen wie einen Parasiten gebietet schlechthin jene Gunst Gottes, derer sich die Gerechten unter der Sonne erfreuen. Doch in dem Maße, wie Verständnislosigkeit, die den Gegner entmenschlicht, mich selbst entmenschlicht, ist das Rasen des Verstandes nicht aufzuhalten.

Die Ausrottung der Indianer in Amerika wurde begünstigt durch Entwicklungen in Europa, die blutbesudelt von der *Reconquista* und Kreuzzügen ab dem 11. Jahrhundert über die Vertreibung von Mauren und Juden aus Spanien (1492), der Glaubenskriege (die sich für die Salzburger Exulanten von 1732 ins 18. Jahrhundert hineinzogen) bis zur Niederlage der Idee eines Universalreichs im 16. Jahrhundert reichten (als der Sohn Karl V, Philipp II, nur das spanische Erbe antreten konnte). Die Nationalstaaten hatten es schließlich soweit gebracht, daß sie die Loyalität ihrer Untertanen daran maßen, bis zu welchem Grad sie sich der Entmenschlichung des Gegners anschlossen. Gründe dafür gibt es immer. 1870/71 und 1914/18 waren *franc-tireurs*, später Partisanen und Guerillakämpfer der Vorwand für den totalen Krieg.

Die Größe Alexanders zeigte sich auch darin, daß er Soldaten seines Heeres in den besetzten Gebieten ansiedelte, um durch eine biologische Vermischung mit der einheimischen Bevölkerung eine konsensfähige Ordnung herzustellen. Hier sind nicht nur den U.S.A. Grenzen gesetzt. Der Westen hält allgemein Eroberungen für Entdeckungen, Zerstörungen für Zivilisierung und kriegerische Dominanz für kulturelle Überlegenheit. Resultat ist eine Praxis, die geprägt ist von grausamer Unterwerfung, Mißachtung der Menschenwürde und intuitivem Rassismus (es wäre interessant, würde sich bestätigen, daß an den Folterungen in Afghanistan, Guantánamo und Irak keine Schwarzen beteiligt waren).

In der Regel ermordeten europäische Kolonialisten nicht die Ureinwohner, um ihr Weideland zu nehmen, sondern nahmen ihr Weideland und überließen den Rest einer „Zivilisation" mit Verantwortungslosigkeit, Mangel an Moralität und Gleichgültigkeit gegenüber den Werten des Lebens. Dieses Desaster verschont niemanden, wie John Ford in *The Man who shot Liberty Valence* (U.S.A.) festgehalten hat. Ein US-Senator (James Stewart) und seine Frau (Vera Miles), die an ihren früheren Wohnort zur Beerdigung eines alten Freundes (John Wayne) reisen, sind nur noch Schatten ihrer selbst. Die Trauernden werden zur Metapher für den Verlust des Lebens schlechthin. Indianer kommen in dem Film nicht vor, und der einzige Schwarze (Woody Strode), eine Fordsche Ikone von entrückter Aura, hat keine wirkliche Rolle. Sein weißer „Herr" verbietet ihm sogar – eine Szene von gnadenlosem Realismus – das Lesen- und Schreibenlernen. Jetzt ist er so mittellos, daß der Senator ihm mit der Hand zum Abschied Geld zusteckt: „Wir bleiben in Verbindung", umschreibt er diesen anrührenden Bankrott, der schließlich das abreisende Ehepaar innehalten läßt: sie wollen ihre Zelte in Washington abbrechen und zurückkehren in einen Ort, den sie für ihre Heimat halten, der aber nur noch in ihrer Erinnerung existiert – alles ist zerstört, rekonstruiert in einem Meisterwerk voller Melancholie und Trauer.

Ernst ist die Kunst, heiter gibt sich das Leben, wenn weltliche und religiöse Kompensationen dem Verfall ins Neurotische und Psychotische einen Anschein des Natürlichen verleihen. Der Wahnsinn muß von vielen geteilt werden können und wollen. Alles andere ist Dilettantismus, der Entrüstung provozieren muß. In dem Stil kann man keine Politik machen. Zumindest nicht im Großen, nach imperialem Muster, das sich im Fall der U.S.A. zwanghaft herausbildete. Zu beobachten war ein Experiment, das unter den Bedingungen bürgerlicher Besitzstrukturen in die Katastrophe institutionalisierter, von einer dünnen Oberschicht geleiteter Gewaltexzesse mündete: an neuen Ufern befreit von hemmenden Barrieren und letzten Verpflichtungen drehte sich der alle Pro-

phetie hinabreißende Strudel der permanenten Zersetzung immer schneller.

VI

Zwanghaftes Handeln im Fall der Profitrate

*Wenn wir Gewalt anwenden müssen, dann, weil wir
Amerika sind. Wir sind die unverzichtbare Nation.
Wir sind groß. Wir blicken weiter in die Zukunft.*

Madeleine Albright

Eine Personifizierung der pathologischen Strebungen, mit denen ein Gebiet mit Terror und Gewalt an sich gerissen wird, war Buffolo Bill. Er war kein Ausreißer. Er kam den Vorgaben von Viehzüchtern, Bankiers, Eisenbahnern, Militärs, Politikern, öffentlicher und veröffentlichter Meinung nach. Tote Büffel pflasterten den langen Weg, der von Ausführenden eines Genozids, wollen sie in Geschichtsbüchern gut dastehen, nicht verlassen werden sollte. Man geht allgemein anerkannten Interessen nach und zerstört die Lebensgrundlage des Gegners. Ohnehin verschärft sich der Kampf, wenn gedemütigte und terrorisierte Menschen den ihnen zugedachten Status nicht akzeptieren. Das ist der Augenblick für die ruhmreiche US-Kavallerie, verwegene Cowboys, Todesschwadronen oder Flächenbombardements.

Als der letzte Büffel erledigt war, zog der Kunstschütze mit Zirkusvorführungen um die Welt. Das hätte den Nazis eine Lehre sein sollen, Verbrechen auf eine Art zu begehen, daß man sich ihrer rühmen kann. Die *Enola Gay*, von der aus die Atombombe auf Hiroshima abgeworfen wurde, ist im Nationalen Luftfahrtmuseum ausgestellt ohne eine Erklärung zu den Folgen dieses Einsatzes, die den Opfern bis heute zu schaffen machen. Jener Krauthammer, dem imperiale Größe aus dem brennenden Karthago entgegenleuchtete, hält die *Enola Gay* für einen Gegenstand der Verehrung (s. Chomsky, Haben und Nichthaben, 78). Das fehlende Mitgefühl ist die Kehrseite eines Alltags, in dem alle Mittel des Staatsterrorismus legitimiert sind. *Freedom'-n'Democracy* wird zum propagandistischen Verkaufsschlager, weil nach 1945 allein die Ermordung der Juden die Nazis um ihren guten Ruf brachte, den sie lange hatten, und das Entsetzen über einen Genozid zum Vehikel moralisierender Gebetsmühlen wurde.

Schwierig wäre es geworden, die Nazis hätten sich beschränkt auf „Volksfeinde" und „-schädlinge" wie Linke, Landstreicher, Zigeuner oder Homosexuelle (die nach dem von den Nazis verschärften § 175 StGB in Westdeutschland bis 1969 verfolgt wurden). Der Mord an bis zu vier Millionen sowjetischen Kriegsgefangenen interessiert keinen. Er entsprach, ohne daß die Tat gutgeheißen würde, den dominierenden Verhaltensschemata soweit, daß er ihnen nicht *wider*sprach – sowenig wie die Ausrottung der Indianer oder die Versklavung der Schwarzen. Hier wurde zudem, was die Nazis vernachlässigt haben, dafür gesorgt, daß sich Verbrechen lohnt. Wegen des Strebens nach Profit und Reichtum wird niemand verachtet. So war die Einmischung der römischen Oligarchie und ihrer konkurrierenden Mitglieder in die Angelegenheiten entfernter Territorien wie Sagunt in Spanien, Makedonien, Syrien oder Pergamon begleitet von der Aussicht auf große Kriegsbeute, von der eine ganze Klientelenschar zu profitieren erhoffte.

Die kriegerische Neigung Roms schlug sich nieder in einer Besonderheit im Verhältnis zu den Bundesgenossen in Italien: Rom verlangte kein *tributum* (außer von den *cives sine suffragio*, den Bürgern ohne Wahlrecht), sondern nur das Recht auf Truppenaushebung. Es *mußte* ausgeübt werden, wollte Rom seine Führungsrolle demonstrieren und seine Macht ausbauen. Hier liegt auch die Perspektive der US-Präsidenten, die abgesehen von ihrer Verfügung über den Verteidigungshaushalt und der Befehlsgewalt im militärischen Konflikt nur begrenzte Befugnisse haben. Sie müssen zu einem Konsens mit den herrschenden Kräften im Land kommen und machen dann Politik mit der Verteilung von Milliarden in Form von Subventionen.

Nach den Punischen Kriegen verstärkte sich die Notwendigkeit permanenter Bereicherung dramatisch. Die Weiterführung der Kriegswirtschaft brachte die Vereinigten Staaten in die Zwangslage, die Rekonstruktionsphase auf der ganzen Welt beeinflussen zu müssen. In Ostasien sollte mit zwei Atombomben nicht nur der Sowjet Union ein Signal gegeben, sondern auch Japan und andere (europäische) Konkurrenten vom Platz gefegt werden. Das Terrain war abgesteckt, weshalb der Sieg Mao Tse-tungs über Tschiang Kai-schek die Empörung Bestohlener hervorrief. Die Frage, wer China verloren habe, löste in den U.S.A. eine Hetzjagd aus, die von einer gigantischen Steigerung im Rüstungshaushalt begleitet wurde. Beginnend mit dem Koreakrieg sollten mit einer Reihe von Gemetzeln die verbleibenden Früchte des Sieges im Pazifikraum gesichert werden. Es galt jene Machtfaktoren zu unterstützen, die mit der Unterdrückung elementarer Bedürfnisse der eigenen Bevölkerung ein günstiges Umfeld für US-Investitionen zu schaffen in der Lage waren. Maßlose Macht- und Geldgier, die völlige Unterwerfung und offene Märkte gebietet, führte in eine Sackgasse wie Hitlers offen nekrophiler Charakter. Die Prinzipien von Tod und Vernichtung kamen in Vietnam zu einer Geltung mit apokalyptischen Ausmaßen, die von der deutschen Kriegsführung in der Sowjet Union nicht zu unterscheiden waren.

In Deutschland hielt man in der Nachkriegszeit den Nationalsozialismus für eine gute Sache, die schlecht ausgeführt wurde. Für seine militärischen Gegner wurde er nach anfänglicher Begeisterung spätestens ab 1941 zu einer schlechten Sache, deren gute Ausführung die U.S.A. aber nicht aberkennen wollten. Der Sieg über Hitler trug entscheidend dazu bei, den Charakter einer Politik zu verdrängen, die militärische Präsenz rund um den Erdball verlangt – „wenn das kein Imperium ist, dann weiß ich auch nicht", amüsiert sich Vidal über Vorstellungen von der perfekten, freiheitsliebenden Demokratie, die dem alten Europa „nur demonstrieren will, wie leicht man den

Wenigen zu noch mehr Geld verhelfen kann" (Vidal, Amerika!, 245, 250f).

Diese Illusionen sind die Illusionen über Kolonialismus. Wie Henryk Grossmann herausgestellt hat, ging es schon den europäischen Mächten um die Sicherung der eigenen Produktion. Den technisch und wirtschaftlich auf einer niedrigeren Stufe stehende „Partner" wird ausgebeutet, weil selbst bei einem Tausch zu reellen Preisen es bei ungleicher Entwicklung nur gerecht zugeht in einer ökonomischen Traumwelt. Sie erschien im westlichen Nachkriegseuropa insofern realistisch, als die US-Vorgaben genügend Spielraum lassen konnten für die eigene Entwicklung. Anders sah es aus, als sich die imperiale Dominanz nur noch auf finanzkapitalistischem Gebiet durchsetzen konnte und die Pressionen zum Abbau sozialstaatlicher Einrichtungen, die der Kurzfristigkeit von Anlagen in unproduktiven Sektoren im Wege stehen, ganz andere Dimensionen annehmen mußten.

Fortschreitende Kapitalakkumulation ist nur ein anderer Name für tendenziellen Fall der Profitrate und Mehrwertübertragung vermittels des Außenhandels. Deshalb kann nicht, so Grossmann, der Imperialismus als eine Episode gesehen werden. Der Nutzen, den ein Land aus einem anderen zieht, ist gegeben, solange ein unterschiedliches Niveau in der Entwicklung vorhanden ist.[19] Hierbei wurde den U.S.A. nach ihren Punischen Kriegen zur Falle,

---

[19] s. Grossmann, Akkumulationsgesetz, 422ff; s. a. Chomsky, Profit over People, 35ff; ders., Wirtschaft, 32ff.

worüber die Europäer gar nicht mehr verfügten: grenzenlose Macht, das *imperium maius*, das schon das Schicksal Roms besiegelte. Weiten Teilen der Welt ist der Status von Zuliefererbetrieben zugedacht, in denen Investitionen zwar das Bruttosozialprodukt erhöhen, aber auch die Auslandsverschuldung. Das gebildete Kapital fließt (bis auf die Billiglöhne der Arbeiter) wieder ab, weil die Unternehmen kein Interesse haben an einer nachhaltigen Entwicklung des Landes, in dem sie investieren: nicht an Schulen, Krankenhäusern, Wohnungen, Infrastruktur. Gewährleistet müssen die Gewinne sein, wofür im Anschluß an den Marshall-Plan die von den U.S.A. kontrollierten Organisationen Weltbank, IWF und WTO auf der einen Seite sorgen, Flugzeugträger, mobile Einsatztruppen und lokale Bluthunde auf der anderen.

Für die Wirtschaft eines Imperiums entsteht das Problem, daß sie von billigen Ressourcen, Kapitalexport und Rüstungsaufträgen abhängig wird. Ihre Vorteile gegenüber den kapitalistischen Konkurrenten haben nichts mit Produktivität im eigentlichen Sinn zu tun. Die Vereinigten Staaten sind angewiesen auf einen weltweiten Bedarf an Waffen, „billigen" Erdöl und die Dominanz des Handels durch ihre Konzerne (bedrängt nur von der holländisch-britischen *Shell*, der britischen *BP* und der französischen *Total*, allesamt Agenturen ehedem imperialer Mächte). Ist es soweit gekommen, daß ein Viertel der Energie weltweit von einem Fünfundzwanzigstel der Bevölkerung verbraucht wird, würde eine Gefährdung der strategischen Position oder die Verteuerung des Erdölpreises in der Tat die Sicherheit der Vereinigten Staaten berühren. Es geht nicht nur um exorbitante Gewinne, sondern auch um ein niedriges Lohnniveau, das auf Spottpreise für Energie jeglicher Art angewiesen ist.

Der fragile Zustand sozialer Stabilität wird durch das *Pentagon-System* in dem Maße hervorgebracht, wie es seinem Wesen gemäß gesellschaftliches Vermögen umverteilt – über Staatsaufträge, die zum größten Teil direkt oder indirekt mit Rüstung zu tun haben (Flugzeuge, Raketen, Schiffe, Computer und sonstige Hochtechnologie). Begründet werden kann dieses System, das die Konten der Herrschenden überquellen läßt, nur mit der Notwendigkeit einer permanenten Kriegswirtschaft, die zu ihrer Legitimierung wiederum der permanenten Produktion von Feinden bedarf. Ein solches Wirtschaftssystem beschert der Masse einen Status, der von sozialer Unsicherheit und plebejischer Abhängigkeit geprägt ist. Eine dünne Schicht profitiert von einem ökonomischen und ideologischen Rahmen, der das Wasser eigener Initiative predigt und den Wein staatlicher Alimentierung säuft. Die Rüstungsindustrie, über deren Aufträge auch die Computertechnologie wesentlich subventioniert wurde, bestimmt die gewerblichen Strukturen des Landes. Mittlerweile wird ein Viertel des US-Bruttoinlandproduktes durch die Herstellung von Gütern erzielt, die für militärische Zwecke bestimmt sind (s. Johnson, 120; Biermann/ Klönne, Big Stick). Als die US-Industrie im März 2002 gegenüber dem Vormonat einen (hohen) Auftragszuwachs von 0.4% verbuchte, entfiel davon 0.3% auf Rüstungsgüter.

Die Militarisierung des Zivilen führt durch die Vernachlässigung des Gewerbes von traditionellen Tauschgütern zu einer Wirtschaft, die immer weniger konkurrenzfähig wird. Im Ergebnis haben wir ein chronisches Handelsdefizit, das nicht ausgeglichen, sondern nur kompensiert werden kann. Zu finanzkapitalistischen Manövern, für deren zwischenstaatlichen Rahmen mit imperialer Macht gesorgt werden muß, kommt eine aggressive Außenpolitik. Spannungen sind zu erhalten oder gar zu steigern. Kategorisch ist geboten, den Zugang zu billigen Ressourcen zu sichern, hilfreiche Despotien zu unterstützten, die militärische Hegemonie zu erhalten und die politische wie wirtschaftliche Konkurrenz auf eine Linie zu bringen, die für sie so verlustreich wie möglich und so profitabel wie nötig ist.

Es werden Regierungen gestützt, die US-Investitionen begünstigen und eine nachhaltige Entwicklung der einheimischen Industrie torpedieren. Im Zentrum des Interesses steht der unmittelbare Nutzen getätigter Investitionen im Ausland, womit die Unterdrückung des Potentials, das sich durch die menschlichen und natürlichen Ressourcen ergäbe, vorprogrammiert ist. Die bolschewistische Revolution war ein Beispiel, wie sich die nationalen Kräfte gegenüber den dominanten Weltmarktbedingungen Bahn zu verschaffen versuchen. Dieser Ausweg wird mit der Dauer innerstaatlicher Repression zunehmend verbaut. Vor allem progressive, gewerkschaftsorientierte, linke Kräfte ohne Bindungen zum ausländischen Kapital wurden in jahrzehntelanger Unterdrückung aufgerieben, ins Exil vertrieben und als gesellschaftliche Kraft zerschmettert.

Am Ende bleibt nur die Suche nach Identität auf religiösem Gebiet, das insofern sicher und erfolgversprechend ist, weil auch die installierte Herrschaft auf diesen alle verbindenden „Kitt" angewiesen ist. Makellos zogen die U.S.A. ihr Programm im Iran durch, wo 1953 der Schah, eine Marionette zur Verteidigung westlicher Ölinteressen gegen die Sowjet Union, von bürgerlichen Kreisen um Mohammed Mossadegh abgesetzt wurde. Die neue Regierung gedachte, den Reichtum des Landes über Gebühr der nationalen Entwicklung zu Gute kommen zu lassen. Diese Vorstufe der Bolschewisierung versetzte die anglo-amerikanischen Gesprächspartner, zu denen er den Faden nicht abreißen lassen wollte, in Alarmstimmung. Die CIA inszenierte mit Hilfe des Militärs, das überall im US-Imperium zu dessen wichtigsten und sorgsam gepflegten Stützen zählt, einen Putsch, Mossadegh wurde gestürzt und der Schah aus Rom zurückgebracht. Die Repression der nächsten Jahrzehnte war ein guter Nährboden für die Islamisierung. Ayatollah Komeini konnte 1976 im Triumphzug aus seinem Exil in Paris zurückkehren und seine Herrschaft beginnen. Die laizistische Opposition mit ihrem aufgeklärten Staatsverständnis lag wie 50 Jahre später im Irak, der ebenso den Klerikalen zufallen wird, längst am Boden. Das war kein Pech. Es ergab sich folgerichtig aus einer Politik, die ebenso zerstörerisch wie selbstzerstörerisch ist.

Im September 1995 fand in Oslo (Norwegen) eine

Konferenz statt mit dem Titel „Afghanistan und der Zusammenbruch der Entspannung" (s. Cooley, Unholy Wars, 13ff). Teilnehmer waren hochrangige russische und US-amerikanische Politiker, Diplomaten, Militärs und Geheimdienstleute, viele bereits im Ruhestand. General William Odom, früher Mitarbeiter von Carters Sicherheitsberater Brzezinski, beschrieb das Selbstverständnis der U.S.A., globale Hegemonialmacht zu sein. Angola, Äthiopien und Süd-Jemen waren in dieser Sicht bereits ein Affront. Dann kam die Revolution im Iran. Odom räumte ein, daß die Sowjets nichts mit ihr zu tun hatten. Doch die strategische Position der U.S.A. sei geschwächt worden, was sich nach dem Einmarsch sowjetischer Truppen in Afghanistan Weihnachten 1979 noch dramatischer darstellte. Eine Politik, die wesentlich mit Fiktionen hantiert, wird auch durch diese Fiktionen konditioniert. Es wäre schwergefallen, einer indoktrinierten Öffentlichkeit klarzumachen, daß die Russen *nicht* praktisch am Indischen Ozean stünden.

Seit Pearl Harbor ist für die besitzenden Klassen die Kriegswirtschaft der Rahmen, in dem sie sich ihren Anteil am Volksvermögen sichert. Gleichzeitig ist die Meute unwissend, verängstigt, verhetzt und patriotisch zu halten, was die U.S.A. zur größten Bedrohung des Weltfriedens seit dem Untergang Hitlerdeutschlands macht. Sie sind das einzige Land (in Europa kommt Großbritannien am nächsten), in dem die Einkommensunterschiede, die durch eine ideologisierte Steuerpolitik weiter vergrößert werden, auf das Niveau vor dem 1. Weltkrieg zurückgefal-

len sind.[20] Das 20. Jahrhundert hat gezeigt, daß mit gesellschaftlicher Ungleichheit die Gefahren der Instabilität
wachsen.[21] Negativ sind die Auswirkungen nicht nur auf
sozialen Frieden und wirtschaftliche Effizienz. In solchen
Schieflagen entstehen wie von selbst ideologische Verhärtungen und politische Spannungen, was militärische Konflikte impliziert. Die Kriegswirtschaft zwingt die Oligarchie zu destruktivem, aggressiven Verhalten. Sie kann
nicht anders. Ihr primitiver Materialismus beschränkt den
Horizont und gebietet ebenso kategorisch wie die Kasinomentalität des Neoliberalismus das Erreichen kurzfristiger
Ziele. Fehlentwicklungen sind unvermeidlich. Ihre politische und publizistische Förderung wurde auch von den
europäischen Vasallen mit allen Mitteln der Gehirnwäsche
betrieben, die allerdings an ihre Grenzen gestoßen sein
dürften.

---

[20] 1913 entfielen allerdings zwei Drittel des Vermögens auf *zwei* und nicht (wie
2000) auf zehn Prozent der Bevölkerung. Seit den 60er Jahren ist das durch-
schnittliche Realeinkommen für fast zwei Drittel aller US-amerikanischen
Familien gesunken. Fast ein Drittel des Privatvermögens konzentriert sich bei
einem Prozent der Bevölkerung, was gegenüber 1980 eine Verdreifachung
bedeutet. Nach dem Wirtschaftswissenschaftler Edward Wolff besaß 1998 in
den U.S.A. ein Prozent der Haushalte schon 47 % des finanziellen Vermögens
(s. Zinn, Amerika, 22). Das ist Dritte Welt. Manager verdienten 1985 das
70fache eines Arbeiters und 2002 das 410fache. In Deutschland ist seit 1998
für das beschleunigte Aufbrechen „verkrusteter Strukturen" gesorgt, wenn
auch 1998 (in Westdeutschland) 90% der Bevölkerung mit 58% des Vermögens annähernd doppelt so viel zur Verfügung stand wie in den U.S.A. mit
33%. Gleichwohl hat sich das Geldvermögen des ärmste Viertels von 1993
bis 2003 halbiert, das des wohlhabendsten um 25% erhöht.

[21] s. Piketty., Baisses d'impôts, retour aux fortune d'antan, in: *LE MONDE
diplomatique*, Septembre 2001 ; ders, Les Hauts Revenus en France au XXe
Siècle.

Mangel an Realismus resultiert zwangsläufig aus Punischen Kriegen. General Valentin Varennikow, ehemals stellvertretender Verteidigungsminister der UdSSR, sprach 1995 in Oslo von einer „Kalten-Kriegs-Paranoia", in der die Sowjets um jeden Preis geschwächt werden mußten – und sei es durch eine islamistische Guerilla, die im Auftrag der U.S.A. von Pakistan ausgebildet, ausgerüstet und logistisch versorgt wurde. In dieser Situation kam es zur Entscheidung des Kreml, Truppen zu entsenden – nicht um ein Land zu erobern, sondern um einen US-amerikanischen Vorstoß bis an den sensiblen Bereich seiner Grenzen in Zentralasien zu verhindern. Carter spielte im Fernsehen den Enttäuschten und Verratenen. Dabei hatte er schon ein halbes Jahr vorher angeordnet, den Feinden der pro-sowjetischen Regierung in Kabul über verdeckte Aktionen des CIA Hilfe zukommen zu lassen (zunächst in Form von Propaganda und Medikamenten). Die ersten Waffen, nach einem damaligen CIA-Verantwortlichen veraltete Enfield-Gewehre, trafen am 10. Januar 1980 in Pakistan ein, keine zwei Wochen nach dem sowjetischen Einmarsch (s. Cooley, 18f).

Brzezinski rechtfertigte 1998 die (im gleichen Jahr vom ehemaligen CIA-Direktor Robert Gates bestätigte) Unterstützung der oppositionellen Kräfte in Afghanistan ab Sommer 1989 als Schachzug, den Kreml zu einer Intervention und so zu seinem Vietnam-Krieg zu verleiten. Warum solle er seine Idee bedauern, fragte er. Was seien schon die Taliban gegenüber dem Fall des sowjetischen

Imperiums? Was wiege weltgeschichtlich schwerer? Ein paar erhitzte („excités") Islamisten oder die Befreiung von „Europe centrale" (s. *Nouvel Observateur* vom 15. Jan. 1998)? Diese Milchmädchenrechnungen sollen verschleiern, daß auch Reagan sich gegen jede diplomatische Lösung unter Mithilfe der UN stellte, weil eine Verlängerung des Krieges strategische Vorteile versprach (s. Cordovez/ Harrison, Out of Afghanistan).

Den Preis für das imperiale Kalkül zahlten Millionen Menschen in Afghanistan, die gestorben oder verkrüppelt waren, ihr Hab und Gut ihre Heimat verloren hatten. Ein ganzes Land ist auf der Strecke geblieben. Afghanistan war ruiniert, nicht zuletzt durch die vom pakistanischen Geheimdienst *Inter Services Intelligence* (ISI) zusammen mit US-Kollegen in aller Welt rekrutierten Islamisten, die sich mit anderen Mudschaheddin bekriegten. Jetzt wurde zerstört, was bis zum Abzug der Sowjets am 15. Februar 1989 noch verschont geblieben ist. Die Verhältnisse waren von einer Rechtlosigkeit geprägt, daß die afghanische Bevölkerung die aus pakistanischen Koranschulen stammenden Taliban mit offenen Armen begrüßten. Nicht nur sie. Die CIA unterstützte sie schon seit 1994 mit Geld und Waffen.

Zu den Protegés von ISI, CIA und saudischer Regierung, dem wichtigsten Financier, zählte auch Osama bin Laden. Er baute seit 1989 mit muslimischen Extremisten seine al-Qaida auf, deren Fanatismus sich orientierte an den Wahabismus, seit dem 18. Jahrhundert Hausreligion der Saudi, seit 1932 Staatsreligion. Deren militärische

Erfolge auf der Arabischen Halbinsel, die sie zu den Beschützern der Heiligen Stätten machten, waren für das aus den US-Konzernen *Esso, Texaco* und *Mobil Oil* gebildeten Konglomerat *Arabian American Oil Company* (Aramco) so überzeugend, daß es sie zum Beschützer *seiner* heiligen Stätten erkor. Die Oberschicht kam zu enormen Reichtum, die polit-ökonomische Entwicklung zu relativer Stagnation und eine Region zu ihrem Humus für Verzweiflung und Heilslehren.

Die Klerikalisierung, die schon durch die von den U.S.A. protegierte Liquidierung jeder politischer Opposition begünstigt war, geriet außer Kontrolle durch ihre Internationalisierung, wie sie von Brzezinski gefördert wurde. Bevor die Islamisten zu einem Problem für die „Zivilisation" wurden, hatten sie schon Afghanistan selber, Algerien (der von „Afghanen" entfachte Bürgerkrieg kostete etwa 150.000 Tote), Tschetschenien oder auch Ägypten und Palästina heimgesucht. Die Büchse der Pandora war geöffnet. Einen Mangel an Vorsicht beklagen hieße den Charakter imperialer Außenpolitik übersehen. Spätestens mit der Entfesselung des Kalten Krieges haben die U.S.A., wie von Wallace prophezeit, alle Bedenken über Bord geworfen.

Wer nicht für uns ist, ist gegen uns, und wer gegen unsere Feinde ist, ist für uns. Das Dilemma dieser theokratischen Anmaßung war nicht, daß die Taliban eine Diktatur errichteten. Diktaturen stellen für die U.S.A. kein Dilemma dar. Das Dilemma besteht in der Unterstützung von Kräften, die keine Zukunft haben. Bin

Laden wurde protegiert und diente gleichzeitig als ewiges Feindbild, weil sie vor Zerstörung sicher war. Jahrelang wurde sie von US-Geheimdiensten für ganz konkrete „Missionen" in Afghanistan, Zentralasien generell, Bosnien, Kosovo oder Mazedonien benutzt im Interesse geopolitischer Strategien. Gemäß der *shareholder-value*-Orientierung, nach der Zukunft sich auf die nächsten zehn Minuten reduziert, flossen mit der Sucht nach dem Augenblicksrausch nicht nur drei Mrd. USD in den Untergrund nach Afghanistan, sondern auch Milliarden ihres Verbündeten von der arabischen Halbinsel. Die Koranschulen in Pakistan wären ansonsten kaum effektiv gewesen. Auch bin Laden bewegte sich in diesem ideologischen, materiellen und finanziellen Geflecht, das über seine Familie bis in die Kreise um den Bush-Clan reicht (s. Laurent, Geschäfte der Bushs; Unger, Bushs und Sauds).

Die Sowjet Union ist kaum zusammengebrochen, da stoßen im Juni 1990 die U.S.A. nach Kasachstan vor – in Gestalt von Ölfirmen und „Beratern" wie dem ehemaligen Verteidigungsminister von Bush sen. und heutigen Stellvertreter von Bush jr., Cheney, oder Brzezinski, der auch als Mentor von Albright, seit 1997 Außenministerin von William Clinton, für seine „neuen" Auftraggeber hilfreich sein kann. Reagans Außenminister Baker steht einer Anwaltsfirma vor, die das von British Petroleum geleitete *Azeri International Oil Consortiom* (AIOC) rechtlich berät – das AICO betreibt eine Pipeline vom aserbaidschanischen Sangachal am Kaspischen Meer zum georgischen

Supsa am Schwarzen Meer (man fragt sich, wer wen berät).[22]

Ab 1996 folgte das Pentagon den Spuren der Kaufleute und schloß in *Central Asia Batallion* (Centrasbat) zusammengefaßte Abkommen mit Usbekistan, Kasachstan und Kirgistan. Zentralasien wurde zu einem neuen Terrain, auf dem die U.S.A. Despoten bei Laune halten. Die Planungen für eine Pipeline von Turkmenistan durch Afghanistan nach Pakistan an den Indischen Ozean waren bereits angelaufen. Sie sollten die Erschließung der gesicherten 15 Mrd. und geschätzten 65 Mrd. Barrel Erdölreserven im Kaspischen Becken, insbesondere Kasachstan, gewährleisten. Hauptnutznießer wäre die US-Firma *Chevron* gewesen, zu deren „Beratern" von 1988 bis 1992 die jetzige Sicherheitsberaterin von Bush jr. gehörte (sogar ein Tanker trägt ihren Namen). 1995 wurde *Union Oil of California* (UNOCAL), Nr. 12 der U.S.A. und geschäftlich mit der saudischen *Delta Oil* verbunden, mit Turkmenistan und Pakistan einig. Blieb das Problem Afghanistan.

Die Lösung waren die Stabilität versprechenden Taliban, die 1996 Kabul eroberten. 1997 reiste eine Taliban-Delegation auf Einladung von UNOCAL in die Vereinigten Staaten, wo im Dezember für 137 Afghanen ein Ausbildungszentrum für den Bau von Pipelines eröffnet wird.

---

22 s. zum Folgenden Olivier Roy, Avec les taliban, la charia plus le gazoduc, in: *LE MONDE diplomatique*, Novembre 1996; Pierre Abramovici, L'histoire secrète des négociations entre Washington et le taliban, in: *LE MONDE diplomatique*, Janvier 2002; Rashid, Taliban; ders., Heiliger Krieg am Hindukusch; Ali, Fundamentalismus; Brisard/ Dasquié, Die verbotene Wahrheit; Cooley, Unholy Wars; Ahmed, Geheimsache 9/ 11, 30ff.

Februar 1998 verkündet bin Laden die Eröffnung seiner Islamischen Internationalen Front mitsamt dem Credo, daß Attentate gegen Interessen und Einrichtungen der U.S.A. legitim seien. Im April beruhigen die Taliban in Kabul den US-Repräsentanten bei den Vereinten Nationen, doch im August erfolgen die Anschläge auf die Botschaften in Nairobi und Daressalam. Nach einem internationalen Haftbefehl, den die U.S.A. gegen bin Laden erwirken, und erfolglosen Pressionen gegen die Taliban, ihn auszuweisen, gibt UNOCAL das Pipelineprojekt auf. Nicht so die US-Regierung.

Man bleibt über UNO und einer 6+2 Gruppe (die sechs Anrainer Afghanistans + Rußland und die U.S.A.) in Kontakt, nicht ohne die Auslieferung bin Ladens weiterhin zu fordern, was 1999 zu einem Beschluß des UN-Sicherheitsrates führte. Er wurde ignoriert. Aber auch die weltweit kritisierte Behandlung der Frauen sowie sonstige Menschenrechtsverletzungen waren kein Grund, die Verhandlungen zu beenden. Ziel war, daß Kabul innenpolitische Erleichterungen *in Aussicht* stellte, die Einigung mit der von Rußland unterstützten Nordallianz und damit ein Ende des Bürgerkrieges, die Ausweisung (nicht Verhaftung) bin Ladens sowie die Pipeline. Nachdem Bush jr. 2000/ 2001 „gewählt" wurde, war die Öllobby auch personell noch optimaler repräsentiert. Im Juli 2001 hat der ehemalige US-Botschafter in Afghanistan, Tom Simons, die militärische Option angekündigt für den Fall. daß Untersuchungen eine Beteiligung bin Ladens an dem Anschlag in Aden auf die U.S.S. Cole vom Oktober 2000 ergäben.

Der BBC erklärte am 18. September 2001 auch der ehemalige pakistanische Außenminister Niaz Naik, bei dem Treffen afghanischer, pakistanischer und US-amerikanischer Delegierter Juli 2001 in Berlin hätte ihm ein Vertreter der U.S.A. angekündigt, sein Land werde bis spätestens Mitte Oktober gegen die Taliban-Regierung in Kabul militärisch vorgehen. Naik meinte weiter, auch bei einer Auslieferung bin Ladens würde die Bereitschaft der U.S.A., ihre Angriffspläne fallen zu lassen, sehr gering sein (s. Chossudovsky, 390; Vidal, Bocksgesang, 11). Trotzdem wollte das Außenministerium alle Optionen offen halten und blockierte oder sabotierte alle Untersuchungen zu al-Qaida mit Unterstützung saudischer Stellen.

Südostasien gehörte schon von 1982 bis 1987 als Mitarbeiterin der CIA zu Christina Roccas Aufgaben. Jetzt sollte sie als Unterstaatssekretärin im Außenministerium ein letztes Mal am 29. Juli 2001 mit dem Talibanbotschafter in Pakistan verhandeln. Diese Gespräche unterstrichen das Interesse der U.S.A. an Afghanistan. Die Aussicht, im kaspischen Becken Fuß zu fassen, förderte nicht nur die Bereitschaft, mit einer nach dem 11. September 2001 als „mittelalterliche Schreckensherrschaft" apostrophierten Regierung in Verbindung zu bleiben und auf Kosten fremder Völker eigene Interessen zu verfolgen. Sie bewirkte auch die Flexibilität in Bezug auf bin Laden: er wurde zum archimedischen Hebel, mit dem sich der Vorwand für eine militärische Option wie ein Kaninchen aus dem Zylinder zaubern ließe.

Bin Laden wurde mittels ungeklärter Anschläge soweit aufgebaut, daß am Ende der Mythos einer heilsgeschichtlichen Mission im Raum stand. Zur Illuminierung feuerten die U.S.A. im August 1998 fast 800 Marschflugkörper (Stückpreis 750.000 USD) auf ein Mudschaheddin-Lager in Afghanistan sowie eine Medikamente und Dünger produzierende „Giftgasfabrik" im Sudan. Dieser Angriff habe, schätzt Chomsky, durch die Schädigung der Landwirtschaft und der Verschlechterung der ärztlichen Versorgung sowie verhängter Importbeschränkungen Zehntausenden das Leben gekostet (s. ders., The Attack. 30ff). Johnson meinte 2000, die Spirale von imperialer Machtpolitik, ihren Rückschlägen und destruktiven Vergeltungsmaßnahmen sei „im Fall von bin Laden zweifellos noch nicht zu Ende" (Johnson, ebd., 28). Er sollte tatsächlich groß ins Spiel kommen, als der Gordische Knoten, der alle Planungen einengte, mit einer gewaltigen Schlag durchtrennt wurde. Bin Laden war unentbehrlich für die US-Außenpolitik.

Juli 2001 soll er im American Hospital von Dubai Besuch eines CIA-Vertreters erhalten und sich am 10. September in einem US-Krankenhaus in Rawalpindi befunden haben. Im April 2002 wurde bekannt, daß britische Soldaten drauf und dran waren, ihn bei Tora Bora zu fassen. Er entkam dank des US-Militärs, das den Oberbefehl hatte. Nach der Besetzung Afghanistans ignorierten US-Stellen Hinweise auf die Aufenthaltsorte von höchsten al-Qaida-Verantwortlichen. Schon vor den Anschlägen seien nach internen Quellen, so der *Guardian* im November 2001, die Beschränkungen für US-Geheimdienste bei Ermittlungen in Richtung terroristischer Verbindungen zu Saudi-Arabien und Pakistan „noch schlimmer geworden [...], nachdem die Bush-Administration [...] die Regierungsgeschäfte übernommen habe." (zit. nach Ahmed, 170f)

John O'Neill war beim FBI mit den Ermittlungen gegen bin Laden, während die Verhandlungen mit den Taliban über die Errichtung von Erdgas- und Erdölleitungen durch Afghanistan liefen (bis August 2001). Das größte Hindernis bei seiner Tätigkeit seien die Interessen der US-Ölkonzerne und die Rolle Saudi-Arabiens gewesen. Frustriert durch die Blockaden des Außenministeriums quittierte O'Neill seinen Dienst, wurde Sicherheitschef im *World Trade Center* (WTC) und kam am 11. September ums Leben (s. Brisard/ Dasquié, 14f). Der ehemalige CIA-Agent Robert Baer loggte sich eines Tages in den hauseigenen Computer ein, um Informationen über terroristische Verbindungen in Saudi-Arabien zusammenzustellen – es gab keine.[23]

Seit Daressalam, Nairobi und Aden führte der CIA-Direktor „Krieg gegen al-Qaida" und wollte weder an Ressourcen noch an Personal sparen. Am 11. September 2001 war genau ein Mann für diesen Kampf abgestellt (s. SZ vom 20. September 2002). Baer hat 1997 seinen Abschied eingereicht. Von den U.S.A. meinte er: „Jedes Imperium geht einmal unter". Im August 2001 hatte es

---

23 s. Petra Steinberger, Agenten, Lügen und Videotapes, in: SZ vom 11. Febr. 2002; Baer, Der Niedergang der CIA.

sich in eine Sackgasse manövriert, als die Gespräche mit den Taliban abbrachen. Jene Dynamik, deren Kräfte die Erdgas- und -ölreserven nicht abschreiben wollten, erforderte nun einen Grund par excellance, um andere Saiten anzuschlagen. Mit Attentaten im fernen Afrika war es nicht getan.

Der Boden für eine Angstkampagne ohnegleichen war längst bereitet durch die Verarmung breiter Schichten in den letzten 20 Jahren und dem Verfall ohnehin schaler Werte nach dem Ende des *New Economy*-Zaubers im Rahmen einer prinzipiellen Orientierungslosigkeit. Soziale Repression durch die Einschüchterungen des neoliberalen Terrors sowie Angst vor Isolierung und Versagen angesichts eines unerbittlichen Leistungsdrucks machten nicht nur empfänglich für Aufputsch-, Entspannungs- und Beruhigungsmittel, sondern auch für autoritäre Heilslehren, die eine Kompensation für die Defizite verarmter Charaktere und verrotteter Gesellschaftszustände versprechen.

In den 90er Jahren wurde der Kollektivzustand immer angespannter, bis an der Schwelle zum neuen Jahrtausend Experten von akuter Hypochondrie sprachen.[24] Im Herbst 2000 kam es zu weiteren Verunsicherungen angesichts von Kursstürzen, des Wahldebakels in Florida und ersten Massenentlassungen.[25] Die Zeiten von Lobotomie, als wäh-

---

[24] s. Mike Davis, Die Flammen von New York. Zwischen Fiktion und Patriotismus: der paranoide Untergrund einer epochalen Katastrophe, in: SZ vom 7. Dez. 2001 (= ein Kapitel aus Davis' Buch *Dead Cities*).

[25] s. Andrian Kreye, Die Angst vor der Angst. Post-Boom Syndrom: Amerika leidet unter kollektiven Panikattacken, in: SZ vom 23. April 2001; Konrad Lischka, Valiumverwandtschaften, in: SZ vom 10. April 2001.

rend des Konformitätswahns des Kalten Krieges in den U.S.A. etwa 50.000 „Auffälligen" Nervenfasern im Gehirn durchtrennt wurden, waren vorbei. Gleichwohl muß auch unter veränderten Bedingungen der Gefahr hysterischer Zustände begegnet werden, um Anpassung, Ruhigstellung, Kontrolle und Ordnung sicherzustellen.

Nach LSD, Kokain und Ecstasy vermeldeten die Medien einen epidemischen Schmerzmittelmißbrauch. Absoluter Kassenschlager der Pharmaindustrie sei das künstliche Opiat *Hydrokodon*, das gegen Rezept als *Vicodin* erhältlich sei und euphorisiere. Ein weiterer Glücksbringer für die Produzenten ist *Ritalin*, das Kinder mit Aufmerksamkeitsdefizit oder Hyperaktivitätsstörung zur Goldgrube macht. Unbesorgt in die Zukunft sehen die Hersteller von Beruhigungsmitteln, die bei Angst, Spannungszuständen, Zwangsvorstellungen, Streß, Verzweiflung und innerer Unruhe helfen sollen. Tranquilizer sind in den U.S.A. nach Alkohol zur zweiten Volksdroge geworden und machen 30% aller Verschreibungen kontrollierter Substanzen aus.

Das Schmerzmittel *Darvon* sei laut der US-Drogenbehörde DEA regelmäßig unter den zehn häufigsten Mitteln bei Drogentoten zu finden. Das beliebte *Valium* wirke wie Cannabis, das 1987 zugelassene, von *Time*, *Fortune* und *Newsweek* mit Titelgeschichten bedachte *Prozac* wie Ecstacy – gegen Depression, Panik, Sozialphobie, für ein Gefühl von Glückseligkeit, Offenheit und der Nähe zu anderen. Die Menschen in den Industrieländern, allen voran den U.S.A., stehen ohnehin permanent unter dem Einfluß che-

mischer Zusatzstoffe in den Lebensmitteln, die eine Entwicklung zu chronischer Hyperaktivität und Aggressivität
begünstigen. Gradmesser ist das Ausmaß, in dem der Konsum von Fertigkost, Rind-, Schweinefleisch, Schokoriegel,
Ketchup, Cornflakes oder Cola verbreitet ist. In Deutschland stammen 75% alles Verzehrten aus industrieller Produktion, in den U.S.A., wo in 60% der Mittelstandshaus-
halte überhaupt nicht mehr gekocht wird, bereits 95% (s.
Pollmer/ Hoicke/ Grimm, Vorsicht Geschmack).

Der Zusammenhang zwischen Angst und Konjunktur
zeigt sich, wenn die Wirtschaftskrise seit Ende der 20er
Jahre in den U.S.A. *The Great Depression* genannt wird.
Eines der bewährtesten Medikamente gegen diese Volks-
krankheit ist Krieg, den man zwar, so James Madison,
„von allen Feinden der öffentlichen Freiheit [...] am meisten zu fürchten hat". Aber er führe „zu Schulden und
Steuern – die bekannten Mittel, um die Vielen unter die
Herrschaft der Wenigen zu bringen. Zudem verleiht der
Krieg der Exekutive noch mehr Machtbefugnisse" (zit.
nach Vidal, Bocksgesang, 31). Wenn die Entscheidung für
die Beibehaltung der Kriegswirtschaft nach dem 2. Welt-
krieg eine Entscheidung für eine auf Krieg angewiesene
Wirtschaft war, so ist von dieser Zwanghaftigkeit der do-
minierende Gesellschaftscharakter nicht ausgenommen.
Er hat sich dem Prozeß der permanenten Produktion von
Feindbildern und der emotionalen Verarmung mit seinen
Haßgefühlen und Angstzuständen stark angepaßt. Zu
Beginn des neuen Jahrtausends hatten sich die Verhältnisse auf einen Punkt zu bewegt, an dem es eines „fool

thing" bedurfte, „the first overt act of war", um die Maschine weiter am Laufen zu halten. Sie lief weiter.

Drei Tage nach dem 11. September 2001 erklärte UNOCAL die Verhandlungen mit den Taliban für beendet. Am 7. Oktober begannen die U.S.A. ihre Bombardements in Afghanistan und erhielten in Tadschikistan und Usbekistan Stützpunkte. Rußland erklärte sich bereit zur Unterstützung im „Kampf gegen den Terrorismus" und schließlich einigten sich die Anti-Taliban-Fraktionen – alles binnen Wochen. Als Ergebnis einer Konferenz in Königswinter bei Bonn wird Hamid Karsai Chef einer Interimsregierung. Er war während der Pipeline-Verhandlungen Berater von UNOCAL, wie auch der erste US-Sondergesandte in Kabul, Salmay Khalilsad. An seiner Rührigkeit lassen sich die Umrisse des *Project for the New American Century* ablesen. 1997 befürwortete er die Anerkennung des Taliban-Regimes, humanitäre Hilfe und die Förderung des wirtschaftlichen Wiederaufbaus. Die gleichen Wohltaten, befand er nach den Anschlägen von Nairobi und Daressalam 1998, sollten der Nordallianz zukommen. Jeden im Ölgeschäft mußte diese Flexibilität aufhorchen lassen. Bush jr. berief ihn in seinen Sicherheitsrat (im nächsten Krieg wurde er Sondergesandter für den Irak, danach Botschafter in Kabul).

Man war gut vorbereitet. Aber das kann man erwarten von einem Land, das seit der Skalpierung des ersten Indianers, den Angriffen auf Mexiko und den Schlächtereien in den Kolonien gelernt hat, gefährliche Notwehrsituationen zu entschärfen. Die PNAC-Studie von 2000 ging davon aus, daß ihre noblen Ziele nicht zu erreichen wären „ohne eine Katastrophe als Katalysator – wie ein neues Pearl Harbor"[26]. Das konnte nur ein vager Anhaltspunkt sein, denn die Logik imperialer Machtertfaltung pervertiert sich im gleichen Maß wie die Basis des oligarchischen Systems schmäler wird, die Renditen sich verringern und die Situation nach waghalsigeren Manövern verlangt.

Die Mittel hierzu entstehen mit der Verworfenheit der Zwecke imperialer Politik. Es verselbständigt sich eine verrottete Art von Denkweisen, Entscheidungen und Handlungssträngen. In diesem Rahmen suchen sich Politiker, in den U.S.A. durch die Installation des Nationalen Sicherheitsrates selber schon kaum zu kontrollieren, ihre Aufgaben – so wie positive und negative Teilchen in einer elektrolytischen Lösung ihren Zielen zustreben. Die Strömungen sind durch das Spannungsfeld gegeben, das typisch ist für den Machtwahn nach Punischen Kriegen: die Koordinaten sind ein Verfall der Moral, die Gier nach Profiten und die Routine staatsterroristischer Aktivitäten. Von hier aus erscheinen die Vorgänge um den 11. September 2001 in einem nüchterneren Licht als wenn man von den U.S.A. in den Jahren 1950 bis 1990 als einem gütigen Hegemon spricht (s. Todd, Weltmacht, 29) oder bittet, „Amerika" als „sanfter Riese" möge erkennen, daß es „seiner Gestaltungsrolle in der Welt nicht entkommen kann" (SZ vom 29./ 30. September 2001). Da muß man nicht lange bitten.

---

[26] zit. und übersetzt nach Hicham Benabdallah El Alaoui, Le Monde arabe au pied du mur, in: *LE MONDE diplomatique*, Octobre 2003.

VII

Einstürzende Gebäude

*Wissen Sie, wenn die keinen Osama bin Laden hätten,
würden sie einen erfinden.*
Milton Bearden (ehem. Leiter
der CIA-Operationen in Afghanistan,
am 12. September 2001)

Wir konnten es nicht wissen. Wir sind ja nicht das FBI.
Harald Schmidt (entschuldigte sich am 25. Juni 2002,
daß er noch am 4. September 2001 Witze gemacht hat)

Die Handlungsweise vor und nach dem 11. September
2001 war nicht ungewöhnlich. Ungewöhnlich war
auch nicht, daß es eines Anstoßes bedurfte, die Dinge vor-
anzutreiben. Ungewöhnlich war die Wucht des Anstoßes.
Ungewöhnlich, aber nicht wirklich überraschend für eine
Nation in der dynamischen Entwicklung nach Punischen
Kriegen. Zur Normalität trug bei, daß sich die Medien bei
der Darstellung der Anschläge sehr kooperativ zeigten.
Wenn „Kritik" geäußert wurde, traf sie vor allem die
Geheimdienste. Sie hätten „schlampig" gearbeitet, so das

vernichtende Urteil. Doch das ist selber schlampig. *Ein* Fehler *einer* Behörde mag Schlamperei sein, nicht aber Dutzende Fehler Dutzender Behörden. Schon der gesunde Menschenverstand gebietet es, die Mitarbeiter in Schutz zu nehmen vor unsinnigen Vorwürfen, die auch zehn Tage nach Pearl Harbor auftauchten. Fünf Monate nach dem 11. September 2001 leitete der Kongreß Ermittlungen ein, die zu nichts führen werden. Es ist nicht „schief gegangen, was schief gehen konnte", wie es in einem ersten Bericht Juli 2003 hieß (s. SZ vom 26./ 27. Juli 2003). Das ist in diesem Umfang nicht möglich.

Was soll „schief gegangen" sein? Es lief alles nach Plan, als jahrzehntelang Terroristen in der muslimischen Welt rekrutiert, in die U.S.A. geschleust und dafür gesorgt wurde, daß sie auf geschlossenen Militärbasen eine „anständige Ausbildung" erhielten (s. Ahmed, 143ff). Mohammed el Amir, genannt Atta, angeblicher Kopf der Gruppe um dem 11. September 2001, stand sogar in E-Mail-Kontakt mit Angehörigen der US-Rüstungsindustrie, wie vom FBI kurz nach den Anschlägen entdeckt. Es ist „nichts schief gegangen", als Extremisten einreisten und in Flugschulen untertauchten. Sie mußten nicht falsche Namen annehmen, brauchten keine neuen Ausweise und waren nicht einmal darauf angewiesen, der Polizei nicht aufzufallen, weshalb sie sich mehrmals wegen zu schnellen Fahrens oder Trunkenheit am Steuer aufschreiben ließen.

Das war sehr professionell, weshalb Bush und seine Junta (erfolgreich) die Demokraten drängten, einer Beschränkung der Untersuchungen zuzustimmen. Sie sollten zuerst von Henry Kissinger geleitet werden, der jedoch wenig Lust verspürte, wie gefordert seine „Geschäftskontakte" offenzulegen. Daraufhin ernannte Bush den früheren Gouverneur von New Jersey, Thomas Kean, zum Vorsitzenden der „9/11 Commision". Kean, so Michel Chossudovsky, ist über *Delta-Oil* mit einem Schwager von bin Laden, Khalid bin Mahfouz, geschäftlich verbunden, der wiederum in Verdacht steht, al-Qaida mit Millionen USD unterstützt zu haben (s. SZ vom 3. Febr. 2003). Im Bericht selber wurden Stellen, die sich auf Saudi-Arabien beziehen, geschwärzt. Aufsehen erregten Verweise auf den Iran, der späteren Attentätern Erleichterungen bei der Durchreise gewährt hätte. Solche „Indizien" sind mit Vorsicht zu genießen, wie auch ein angebliches Vorwissen höchster Stellen, das zu unterstellen seit Frühjahr 2004, ein halbes Jahr vor der Präsidentschaftswahl, offiziell nicht mehr als Teil „abstruser Verschwörungstheorien" gilt.

Schon 2002 war bekannt, daß Bush noch August 2001 vor Anschlägen auf den US-Luftverkehr gewarnt wurde. Ein vertrauliches Papier stellte sogar den Bezug zu bin Laden her. Nicht einmal die Flughafenbehörden wurden benachrichtigt. Justizminister John Ashcroft war allerdings aufgrund einer Sicherheitswarnung des FBI schon einen Monat zuvor von Linienflügen auf gecharterte Maschinen umgestiegen (s. Ahmed, 119ff). Doch solche „Enthüllungen" können im Prozeß der Meinungsbildung ebenso wie jede „aufgedeckte Panne" auch die Funktion erfüllen, das Bild von den 19 Islamisten, die „unsere Zivilisation" angegriffen hätten, zu festigen – nach „Plänen", die über Jahre verfolgt worden seien (wie uns die SZ am 18. Juni 2004 noch einmal halbseitig versicherte). Es wären nur die üblichen Agitprop-Regeln, nach denen man eine Hypothese mit realen Versatzstücken zu dekorieren hat. Die Suggestivkraft dieser Inszenierungen machen sich Reality-Shows, Seifenopern und Imagekampagnen zunutze.

Wenn der US-Präsident aus dem Hubschrauber steigt und lachend an der Kamera vorbeiwinkt, stellt sich der Zuschauer eine Gruppe von Leuten vor, die da warten. Da wartet niemand. Nach den Anschlägen wurde auch gewunken: mit schrecklichen Bildern samt Untertiteln. Der ZDF-Korrespondent in den U.S.A. hat sich den ganzen 11. September 2001 „gefragt, warum wir schon nach zwanzig Minuten wußten, daß al-Qaida hinter den Anschlägen steckt." (zit. nach SZ vom 20. Mai 2003) Eine gut bestellte Medienlandschaft folgte Sprachregelungen wie ehedem die Nazi-Presse dem Goebbels'schen Propagandaministerium. Recherchen erübrigen sich. Eingefordert werden sie nur bei denen, die Ungereimtheiten nicht schlucken wollten.

In der klassischen Psychoanalyse lernt der Patient, was der Analytiker von ihm erwartet, und füttert ihn mit Material, das dieser „deutet". Da sich niemand des Verdachts aussetzen will, er sabotiere die Genesung, bringt keiner den anderen um den Schlaf. Ähnlich funktioniert jede halbwegs effektive Gehirnwäsche: der zu Indoktrinierende soll keine Fragen stellen, sondern sich freuen über seine Fähigkeit, das Puzzle zu vervollständigen. Das kann Spaß machen, zumal wenn die erforderlichen Teile passend zugeworfen werden. Am Ende basierte das gängige Bild von den Anschlägen komplett auf nicht einschätzbares Material von Geheimdiensten.

Im Kalten Krieg wunderte sich eine sowjetische Delegation über die US-Presse: eine solche Gleichförmigkeit sei bei ihnen nur unter Androhung von Folter zu erreichen. Doch schon George Orwell meinte, man müsse nicht in einem totalitären Staat leben, um vom Totalitarismus korrumpiert zu sein.[27] Es reicht, den Einschlag in das Pentagon *mit* Flugzeug durch drei Bilder *ohne* Flugzeug zu „belegen" (s. DER SPIEGEL vom 4. Aug. 2003). Oder unter eine Grafik zu schreiben: „Die arabischen Namen auf den Fluglisten – Grundlage aller Recherchen" (s. SPIEGEL-Online vom 19. Sept. 2001), obwohl die arabischen Namen nur auf einer *FBI*-Liste standen. Ohne Recherchen der Grundlagen erscheinen dann „Sachbücher" (s. Aust/ Schnibben, 11. September), die an Malen nach Nummern erinnern. Kein Feld war vorgesehen für die engen Verbindungen vieler der Tat Verdächtiger zu jenen Geheimdiensten, von denen sie später beschuldigt wurden. Dabei waren die Kontakte einst ganz kollegial.

Als erste Anlaufstellen in den U.S.A. fungierten Flugschulen, vor allem Rudi Dekkers' *Huffman Aviation* in Florida, die angehende „Piloten" mit Einwanderungsfor-

---

[27] s. John Pilger, Quand les mots font écran à l'histoire, in: *LE MONDE diplomatique*, octobre 2004.

mularen versorgte. Im August 2001 hatte ein Fluglehrer, dem Moussaoui aufgefallen war, den FBI gewarnt, daß Terroristen ein Linienflugzeug als Waffe einsetzen könnten. Es kam jedoch nur zu einer Verhaftung wegen Verstoßes gegen das Einwanderungsgesetz, was die These stützt, daß Araber in Flugschulen für bestimmte Geheimdienstkreise kein Grund zur Aufregung waren. Deshalb muß auch nicht, wie Ende Mai 2002 eine FBI-Agentin aus Minneapolis mitteilte, ihre Zentrale in Washington eine Überprüfung von Zacarias Moussaoui *blockiert* haben. Das war eher sowenig eine Panne wie das Vorgehen bei Nawaf al Hasmi und Kalid al Mihdhar. Die CIA kannte sie als al-Qaida-Sympathisanten und ließ sie einreisen. Sie beantragten unter ihrem Namen Führerscheine und besuchten Flugschulen in Florida. Einer der beiden habe im Juni 2001 ein neues Visum erhalten. Im September seien sie in einer Maschine gesessen, die ins *Pentagon* flog.

Ganz sicher keine Panne war die Festnahme eines Journalisten im Außenministerium: er habe (so die SZ vom 18. Juli 2002) „in der täglichen Pressekonferenz augenscheinlich fälschlich behauptet, er besitze eine geheime Mitteilung des US-Botschafters in Saudi-Arabien. Drei der Terroristen des 11. September [2001] hätten demnach Einreisepapiere erhalten, ohne von Konsularbeamten befragt zu werden." Direkt im Anschluß heißt es, daß der Ministeriumssprecher den Journalisten nicht falscher Behauptungen beschuldigte. Es sei vielmehr „gesetzeswidrig [...], das Gebäude mit vertraulichen Dokumenten zu verlassen." Der Visa-Beauftragte der U.S.A. in Saudi-

Arabien, Michael Springmann, beschwerte sich schon in der 80er Jahren über Anweisungen, bestimmten Leute unbesehen die Einreise in die U.S.A. zu gestatten (s. Bröckers, Verschwörungen, 168f; Ahmed, 157ff). Es waren von der CIA ausgesuchte Terroristen, die in den U.S.A. weiter ausgebildet werden sollten. Was gab es da zu überprüfen?

Während der vielen „Pannen", deren Eingeständnis nach acht Monaten „Kritiker" in Atem hielt, liefen Kriegsvorbereitungen. Am 10. September 2001 wurde eine Präsidentendirektive fertiggestellt, die einen Plan zur Vernichtung des al-Qaida-Netzwerkes beinhaltete. Der Startschuß fiel am nächsten Tag. Sechs Jahrzehnte vorher wurde er von den Japanern gegeben. Ihre Codes waren geknackt, die Funksprüche entziffert, die Position der Verbände ausgemacht, vielen bekannt, nicht aber dem Kommandanten der auf Hawaii stationierten Pazifik-Flotte, Admiral Kimmel. 36 US-Verantwortliche hatten 1941 Zugang zu den Funksprüchen der Japaner, davon nur fünf auf Hawaii (s. Stinnett, 317f). Drei waren Geheimdienstoffiziere, die entscheidendes Wissen nicht weiterleiteten (Konteradmiral Anderson sowie die Oberstleutnante Joseph Rochefort und Edwin Layton); die anderen Zwei hatten als einzige der 36 nur beschränkten Zugang: Generalleutnant Walter Short, Kommandant der US-Army auf Hawaii, und Kimmel. Sie waren am 7. Dezember 1941 zum Golfspielen verabredet.

Rochefort meinte nach dem Krieg: „It was a pretty cheap price to pay for unifying the country." (zit. nach ebd., 203) Selbst Robert B. Stinnett, der den Mythos um Pearl Harbor minutiös entzaubert, billigt dem von ihm bewunderten Roosevelt zu, in einem Dilemma gewesen zu sein (s. ebd., 258ff): vielleicht sei der Plan, der mit dem Angriff auf Pearl Harbor endete, nicht der richtige Weg gewesen, Hitler Einhalt zu gebieten, aber irgend etwas habe unternommen werden müssen, um ein größeres Übel zu beseitigen – die Vernichtung der Juden (die noch nicht im Gange war und keinerlei Einfluß hatte auf US-amerikanische Entscheidungen) und die Invasion Englands (die im Laufe des Jahres 1941 ad acta gelegt wurde). Im Kalten Krieg mußte „irgend etwas" gegen den „Kommunismus" unternommen werden.

19 Geistesverwandte der damaligen Kampfgefährten waren am 11. September 2001 in den U.S.A. unterwegs und sollen im sensibelsten Abwehrbereich der Welt bar jeder Übung atemberaubende Flugmanöver vollführt haben. Dabei sieht eine „automatic standard order of procedure in the event of a hijacking" vor, daß schon beim *Abweichen* eines Flugzeugs von der Route Abfangjäger aufsteigen – so geschehen bei 682 Flugzeugentführungen in den letzten 30 Jahre in den U.S.A. Nur bei Vorfall 683, 684, 685 und 686 passierten „Pannen". Erst mit eineinviertel Stunden Verzögerung gab es Alarm, eine dreiviertel Stunde nach dem ersten Einschlag ins WTC.

Die Erklärung der Regierung, ein Befehl zum Abschuß brauche Zeit, ist irreführend, denn die Frage war, weshalb die routinemäßig zu erfolgende Eskortierung ausblieb. Zudem stiegen die ersten Flugzeuge von einem Standort hoch, der nicht wie der nächstgelegene 16 Kilometer von Washington entfernt ist, sondern 210 (sie überflogen das *Pentagon* 15 Minuten nach dem Einschlag). Hier liegt kein Versagen vor, da Maßregelungen ausblieben, weshalb es entweder eine Anordnung gab, am Boden zu bleiben, oder aber, was zugleich wahrscheinlicher und beunruhigender wäre, keinen Anlaß, aufzusteigen.

Nach den Anschlägen war man schneller. Binnen 24 Stunden präsentierte das FBI eine Liste mit Attentätern. Zu Hilfe kam den Ermittlern, daß ihnen die „Spurensuche" leichter gemacht wurde als Dreijährigen eine Schnitzeljagd. In Mietwagen oder Reisetaschen wurden Gegenstände „gefunden", deren vorzeitige Entdeckung alle Pläne vereitelt hätten: ein Video über das Führen von Flugzeugen, Fluganleitungen auf arabisch oder Abschiedsbriefe, Terrorbefehle und Testamente – mit Formulierungen wie: „Im Namen Gottes, meiner selbst und meiner Familie". Robert Fisk schrieb dazu am 29. September 2001, kein Muslim würde statt des Propheten seine Familie in solch ein Gebet einschließen, schon gar nicht an dieser privilegierter Stelle (direkt nach der Erwähnung Gottes). Die veröffentlichte Formulierung lege „eher eine christliche Sicht nahe" (zit. nach Elsässer, 21). Klassische Beweise hingegen waren Mangelware.

Die brand- und stoßsicheren Flugschreiber und Stimmaufzeichnungsgeräte hätten entweder keine auswertbare Daten enthalten, wurden nicht freigegeben, oder es sei wie aus den New Yorker Maschinen nichts übriggeblieben – bis auf Attas Paß, der einige Straßenzüge vom WTC entfernt „gefunden" wurde, oder den Flugzeugsitz, der mit einer verkohlten Leiche durch die Glasdecke eines Restaurants im WTC-Komplex krachte (so ein dort beschäftigter Chefingenieur nach SZ vom 6. Sept. 2002). Merkwürdig sind auch die Telefongespräche aus den Flugzeugen, die als zentrale Anhaltspunkte für Entführungen dienen (s. Bülow, CIA, 116ff; Wisnewski, 80ff, 154ff).

Ein Paladin von Bush, Generalbundesanwalt Theodore Olson, diktierte CNN kurz nach den Anschlägen quasi in den Block, er sei von seiner Frau, eine Kommentatorin des Senders, aus der *Pentagon*-Maschine angerufen worden. Seltsamerweise fielen ihr nur die Teppichmesser auf, mit denen die „Entführer" bewaffnet gewesen seien. Kein Wort verlor sie darüber, ob es sich um „Araber" oder sonstige Nichtweiße handelte. Aber immerhin war *eine* wichtige Stütze der offiziellen Version in die Welt gesetzt, als der Tag des Schreckens kaum zur Neige gegangen war.

Zuerst wurde Olson zitiert, daß seine Frau mit ihrem Handy telefoniert hätte. Später sprach er von einem in den Sitz eingebauten Apparat. Bar einer Kreditkarte hätte sie (zwei) R-Gespräche geführt. Doch in dem Typ von Maschine, in der Barbara Olson flog, sind die Telefone ohne Kreditkarte nicht benutzbar, und mit Kreditkarte würde in einer solchen Situation kein Mensch ein R-Gespräch anmelden (nach Wisnewski, 150, gibt es in einer Boeing 757 überhaupt keine Telefone). Eine Erklärung mag in der Ansicht des Herrn Generalbundesanwalt zu finden sein, daß Vertreter der Regierung in „einer[r] unendliche[n] Zahl von Situationen [...] ganz legitimerweise Grund dazu haben, falsche Informationen zu verbreiten" (zit. nach Bülow, CIA, 121). Ins Spiel kommen an dieser Stelle ab dem 16. September 2001 kolportierte Gespräche aus der Maschine, die bei Shanksville (Pennsylvania) keine Trümmerteile hinterlassen hat, dafür aber eine Geschichte über mutige Passagiere, die sie zum Absturz brachten.

Sie hätten mit Handys telefoniert, was in ländlichem Raum, in großer Höhe und bei hoher Geschwindigkeit schwierig sein dürfte. Ein Passagier habe sich bei seiner Mutter mit Vor- und Nachnamen gemeldet, ein anderer, Todd-„Let's roll!"-Beamer, mit der Angestellten einer Telefongesellschaft vor einem tumultartigen Hintergrund in aller Ruhe über 15 Minuten geredet. Kein Gedanke sei über irgendeine Form der Hilfe (etwa Abfangjäger) verschwendet worden. Mit einem gemeinsamen Gebet hätte das Gespräch einen würdigen Abschluß gefunden. Ein anderer Passagier sowie eine Stewardeß endlich sollen angegeben haben, was die Welt wissen wollte: die Entführer seien drei arabisch aussehende Männer mit roten Bändern um Kopf und Bauch.

Das klingt nach vielen Piratenfilmen, Ahnungslosigkeit und einer echten Panne: in muslimischen Ländern wird selbst das *Rote* Kreuz zum *Grünen* Halbmond. Da wird kein „Gotteskrieger" ein Risiko eingehen. Auch zuständige US-Stellen gingen keins ein und setzten Fluglotsen wie Angehörige unter Druck, Stillschweigen zu wahren. Die Tonbänder mit den Anrufen, für die es bei den Telefongesellschaften keine Belege geben soll, wurden beschlagnahmt. Davon abgesehen wären die Neunzehn an Bord seltsame Attentäter gewesen. Die dem Absturzort Shanksville zugeordnete Maschine startete mit 41-minütiger Verspätung. Sie war gerade vier Minuten in der Luft, als der erste Turm des WTC getroffen wurde. Der ruinierte Zeitplan führte zu keiner Hektik. Erst nach gut einer Stunde änderte die Maschine ihren Kurs (bis Washington hätte sie weitere 20 Minuten gebraucht). Was immer ihr Ziel gewesen sein sollte – es eilte nicht.

Die anderen Maschinen wiederum trafen nicht Symbole von wirklich nationaler Bedeutung wie das *Weiße Haus*, die Freiheitsstatue oder das *Kapitol*, worin Tom Clancy in einem Roman schon 1996 eine Boeing 747 einschlagen läßt. Der Präsident sowie die Mitglieder von Senat und Oberstem Gericht kommen ums Leben. In der rauhen Wirklichkeit hingegen soll sich alle Energie (neben einem profanen Verwaltungsbau aus den 40er Jahren) an zwei überdimensionierten Bauklötzen gebündelt haben (zwar war auch 1993 das WTC Ziel eines Anschlags, jedoch mit einer herkömmlichen Bombe).

Unterstellt, es sollten „weiche Ziele" getroffen werden, kam es nicht zu einer Maximierung des Schadens wie bei der Zerstörung eines Staudamms oder Atomkraftwerks. Auch hat man den Zeitpunkt rücksichtsvoll gewählt: am frühen Vormittag ist die Masse der wichtigen Leute und der Besucher noch nicht eingetroffen (zu Spitzenzeiten hielten sich im WTC bis zu 50.000 Menschen auf). Schon in Pearl Harbor bestand der Großteil der Opfer aus kleinen Matrosen. Die Wahrnehmung war überlagert von

Bildern mit rauchenden Wracks altersschwacher Schiffe (die schnell repariert waren). Nach dem 11. September 2001 hat uns ein Stakkato immergleicher Videoclips die Ermächtigung des Imperiums zum ewigen Krieg eingehämmert, weil die Darstellung des Grauens Evidenz suggeriert, den Augenschein verdeckt und die Logik des Dargestellten zuschüttet. Nach Meinungen von Fachleuten konnte das WTC von Flugzeugen nicht zerstört werden (s. Bülow, CIA, 134ff; Wisnewski, 121ff).

Die Hitze war keineswegs so verheerend, sonst hätte die Feuerwehr nicht bis an den Brandherd vorrücken oder sich verzweifelte Menschen an den Außenstreben festhalten können. Andererseits wurden helle Rauchwulste, die sich unterhalb der Einschlagstelle aus dem hermetisch abgedichteten Gebäude herauspreßten, nicht einer plausiblen Ursache zugeordnet. Auch gibt es Ohrenzeugen für mehrere Explosionen, weshalb die Vermutung einer gezielten Sprengung aufkam. In den Protokollen der Gespräche in den Amtsleitungen ist von Explosionen und Rauch die Rede sowie davon, daß „sie" das WTC in die Luft gejagt hätten. Das können Metaphern sein, jedoch wurde keine für „Hitze" verwendet (s. *stern* vom 4. September 2003). Dazu paßt die Anomalie des Einsturzes des Südturms.

Er wurde als zweiter getroffen und nicht zentral wie der Nordturm, sondern tangential, weshalb fast das ganze Kerosin *außerhalb* verbrannte. Trotzdem brach er als erster zusammen. Nachdem sich ein Klotz mit den oberen 30 Stockwerken komplett zur Seite neigte, folgte er nicht den

Gesetzen der Statik und stürzte in die angrenzenden Häuserschluchten. Vielmehr gaben auf einmal die unteren 70 Stockwerke in vollendeter Symmetrie nach und es kam zu einem Muster an kontrolliertem Abbruch, gefolgt von dem ebenfalls lehrbuchartigen Einsturz des anderen Turmes. Der Traum jedes Sprengmeisters, ausgeführt von zwei Flugzeugen.

Der Funkverkehr der Feuerwehr, der Aufschluß über die Temperaturen gäbe, wurde beschlagnahmt, der Bauschutt einer Untersuchung entzogen. Für entsprechende Nachforschungen wurden 600.000 USD bewilligt (die beteiligten Ingenieure arbeiteten zumeist unentgeltlich), was in Kontrast steht zu den 40 Mio. USD für die Einleitung des Amtsenthebungsverfahrens gegen Clinton. Bei einem Fleck auf dem Kleid von Monica Lewinskys war nichts zu teuer. Die Stahlträgerreste hingegen verschwanden spurlos und konnten nur noch ein Indiz dafür liefern, was für die Gesellschaft von Interesse ist und was nicht, was eine Nachricht und was keine.

Controlled Demolition war am Werk, ein Familienunternehmen, das schon in Oklahoma-City das bei dem Anschlag von 1996 schwer beschädigte Gebäude abriß und das Grundstück mit einer dicken Erdschicht bedeckte – kurz nachdem Sprengstoffexperten zu dem Ergebnis gekommen sind, die von Timothy McVeigh benutzte Mischung aus Kunstdünger und Benzin hätte das Gebäude nicht einmal ernsthaft beschädigen können. Sie vermuteten weitere Sprengsätze an seinen Stützpfeilern, was nicht mehr untersucht werden konnte. Der damalige

Anschlag erscheint wie ein Muster für den 11. September 2001.

Nur unter Mitwirkung von Geheimdienstkreisen ließ sich bewerkstelligen, daß Polizei, Staatsanwalt und Gericht Indizien und Zeugenaussagen, die auf mindestens drei Mittäter hinwiesen, nicht verfolgten oder vertuschten. Joel Dyer stellte eine Liste von 4.000 nicht berücksichtigten Akten zusammen, erreichte aber nur einen Aufschub von McVeighs Hinrichtung. Es wurde nicht einmal geklärt, was in diesen Akten stand.[28] Weder wurde nach den Männern gesucht, die vor dem Attentat mit Konstruktionsplänen in der Garage gesehen wurden, noch nach dem Beifahrer, der neben McVeigh im LKW saß. Eine FBI-Agentin hat ihre Auftraggeber vor dem Anschlag gewarnt, doch interessierte sich auch danach niemand für die Verdächtigen einer Aktion, bei der es wie 1993 im WTC offenbar zu einer vorzeitigen „Aufdeckung" hätte kommen sollen.

Die Angehörigen, meinte ein von Andreas von Bülow zum mittelbaren Täterkreis gezählter Deutscher, würden wahnsinnig, wenn sich herausstellte, daß ihre Tragödie einer Geheimdienstfalle geschuldet war (s. Bülow, Namen, 479). Was wäre los, wenn sich „9/11" als Inszenierung herausstellte.

---

28 s. Dyer, Harvest of Rage, sowie Michel (u.a.), American Terrorist (eine Biographie McVeighs) Vidal, Ewiger Krieg für ewigen Frieden, 40ff, 43ff (auch in: ders., Amerika), 71ff, 104ff; Bülow, Im Namen des Staates, 473ff; Gerhard Waldherr, Wc Terror sät. Die Katastrophe von Oklahoma City: Vergessen, vertuscht, verdrängt, in: SZ vom 12./ 13. Jan. 2002.

VIII

MacGuffin und die Ehre Gottes

Jedermann soll wissen, daß es unser königlicher Wille ist,
zu allen Zeiten die Ehre Gottes [...] zu verteidigen.
Jean Anouilh (Becket oder die Ehre Gottes)

Das größtanzunehmende Schreckensszenarium für die kriegswirtschaftliche Wundertüte konnte unter Clinton abgewendet und das zunächst verkleinerte Militärbudget innerhalb von sechs Jahren von 280 auf 392 Mrd. $ angehoben werden. Wie es der Zufall wollte, war Linda Tripp, durch die der Skandal um Clintons Affäre mit Monica Lewinsky ins Rollen kam, eine Angestellte des *Pentagon*. Hier laufen alle Fäden zusammen, mit denen die Geschenkpakete an die Kriegswirtschaft verschnürt werden. Hillary Clinton vermutete, es handele sich bei den prozessualen und verfassungsrechtlichen Ränkespielen, die den Präsidenten monatelang in die Enge trieben, um eine Intrige der extremen Rechten. Sie wäre allerdings nicht gelungen ohne Schwächen, die er sich selber zuzuschreiben hatte und die auch Frau Lewinsky in die Knie zwangen.

Als die Schlacht geschlagen war, könnten seine Gegner eine Party geschmissen und in fortgerückter Stunde den auch von Peggy Lee gesungenen Schlager *Big bad Bill (is sweet William now)* gegrölt haben. Ein Opportunist mit Ansätzen zur Unberechenbarkeit war unter Kontrolle. Jetzt konnte in Ruhe weitergearbeitet werden. In welchem Ausmaß auch immer US-Stellen in den Ablauf der Anschläge vom 11. September 2001 verwickelt waren – die Schuld wäre schon immens, wenn das Szenario nach dem Pearl-Harbor- oder Saddam-Kuwait-Muster abgelaufen wäre: man tut alles, den Gegner zu einem Schlag zu verleiten, der 2004/05 die Rüstungsausgaben auf 422 Mrd. steigen ließ. US-Präsidenten sehen oft (wie Militärangehörige) nach ihrer Amtszeit die Dinge nüchterner. Vor Eisenhower warnte schon George Washington vor übergroßen Streitkräften. Sie würden „unter jeder Form von Regierung die Freiheit bedrohen" (zit. nach Johnson, 101).

Das Verhängnis nimmt nach Punischen Kriegen seinen Lauf mit der Entwicklung einer Militär- und Geheimdienstmaschinerie. In den 80er Jahren benutzte die CIA Drogengeschäfte, um die Contras in Nicaragua zu finanzieren (s. Bülow, Im Namen des Staates, 99ff, 142ff). Da, so ihr Direktor 1992 während einer Senatsuntersuchung, die Gelder, die „wir zur Stabilisierung unseres geopolitischen Einflusses in insgesamt 50 Ländern benötigen", niemals bewilligt worden wären, sei man „gezwungen [gewesen], andere Einnahmequellen zu erschließen." (zit. nach Bröckers, Verschwörungen, 39)

Die logische Fortführung einer Dynamik, die nach dem 2. Weltkrieg mit dem Kalten Krieg in Gang gesetzt wurde, endete in einem unkontrollierbaren und nicht eingrenzbaren Geflecht von Waffen-, Drogen- und Bandengeschäften, das mit einem Heer an inoffiziellen Mitarbeitern, Agenten, Tarnfirmen und auch staatlichen wie halbstaatlichen Militärabteilungen zusammengehalten wird. Daniel Hopsicker (s. ders., Welcome to Terrorland) ordnet Atta überzeugend einem Milieu von Drogendealern, Waffenschiebern und terroristischen Kriminellen zu. Leider stellt sich ihm nicht die Frage, weshalb so jemand ein Selbstmordkommando unternehmen sollte. Da ist die offizielle Propaganda konsequenter und hat das Bild von den Gotteskriegern lanciert. Dabei gäbe es genügend andere Fanatiker.

1987 entstand ein Kommando für Sondereinsätze (Special Operations Command), das einer Pentagon-Abteilung für Konflikte niedriger Intensität („low intensity conflicts") unterstellt wurde. Es befehligt an die 50.000 Leute. Die Einsätze sind einer effektiven Kontrolle entzogen, weil reguläres Militär nicht beteiligt ist, sie relativ wenig kosten und in enger Zusammenarbeit mit CIA und DIA, dem Geheimdienst des *Pentagon*, durchgeführt werden. Durch zunehmende Aufsplitterung der Streitkräfte und Verselbständigung ihrer Teilbereiche geht die Militarisierung der Gesellschaft über in ein Geflecht geheimer Dienste, die sektenartig abgeschottet sind.

1991 stellte der Kongreß einen Blankoscheck für Einsätze der Sondereinheiten aus und genehmigte das Trainingsprogramm JCET (*Joint Combined Exchange Trai-*

ning), das die Kommandos 1998 in 110 Länder führte. Über diese Aktivitäten würden, so Johnson (s. ebd., 101 ff.), der Kongreß, das Außenministerium oder die jeweiligen Botschaften in den betreffenden Ländern meistens nicht einmal unterrichtet. Ein Großteil der Beamten des Außenministeriums hätten vom JCET-Programm noch nie gehört. Zu seinen Hauptaufgaben gehören Übungen in *foreign internal defense*. Nach einem Handbuch des Verteidigungsministeriums aus dem Jahre 1990, das an die Öffentlichkeit gelangte, soll fremdes Militär für wirkungsvolle Einsätze gegen die eigene Bevölkerung trainiert werden. Teilbereiche des US-Militärs dienen somit der Ausbildung zum Staatsterrorismus

Die Entmachtung der Legislative ist bis zur Privatisierung von „Ausbildungsaktivitäten" durch das *Pentagon* fortgeschritten. Firmen mit engen Kontakten zum Ministerium bilden im Auftrag der Regierung ausländische Streit- und Sicherheitskräfte aus. Ehemalige Militärs sind sowohl unter den Beschäftigten als auch unter den Gründern solcher Firmen, deren angestellte Söldner nicht unter das Militärstrafrecht fallen. Auch stellt sich das Problem der Geheimhaltung nicht, weil private Verträge vor staatlicher Kontrolle geschützt sind – wenn auch nicht vor dem Internationalen Strafgerichtshof (da er von den U.S.A. nicht anerkannt wird, müssen es Kriminelle nur noch ins Mutterland des Imperiums schaffen – aber wer das nicht schafft, gehört auch bestraft).

Wie bei großen Konzernen vollzieht sich ein systematisches *Outsourcing* von Tätigkeitsbereichen, die zu den klassischen Privilegien staatlicher Organe zählen und auf diese Weise jeglicher parlamentarischer oder gar öffentlicher Kontrolle entzogen sind. *Vinnell Corporation* bildete jahrelang das saudische Militär aus, *Military Professional Resources Incorporated* das kroatische. 1998 wurde *DynCorp International* mit Sicherheitsüberwachungen im Kosovo beauftragt, wofür andere Staaten reguläre Offiziere verwendeten (so war es möglicherweise ein „deregulierter Markt" mit seiner Begeisterung für „Privatinitiative", der dafür sorgte, daß UCK-Rebellen in Makedonien – wie deutsche Stellen beklagten – über den US-Sektor im Kosovo mit Waffen versorgt wurden).

Im besetzten Irak ist die größte Privatarmee der Neuzeit tätig (auf zehn Soldaten kommt bereits ein Privatangestellter). 6.500 Leute von (der britischen) *Erinys* bewachen Ölanlagen, *Global Risk* wurde mit dem Schutz des irakischen „Interimsrates" beauftragt, *Olive* mit dem der vor Ort tätigen Manager jener US-Firmen, die dank ihrer Wahlspenden nun mit Aufträgen in Höhe von acht Mrd. USD rechnen können (zu Lasten des irakischen Volkes und von arabischen, westeuropäischen Ländern sowie Rußland, die Schulden erlassen sollen). *Vinnell* übernahm die Ausbildung der irakischen Armee, *DynCorp* die der Polizei, 2003 rechnet die Branche mit Aufträgen aus dem *Pentagon* über 30 Mrd. USD, weltweit über 100 Mrd.[29], immer im Schutz von Sprachregelungen wie der, daß vier

[29] s. Andreas Oldag, Das boomende Geschäft mit dem Krieg, in: SZ vom 8. Apr. 2003.

Anfang April 2004 im irakischen Falludscha getöteten US-Bürger „Zivilisten" gewesen seien. Tatsächlich waren es ehemalige Elitesoldaten im Dienst von *Blackwater Security*. Schon unter Clinton wurde die US-Unterstützung des Staatsterrors in Kolumbien privatisiert, um nicht „direkte" Militärhilfe ausweisen zu müssen.

Man stößt auf Kreise, die ein getreues Spiegelbild der strukturellen Deformationen nach Punischen Kriegen abgeben. Zusammen mit ihren „Geschäftsfreunden" in staatlichen Organisationen (Militär und Geheimdienste) sowie privaten Unternehmen (Rüstungsindustrie) sind sie an Erhaltung oder Vergrößerung von Krisensituationen interessiert. Das Feld, auf dem sie agieren, steht in Blüte mit protofaschistischen Heilslehren, die in den Interessen der US-Oligarchie das Wohl der ganzen Welt sehen und permanente Gewaltanwendung gebieten. Autoritäre Einstellungen mit ihrer Geringschätzung humanistischer Werte und Verherrlichung nationaler Macht sehen sich alimentiert von „Beraterverträgen", die charakterologische Defekte, geostrategische Positionen und privatwirtschaftliche Geflechte verbinden.

Bei der Abwägung, wer großangelegte, verdeckt ablaufende Aktionen durchführen könnte, mutet es seltsam an, Organisationen nicht zu berücksichtigen, deren Mitglieder durch ihre Tätigkeit sowie berufliche Verflechtungen mit Militär und Geheimdienste Zugang zu modernsten Technologien haben. Sie verfügten über die erforderliche organisatorische Kapazität und wären hervorragend qualifiziert für die Planung komplizierter, aufwendig und langfristig zu planender Abläufe wie solche des 11. September 2001, die, so Bülow (Interview, ebd.), „ohne langjährigen Rückhalt aus den geheimen Apparaten von Staat und Industrie undenkbar" sind (s. auch Ahmed, 299ff).

Statt die Täter in Kreisen anzusiedeln, deren Bekenntnisse über deutsche Allegorien zu den Nazi-Verbrechen nicht hinausgehen, sollte man sich einem Dunstkreis zuwenden, das inmitten kriegerischer Gesellschaftscharaktere ein ganz „natürliches" Gefühl der Sicherheit vor Entdeckung entwickelte. Jeder aufgeweckte Polizist würde hier suchen: in einem so häufig in geheime Machenschaften verwickelten Milieu, daß Kongreßabgeordnete schon vor Bekanntwerden der Folterungen im Irak, an denen auch privates Personal beteiligt war, eine schärfere Kontrolle gefordert haben. Es ist ein Milieu, in dem alles Mögliche denkbar ist und alles Denkbare nicht nur möglich, sondern bis zur Ausführungsreife und darüber hinaus vorangetrieben wurde. Es ist das Milieu des staatlich organisierten Verbrechens.

Jeder Kriminalist würde auch charakterliche Fehlentwicklungen berücksichtigen, die berufsbedingt verbunden ist mit Geheimniskrämerei, Gewohnheit an fehlende Kontrolle seitens des Staates und Genügsamkeit der Zwecke, die alle Mittel heiligen. Sie ist Voraussetzung für ein Verhalten, das über Leichen geht und mit Übungen, deren Teilnehmern schwerste Verbrechen gegen die Menschlichkeit, einschließlich Folter und Mord, vorgeworfen werden, verinnerlicht und nicht als Problem gegenwärtig ist. Mangelnde Bindung an moralische Werte und Verantwortungslosigkeit gegenüber Dritten sind geradezu Bedingungen einer erfolgreichen Tätigkeit bei *counterinsurgency campaigns* und generell geheimdienstlicher Planungen, aber auch im Berufsumfeld von Privatarmeen. Über den tatsächlichen Ablauf der Ereignisse am 11. September 2001 lassen sich nur Vermutungen anstellen, was nicht a priori gegen sie spricht. *Für sie* spräche, wenn sie in sich logisch sind. Das wäre weit mehr, als die offizielle Version für sich in Anspruch nehmen kann.

Was wäre, wenn eine Gruppe „aufrechter Patrioten" für ihr Land mehr tun wollte, als andere zu erträumen gewagt hätten? Tatsächlich gierten letztere nach den Konsequenzen, die sie aufgrund der neuen Lage ziehen könnten, oder waren in charakterologischer Symbiose so verstrickt mit diesen Kreisen, daß sie, gedrängt vom Terror eigener Leute, endlich wagten, ihren Visionen zu folgen (als Bush von den Anschlägen erfuhr, wirkte er weniger überrascht, schon gar nicht alarmiert, sondern eher nachdenklich, ja konsterniert – so als mußte er das Ausmaß an Brutalität, zu dessen Spielball auch er geworden ist, erst einmal realisieren). Es wurde eine Lage geschaffen werden, wie sie in Jean Anouilhs *Becket oder Die Ehre Gottes* beschrieben ist: treue Untertanen wollen zum Wohle des Vaterlandes zu Taten schreiten, die der offiziellen Seite verwehrt sind, ihr aber wesensgemäße und erhoffte Perspektiven eröffnet.

Nach vollendeter Tat beauftragt der König einen der Mörder mit der Ermittlung der Schuldigen: „Die Ehre Gottes, meine Herren, ist eine wunderbare Sache, und man gewinnt am Ende immer, wenn man sie auf seiner

Seite hat. Thomas Becket – der unser Freund war – pflegte das zu sagen." (4. Akt) Der König benutzt die Stimmung, die das Verbrechen hervorruft, für Ziele, die wiederum zum Verbrechen geführt hatten. In der Dynamik von Kriegswirtschaft, Nationalismus und Militarismus stand der Öl&Gas-Junta in Washington ein begrenzter Spielraum zur Verfügung, der auch nur genutzt werden könnte, wenn mit Rückendeckung in der breiten Öffentlichkeit aller Ängstlichkeit ein Ende zu bereiten wäre. Nationale Empörung müßte jedes Bedenken hinwegfegen und disziplinierten Untertanen den letzten Funken Verstand aus dem Kopf blasen. Sie sollten meinen, Tausende wären gestorben „cause he hates us because we're rich'n free'n he's not" (Vidal, The Enemy within, in: *The Observer* vom 27. Okt. 2002).

Ist der König mit der Tat nicht befaßt, bleibt die Frage nach den Baronen. Während der Kuba-Krise, die für die U.S.A. am 31. Dezember 1958 begann, plante die militärische Führung des Landes, so James Bamford, „einen Krieg, der auf einem reinen Lügengebäude beruhen" sollte (ders., NSA, 98). Eisenhower wäre am liebsten noch vor Kennedys Amtseinführung in Havanna einmarschiert. Wenn die Kubaner ihm keinen Vorwand lieferten, sollte man vielleicht selber „etwas fabrizieren, das allgemein akzeptiert werden würde" (zit. nach ebd., 113). Eisenhower dachte an einen Bombenanschlag, einen Angriff oder einen Sabotageakt. Ein *Operation Northwoods* genannter Plan, der die schriftliche Zustimmung aller Mitglieder des Vereinigten Generalstabs einschließlich seines Vorsitzende

Lyman L. Lemnitzer hatte, und andere Geheimdokumente sahen Maßnahmen vor, die eine Vorstellung geben vom „planerischen Geschick", dessen sich Lemnitzer zu rühmen pflegte (s. ebd., 96ff, 112ff).

Man wollte einen Angriff auf die kubanische US-Basis Guantánamo durchführen oder die Erschießung Unschuldiger in den U.S.A. auf offener Straße ebenso den Kubanern in die Schuhe schieben wie die Versenkung von Booten mit Flüchtlingen auf hoher See. Für den Fall eines Fehlschlags des Raumflugs von John Glenn sollte der „Beweis" elektronischer Störmaßnahmen der Kubaner geliefert werden (Lemnitzer wird sich im Grabe umgedreht haben, als dem Absturz der Raumfähre *Columbia* Februar 2003 keine einzige Anspielung auf al-Qaida oder den Irak folgte). Weiter enthielt die Liste die Sprengung eines US-Schiffes in der Bucht von Guantánamo und Bombenattentate in Miami und Washington mit anschließender Anklage Unbeteiligter samt Verurteilung. Die Gedanken schweiften dann hin zu fingierten Flugzeugentführungen und Brandbombenangriffe auf dominikanische Zuckerrohrfelder (wobei Material aus Kuba und dem Sowjetblock „gefunden" würde und US-Piloten in MiG-Maschinen für zusätzlichen Wirbel sorgen könnten).

Der Katalog kulminierte in der Vorstellung, welchen Eindruck es machte, wenn „kubanische" MiGs über internationale Gewässer ein Flugzeug der U.S. Airforce oder eine zivile Chartermaschine abschössen. Dieser Gipfel der Barbarei sollte mittels eines ferngesteuerten Passagierflugzeugs vorgetäuscht werden. Schon 1962 bereitete es offensichtlich keine Probleme, ein unbesetztes Verkehrsflugzeug zu starten und auf Kurs zu bringen. Sein identisch lackierter und numerierter Doppelgänger wäre dann vom registrierten Flugplan abgewichen und mit seinen ausgewählten Passagieren, denen man falsche Identitäten gegeben hätte, auf einem abgelegenen Rollfeld in einem Luftwaffenstützpunkt gelandet. Die andere Maschine wäre durch ein Funksignal gesprengt worden, aufgrund welcher Greueltat die Öffentlichkeit einen Krieg in der Karibik unterstützen würde.

Die Überlegungen hinter diesen Planungen fügen sich ein in die Geschichte der US-Kriege, die geschrieben wurde von bösartigen Provokateuren. Seit über 200 Jahren eilen die U.S.A. zu Hilfe, schlagen zurück aufgrund tiefster Demütigung und befinden sich auf einem Kreuzzug, um ihre Mission zu erfüllen. Den eigenen Süden, der sich abspalten wollte, griffen sie wegen der Sklavenfrage an. Abraham Lincoln wäre jeder Grund recht gewesen. Hätte er die Union erhalten können, ohne einen einzigen Sklaven zu befreien, hätte er es getan, wie er einer Zeitung schrieb.[30] Ein größerer Streitpunkt als das Schicksal der Schwarzen war für den Protektionisten Lincoln (und den Süden) die Zollpolitik, aber seine Proklamation zur Sklavenbefreiung vom 1. Januar 1863 klang einfach besser.

Um sich Hawaii einzuverleiben, wurden keine Ananasdosen auf das Panier gestellt, sondern die Unterstützung

---

[30] s. Ha-Joon Chang, Du protectionnisme au libre-échangisme, une conversion opportuniste, in: *LE MONDE diplomatique*, Juin 2003 ; s. a. Vidal, Micky Maus als Historiker, in: ders., Amerika, 242.

einer „Revolution". Inmitten der Kriegshysterie gegen Spanien explodierte ein Kriegsschiff, für den Beitritt in den 1. Weltkrieg sank die *Lusitania*, in Pearl Harbor ein Teil der Pazifikflotte. Vietnam mußte in die Steinzeit zurückgebombt werden, weil die nordvietnamesische Flotte mit ihren gefürchteten Fischerbooten am 2. August 1964 mit einem „Seegefecht" in nordvietnamesischen Küstengewässern (Golf von Tonking) dem Imperium den Todesstoß zu versetzen drohte (wie durch ein Wunder wurde keiner der beiden US-Zerstörer *Maddox* auch nur beschädigt). Seit dem 11. September 2001 verstecken sich Terroristen in Ölfeldern, wo sie aufgestöbert werden müssen.

Darüber kann man denken, wie man will – gegen die Stimmung im eigenen Land kann nun einmal kein Krieg geführt werden. Nicht gegen Spanier, Japaner, Deutsche oder Vietnamesen. Auch nicht gegen „Terrorismus". Dazu kommt es auch nicht in Zeiten von Machtverherrlichung und Kontrollverlust. Spätestens 1947 hat in den U.S.A. ein geheimes Gremium von Politikern, Geheimdiensten und Militärs das Privileg der Volksvertretung übernommen, die Prioritäten des Landes zu bestimmen. Das Budget der 26 US-Geheimdienste ist so groß wie der deutsche Verteidigungshaushalt (allein die CIA verschlänge ein Zehntel des russischen Bruttoinlandsprodukts). Auch die Obersten Kommandanten der vier Einsatzgebiete (Zentral, Pazifik, Süd und Europa) haben nach dem Zusammenbruch der Sowjet Union in den 90er Jahren ihren Handlungsspielraum dermaßen vergrößert, daß Steven Clemons von einer besorgniserregenden

Aufweichung der präsidentialen Autorität über die Streit-kräfte sprach.[31]

Dana Priest nannte die Commanders in Chief (CINC) moderne Ausgaben römischer Prokonsuln. Sie verfügten über sehr große Mittel, die keinerlei legislativer Kontrolle unterworfen seien, stellten, so ein hoher Beamter, regel-rechte Kriegsmaschinerien dar und würden immensen Einfluß auf die amerikanische Politik ausüben. Sie finan-zierten Institute für strategische Forschungen, hätten eige-ne Nachrichtendienste, organisierten Konferenzen und leiteten Operationen in ihren jeweiligen Tätigkeitsberei-chen. Diese Prokonsuln können nicht eigenmächtig han-deln. Nicht völlig. Niemand kann das. Aber sie stellen einen enormen Faktor dar in dem Parallelogramm gesell-schaftlicher Positionen, in dessen Kräftefeld sich am Ende ergibt, wohin die Reise geht. Das Produkt resultiert nicht aus offener Diskussion, sondern eines Konsenses, der sich in einem Akt von Täuschung, Selbsttäuschung, Irrationa-lität und fatalistischer Begierden herstellt.

Wenn 1998 der US-Präsident meint, nach jahrzehnte-langen Massakern auf Osttimor sollte eine gewisse Distanz zur indonesischen Armee demonstriert werden, kann Admiral Dennis C. Blair als Kommandant der Pazifik-flotte sich zum Sprecher einflußreicher Kreise machen und im April 2000 Djakarta einen Besuch abstatten. Anthony Zinni vom Zentralkommando stellte die Kon-

---

[31] s. Philip S. Golub, Rêves d'Empire de l'administration américaine, in: *LE MONDE diplomatique*, Juillet 2001.

takte zu Pakistan nach dem Staatsstreich Oktober 1999 wieder her. Den Irak nicht zu bombardieren, nachdem alliierte Kontrollflugzeuge „bedroht" wurden, hätte sich kein Präsident leisten können. Solche Situationen lassen sich wie am Fließband herstellen. Die Gefährlichkeit Chinas zeigte sich, als auf Anordnung Blairs Spionageflüge an der chinesischen Küste weiter durchgeführt wurden und die kommunistischen Barbaren ein Flugzeug zur Landung zwangen (wie am 1. April 2001). Eine Stunde später saßen Fernsehteams in den Wohnzimmern der Familien sämtlicher Besatzungsmitglieder und lichteten das heimische Umfeld von US-Helden ab. Mosaikstein für Mosaikstein bildet sich ein Denkmuster, das auf Fiktionen basiert. Theoretisch könnte es ein Irrtum gewesen sein, als 1999 eine der US-Präzisionsraketen die chinesische Botschaft in Belgrad zerstörte. Es ist nur unwahrscheinlich.

Im Römischen Reich schuf sich das Militär selber den Rahmen, in dem es unentbehrlich war, so wie die Armee des US-Empires verstärkt nach Ende des Kalten Krieges auf neue Aufgaben zustrebte. Es konnte dies um so leichter, als es sich in den letzten Jahrzehnten, zumal nach Abschaffung der Wehrpflicht, in ein immer autonomer gerierendes System verwandelte. In dem Maße, wie die Normalität sich militarisiert, hält sich das Militär für den Normalfall. Die Aufgaben, für deren Erfüllung Beförderungen und Orden winken, sind die Aufgaben, denen sich die Gesellschaft zu stellen hat. Falls sie damit Probleme hat und die Majorität nicht ausreichend vom Sinn hegemonialer Macht überzeugt ist, kann es nur legitim sein, einer lethargischen Öffentlichkeit den Ernst der Lage vor Augen zu führen. Schon Pearl Harbor war pädagogisch gesehen hilfreich. Nach dem 11. September 2001 konnte eine vergleichbare Ernte eingefahren werden, die den Vorstellungen von Rüstungsindustrie, Ölkonzernen und Bauwirtschaft entsprachen. Politiker und Geheimdienste bekamen ihre mit Hitlers Ermächtigungsgesetz zu vergleichenden Vollmachten und haben ihren Sponsoren den Nutzen der Ausgaben unter Beweis gestellt mit der Aussicht auf noch größere Zuwendungen – was die Bedeutung des *fund rising* weiter erhöht und damit die Abhängigkeit der Politik.

Der FBI-Direktor von New York, Robert Fox, erwähnte 1993 in einem Interview, daß mehrere der seinerzeitigen WTC-Attentäter vom CIA ausgebildet waren. Sie reisten entgegen entsprechender Vermerke des Außenministeriums ungehindert in die U.S.A. ein. Fox wurde versetzt (s. Cooley, 218ff). So deutlich wollte man es nicht hören. Dabei half die CIA in den 80er Jahren, in New York die 1. Dschihad-Weltkonferenz abzuhalten. Sechs Menschen wurden durch eine Bombe getötet, mehr als tausend verletzt. Leiter der Aktion war ein Informant des FBI, der nach Bülow mit den Behörden vereinbart hatte, daß im letzten Moment der Sprengstoff gegen ein harmloses Pulver ausgetauscht werde (s. ders., 420f). Mit in flagranti erwischten „Attentätern" sollten Angst, Haß und Feindbilder erzeugt werden. Die Abmachung wurde nicht eingehalten, ein Antiterrorgesetz im Kongreß durchgesetzt und akademische Hilfstruppen in Stellung gebracht.

1993 machte Samuel Huntington mit einem „Kampf der Kulturen" auf sich aufmerksam (als Aufsatz in *Foreign Affairs*, drei Jahre später legte er mit einem Buch nach). Vorgelegt hatte er in den 60er Jahren, als er unter Johnson in Vietnam als Experte für „Aufstandsbekämpfung" tätig war. In dieser Zeit formulierte bereits der Brite Bernard Lewis den Gedanken, daß nicht reale Antagonismen, für die zudem der Westen in hohem Maße verantwortlich ist, den Konflikten in der Welt zu Grunde liegen, sondern „the Clash of Civilizations" (s. ders., Middle East). Wir hätten es zu tun mit unter Umständen irrationalen Reaktionen, die sich aus der historischen Rivalität des Islam und der jüdisch-christlichen Zivilisation erkläre. „Sie" haßten „unsere" Werte, und sei es, daß wir uns nur zu ihnen bekennten. Man nahm diesen Unsinn zunächst nicht sonderlich ernst, doch nach dem Ende der Sowjet Union wurde die Attraktivität einer sehr vagen Konstruktion, die Feindbildern aller Art Platz bietet, unübersehbar. Sie wurde nach dem 11. September 2001 offizielle Doktrin: Sie hassen uns und wir dürfen sie vernichten, ja wir müssen es, wollen wir nicht selber vernichtet werden. Lewis lebt seit 1974 in den U.S.A. und macht kein Hehl daraus, Vordenker zu sein für den neokonservativen Fanatismus, was seine Unterstützung für die israelische Politik sowie die US-Kriege gegen Afghanistan und den Irak einschließt.

Zu den Konzepten naturhafter Volksgemeinschaften und siegreicher Werte gehört auch die Vorstellung eines Endes der Geschichte, wie es Francis Fukuyama 1992 verkündete: in der Herrschaft des Rechnungswesens käme es nur noch auf die Lösung technischer Fragen an, eine von Jürgen Habermas schon in den 60er Jahren aufgestellte Hypothese (s. ders., Technik). Es sind ideologische Ausdrücke eines Gesellschaftscharakters, der in der Pax Americana nahezu perfekt verfestigt wurde. Lediglich in seiner Absicherung bestehen Differenzen. Fukuyama als Zuarbeiter des Außenministeriums legte ein bedächtigeres Konzept vor als Huntington, bei dem das Ende der Sowjet Union wegen der Erfordernisse permanenter Kriegswirtschaft nicht zu einer Verminderung der Spannungen führt. Hier liegt ein gewisser Realismus, denn kriminelle Elemente, die sich gegen das segensreiche Wirken US-amerikanischer Missionstätigkeit wehren, finden sich immer, weshalb die ganze Nachkriegsgeschichte ohne den Kalten Krieg gegen den „Kommunismus" kaum anders verlaufen wäre.

Die Bedrohungen sind systematisch produziert, wenngleich nicht unbedingt bewußt. Es ist Wahnsinn, der insofern Methode hat, als ein Fehler aus dem anderen folgt. Es ergibt sich der Anschein des Rationalen, wo nur von Bankrott die Rede sein kann wie bei den US-Kontakte zu den religiösen Fanatikern in Afghanistan, die aus taktischen Erwägungen nicht direkt erfolgten. Der Erfolg der Mudschaheddin in Afghanistan hing davon ab, originär eigene Ziele verfolgen zu glauben (s. Chossudovsky, 362f). Die Mittelsmänner, über die alle Kontakte liefen, waren Agenten des pakistanischen ISI. Ihr damaliger Chef, General Mahmud Ahmed, hatte 100.000 USD an

Atta überwiesen und befand sich seit dem 4. September 2001 auf „Besuch" in den U.S.A. Er führte schon eine Woche vor den Anschlägen Gespräche mit seinen Kollegen von der CIA und dem *Pentagon*, deren Ergebnisse dann am 13. September als Übereinkunft zweitägiger Verhandlungen präsentiert wurden: Pakistan würde im „Kampf gegen den Terrorismus" kooperieren (s. ebd., 366ff). Ahmed wurde am 7. Oktober 2001 seines Postens entbunden. Vergeblich hatte er die Taliban zur Auslieferung bin Ladens aufgefordert. Damit hatte sowohl er als auch die Taliban-Führung das Soll erfüllt. Beide waren nur noch lästig.

Schon in den Plänen der Römern waren für die „Verbündeten" kleinere Rollen vorgesehen. Die Zusammenarbeit von US-Geheimdiensten mit ISI hat sich samt deren personellen und materiellen Verstrickung in die Apparate von Taliban sowie bin Ladens al Qaida, unterstützt von saudischen Geldgebern, über zwei Jahrzehnte entwickelt. Nie war ganz deutlich, wer wen benutzt. Ohne jede Kontrolle, gesteuert von divergierenden Zielsetzungen, könnten Pläne anvisiert worden sein, die im Hintergrund eine radikale Änderung erfahren hätten. Vielleicht waren etliche Beteiligte hinterher etwas bestürzt über die Radikalität der Pläne, in denen sie ein Puzzle waren. Aber nachdem das Kind in den Brunnen gefallen war, gab es kein Zurück. Rice artikulierte 2000 das Besorgnis über die „Nationale Sicherheit". Sie hatte womöglich das Gefühl, an eine Wand zu reden. Pearl Harbor hat gezeigt, wie man sich ein Publikum verschafft. Warum sollten nicht andere gedacht haben: wer (1993) nicht hören will, muß (2001) fühlen? So gesehen war „9/11" in der Tat „a call to action", ein Weckruf, um nicht zu sagen Notruf (in den U.S.A. 9-1-1).[32]

Alfred Hitchcock nannte die fiktiven Fixpunkte realer Handlungen *MacGuffins*: sie seien nicht die Basis der

---

[32] Bei der Suche nach Hintermännern der Anschläge vom 11. September 2001 entspräche Cheney als Verdächtiger allen Klischees. Bei den Mitgliedern der Junta fiel er auf, weil er sich analog zur klassischen Krimiklamotte am abgebrühtesten gab – wie aus Angst, die Nähe zum Geschehen so unfähig wie Bush zu bewältigen. In Erinnerung ist seine heitere Schilderung, wie ihn Wachpersonal so ruppig in „Sicherheit" brachte, daß er kaum die Füße auf den Boden bekommen habe. Gleichzeitig hatte er dokumentiert, welcher Gefahr er ausgesetzt war: *er* befand sich am 11. September 2001 nicht in Florida in einer Grundschule, sondern im Weißen Haus, dem Ort der vermeintlich höchsten Gefahrenstufe (Rumsfeld war im *Pentagon*, das groß genug ist, um einen schwach belegten Flügel offerieren zu können). Cheney hat sich in der ersten Kabinettssitzung nach den Anschlägen am 15. September 2001 kontrovers zu seiner politischen Einstellung und anders als Wolfowitz und insbesondere Rumsfeld dagegen ausgesprochen, den Irak auf die Liste der Kriegsziele zu setzen (s. Woodward, Bush at War, 74ff) – als ob er sich als Unbeteiligter geben und nach der Tat demonstrativ nicht um die Beute balgen wollte. Später erwies er sich als treibende Kraft hinter dem Druck auf die CIA, den Irak Belastendes zu produzieren. Seine Ex-Firma kam zu Milliardenaufträgen (bis zum Herbst 2003 über sieben Mrd. USD). Einer ihrer Töchter gehört ein Unternehmen (Bredero Shaw Inc. vormals H.P. Price), das mit der Baufirma der Familie bin Laden vor dem 11. September 2001 ein Jointventure zur Errichtung der Pipeline durch Afghanistan betrieb (s. Ahmed, 276). Seine beruflichen Verbindungen machen Cheney zu dem mustergültigen Ziel eines Indizienbeweises. Er war Verteidigungsminister unter Bush sen. und danach optimal positioniert für Kontakte zu potentiellen Tätern, Mittätern, Helfershelfern oder „Sympathisanten". Eine weitere Tochter von *Halliburton, Kellogg, Brown & Root* (KBR), macht aus ihrer Nähe zu konservativen Republikanern kein Bankgeheimnis und hat sowohl eine Militär- als auch eine Ölsparte. Nach dem Irakkrieg wurde bekannt, daß KBR nicht nur mit dem Löschen brennender Ölfelder beauftragt wurde, sondern auch mit Förderung und Vertrieb.

Handlung und hätten keine besondere Bedeutung. Wenn, so Hitchcock zu einem für *Notorious* (U.S.A. 1946) erhofften Produzenten, Uran nicht paßt, nehmen wir Industriediamanten – „I pointed out, […] that the gimmick was unimportant." (zit. nach Truffaut, Hitchcock, 199). Darauf hätte man Bushs Öljunta nicht hinweisen müssen. Wirkliche Belege muß es nicht geben. Schon 2000 habe es nach dem Anschlag auf die USS Cole für eine Urheberschaft bin Ladens keine Beweise gegeben, die ein militärisches Vorgehen gerechtfertigt hätten, so Albright März 2004 (s. SZ vom 24. März 2004). Im Zusammenhang mit dem 11. September 2001 hielt der US-Außenminister die nach dem NATO-Generalsekretär „klaren und zwingenden Belege" für bin Ladens Schuld als vor Gericht nicht beweiskräftig (s. SZ vom 4. Okt. 2001). In Berlin galt als eindrücklichster Beleg ein Telefonat, das der Bundesnachrichtendienst (BND) am 11. September 2001 abgefangen hatte: darin bejubelten zwei enge Gefolgsleute den Anschlag (s. ebd.).

Für Anthony Scrivener, einem führenden britischen Anwalt, war es „ein ernüchternder Gedanke, daß man zur Strafverfolgung eines Ladendiebs bessere Beweise braucht als dazu, einen Weltkrieg anzufangen." (zit. nach Bröckers, Verschwörungen, 98). Diese Erfahrung wiederholte sich, als der CIA keine Belege für die Verbindung des Iraks zu al-Qaida fand: dies zeige nur, so Perle, daß der Geheimdienst „im Hinblick auf den Irak unfähig" sei (zit. nach SZ vom 7. Febr. 2003). Später gab Wolfowitz zu, daß die Bedrohung durch irakische Waffen nur ein Vorwand war

(s. SZ vom 31. Mai/ 1. Juni 2003). Auch in *Notorious* gab es kein wirkliches Uran. Man sah nur Weinflaschen und schwarzes Pulver, später einstürzende Wolkenkratzer und Satellitenphotos von „Chemielabors". John Ford wurde einmal gefragt, weshalb die Indianer bei der Verfolgungsjagd in *Stagecoach* (U.S.A. 1939) nicht eins der Kutschpferde erschossen haben. Er antwortete: „Weil dann der Film zu Ende gewesen wäre." Solange die Pferde laufen und das Pulver trocken ist, geht die Vorführung weiter. Entscheidend sind die Stichwörter für den Einsatz.

Was für Hitler seine *Protokolle der Weisen von Zion*, sind jetzt der *Kampf gegen den Terrorismus* und al-Qaida, deren Arm ins Unendliche reicht. Wenn in Bali eine Bombe hochgeht, steckt bin Laden dahinter, und dahinter (Afghanistan ist bereits erobert) Saddam, der al-Qaida als „Vorauskommando" gegen den Westen einsetzt, um keine Fingerabdrücke zu hinterlassen. Eine Verbindung besteht insofern, als auch bin Laden in den 80er Jahren ein Protégé der U.S.A. war. So wie das „internationale Judentum" den 2. Weltkrieg entfesselte, sind „Terroristen" für weltweite Militäreinsätze verantwortlich.

Die wirklichen Motive sind unschwer zu erkennen. Der Öl&Gas-Junta, die in den U.S.A. 2001 die Macht übernahm, war al-Qaida nicht einmal als Begriff geläufig, so Richard Clarke, Anti-Terror-Experte unter vier Präsidenten, im März 2004 vor einem Untersuchungsausschuß. Diese Aussage überraschte nicht. Der FBI-Ermittler O'Neill quittierte im August 2001 frustriert seinen Dienst, Clarke bat zwei Monate vorher um Versetzung. Beide hatten begriffen, daß ebenso wie Terror auch seine Bekämpfung eine Frage der Umstände ist. Terror an sich interessiert einen Staat nicht, der selber terroristisch ist und jedes Regime unterstützt, solange es ihm von Nutzen ist. Kriminelle Banden werden erst ausgeschaltet, wenn es opportun ist.

Wie Januar 2004 Bushs ehemaliger Finanzminister Paul O'Neill berichtete, wurde ab Januar 2001 das Problem erörtert, nicht ob, sondern wie sich der Einmarsch in den Irak begründen ließe. Am folgenden 11. September wähnte man sich am Ziel. Bush gab Clarke am nächsten Tag den Auftrag, eine Verbindung zwischen den Anschlägen und Saddam zu finden. Rumsfeld forderte, den Irak zu bombardieren. Clarke glaubte an einen Scherz und erinnerte daran, daß al-Qaida in Afghanistan sei.[33] Es war kein Scherz. Es war Ausdruck der unterschiedlichen Risikobereitschaft, die eine (passierbare) Grenze zwischen „Tauben" und „Falken" imperialer Aggression zieht. Beide hatten eine strategische Sicherung der Ölreserven im Auge, doch die einen wollten dazu eine Pipeline, die anderen ein ganzes Land, was am 18. März 2003 klargestellt wurde: der Angriff auf den Irak würde erfolgen, auch wenn Saddam „abrüstete" oder ins Exil ginge.

Al-Qaida war neben der „Befreiung von Diktatur" und „Massenvernichtungswaffen" ein weiterer MacGuffin, der nach dem 11. September 2001 im Raum stand und alte

---

[33] s. Clarke, Against all Enemies; SZ vom 23. März 2004; *stern* vom 3. Juni 2004; Woodward, Der Angriff.

mit nicht ganz neuen Zielen verknüpfte: man war in Afghanistan *und* im Irak, dessen Kontrolle von den Vorgängerregierungen bereits mit Aktivitäten völkermörderischen Ausmaßes in die Wege geleitet wurde. In diesem Sinn sollte der ganze Nahe Osten „stabilisiert" werden. Die US-Rechte riet schon 1996 in der Studie „A Clean Break: A New Strategy for Securing the Realm" unter der Leitung von Richard Perle und Douglas Feith, unter Bush jr. Staatssekretär im Verteidigungsministerium, Netanjahu zu klassischer Machtpolitik. Die Zusammenarbeit der „Neocons" mit den Israelis führte nicht nur nach dem 11. September 2001 zu neuen Dimensionen im Vernichtungsfeldzug gegen palästinensische „Terroristen" wie dem 13-jährigen Mädchen, das sich Oktober 2004 im Gaza-Streifen wegen seines Schulranzens verdächtig gemacht hatte. Nachdem israelische Soldaten es angeschossen hatten, verließ ein Offizier seinen Posten und durchsiebte die Verletzte mit 20 Kugeln. Er hätte vermutlich noch endlos weiter geschossen, aber sein Magazin war leer.

2004 ermittelte das FBI gegen Lawrence Franklin, einem Mitarbeiter Feiths, wegen der Weitergabe geheimer Unterlagen über den Iran an eine proisraelische Lobby (Aipac), womit auch erwiesen wäre, daß israelische Agenten bis in die Schaltstellen US-amerikanischer Macht infiltriert sind – neben Feith wurden auch Wolfowitz und Perle vernommen (s. *Le Monde* vom 7. Sept. 2004). Das Projekt *New American Century* mahnte vor Bushs „Wahl" von 2000/ 2001, die einzige Supermacht auf Erden könne ihre Mission nur erfüllen, wenn sie „Gelegenheiten", die sich böten, nicht verpasse. Wer sicher gehen will, daß er nichts verpaßt, gibt dem Affen eigenhändig Zucker. Dafür sind genügend Anzeichen vorhanden, die zu übersehen nur in der Systematik von Verdrängungsmechanismen möglich ist.

IX

Imperiale Bildung

Laßt uns niemals frevelhafte
Verschwörungstheorien [...] akzeptieren.
George W. Bush (zu den Anschlägen
vom 11. September 2001)

Wenn auch nach dem 11. September 2001 die offizielle Version auf Mißtrauen stieß, so glauben umgekehrt immer noch nur ein Fünftel der Deutschen (fast ein Drittel der unter 30-jährigen) an eine Urheberschaft von US-Stellen. Diesem Zögern entspricht die Hoffnung der Gegenaufklärung, mit dem Vorwurf der „Verschwörungstheorie" einschüchtern und verunsichern zu können. Sie setzt auf ein verständliches Widerstreben gegen an sich plausible Erklärungen, die nicht in ein jahrzehntelang indoktriniertes und verinnerlichtes Bild passen.

Am Ende von Fords *The Man who shot Liberty Valence* lehnt es der Zeitungsherausgeber ab, die Wahrheit über den Mann, der Liberty Valence erschoß, zu drucken: sie hier im „Westen" bräuchten ihre Legenden. Sie bilden die Grundlage für eine gleichsam natürliche Ratio. Wie zu

Zeiten von Galilei, Kepler und Kopernikus gilt als „wahr", was mit dem dominierenden Weltbild vereinbar ist. Bevor sich die abweichenden Meinungen unter dem Druck praktischer Zwänge durchsetzen, fallen sie der Inquisition zum Opfer. In unseren Tagen werden sie auf eine Stufe gestellt mit der Annahme, daß, so die Vorankündigung zu einer *arte*-Sendung über Verschwörungstheorien am 13. April 2004, „Elvis lebt". Noch beeindruckender ist die Unterstellung, die „Verschwörungs-Junkies" („Schwindler wie Bröckers, Bülow oder der scheinheilige Moore") nähmen an, die Erde sei eine Scheibe (s. SZ vom 30./ 31. August 2003).

Selten tritt der Wille zu gläubiger Gefolgschaft so deutlich zu Tage wie hier als Fehlleistung, die in der Anspielung auf unhaltbare Dogmen bestehen. Der Niedergang nach Punischen Kriegen ist auch ein Niedergang der Effektivität von Gehirnwäsche. Ihre zunehmende Plumpheit ist ein Indiz für die Wende des Imperiums vom Niedergang zum freien Fall. Alle Erklärungen wirken nur plausibel in einem Kontext von sie bestätigenden Lebenserfahrungen, die sich wiederum im gesellschaftlichen Konsens bilden. Je schlechter ein bestimmtes Weltbild im Bewußtsein verankert ist, desto schlechter wird die Akzeptanz von Informationen sein, die lediglich zu diesem Weltbild passen, aber ansonsten jeglicher Grundlage entbehren. Wenn die Diskrepanz zu groß wird, verschärft sich der Ton unaufhörlich.

Von der Vorstellung, die Erde sei eine Scheibe, ist es nicht weit bis zum Verdacht der Geisteskrankheit, seit dem 19. Jahrhundert, verstärkt im 20., eine gern gestellte Diagnose bei nichtkonformem Verhalten. Wie konnte, wird gefragt (s. SZ ebd.), Bülow jemals Staatssekretär werden und was hat er „in seiner Zeit im Amt angerichtet"? Sachkundiger war der Autor, als er am 29. Juni 2004 bemängelte, in Deutschland stehe die Gesinnung des Journalisten im Zentrum. Da konnte auch DER SPIEGEL nicht gut wegkommen, hieß es doch in der Ausgabe vom 4. August 2003 abweichend, erst später, „Anfang der neunziger Jahre", als „seine Karriere zu stocken" schien, „muß [Bülow] begonnen haben abzudriften."

Dafür blieben andere auf Kurs – dank der Fähigkeit, im Navigationssystem der herrschenden Ordnung das Kielwasser der größten Dampfer für die natürliche Strömung zu halten und einfachste Warnzeichen zu übersehen. Blindlings klammert man sich an eine Terrororganisation, die vor und nach dem 11. September 2001 allenfalls mit primitiven Bombenanschlägen in Verbindung gebracht werden könnte. Es gehört einiges dazu, die kleine Bresche im Pentagon mit einem riesigen Verkehrsflugzeug in Verbindung zu bringen. Schließlich gibt es von ihm nach einem umständlichen Flug im 270°-Bogen um das Gebäude herum in einen nahezu leerstehenden Flügel hinein nicht einmal Überreste (s. Meyssan, 11. September 2001, 13ff; ders., Pentagate; Bülow, CIA, 115ff; Wisnewski, 143ff).

Die Medien ignorierten diesen Punkt souverän. Oder er wurde zu einer jener Fragen, die „längst beantwortet sind". Wo und wann, wird nie gesagt. Das erinnert an Fichtes

Ermahnung, seine Kritiker mögen ihn nicht an alte Widerlegungen verweisen, sondern selber widerlegen (s. GWL, I 70). Solchen Provokationen entzieht man sich, indem man eine Technik, die von der britischen Luftwaffe in den 50er Jahren entwickelt, in den 70ern von ihren US-Kollegen perfektioniert wurde und deren Details schon November 2001 von Oswald Le Winter, der über 20 Jahre bei der CIA war, ausgebreitet wurden (s. ders, Dismantling of America), überhaupt nicht erwähnt oder gar erörtert.

Es handelt sich um ein System (ANAPIRCS), mit dem sich Flugzeuge fernsteuern lassen, bei Entführungen auch durch einen Eingriff von außen in die Computertechnik. Er unterbricht das Transpondersignal und die Verbindung zum Boden (s. auch Bülow, CIA, 188ff; Wisnewski, 113ff). Dazu würde die anfänglich in den Medien verbreiteten Meldung passen, die Piloten hätten keine Araber oder Terroristen, nicht einmal Entführer erwähnt, sondern nur, daß sie ihre Flugzeuge nicht mehr steuern könnten (s. Schölzel, Schweigekartell, 21). Dieser Aspekt erinnert an einen Vorfall, der am 31. Oktober 1999 als vermuteter Selbstmord eines ägyptischen Ko-Piloten in die Annalen einging: er habe kurz nach dem Abflug in New York eine Passagiermaschine der *EgyptAir* ins Meer stürzen lassen. Nach Angaben von US-Behörden habe er ausgerufen: „Ich habe meine Entscheidung getroffen." Doch diese Darstellung mußten sie zurückziehen.

Auch lagen entgegen erster Behauptungen keine Erkenntnisse vor über einen Streit der Piloten oder gar einen

Kampf. Eine Absturzursache konnte nicht gefunden werden (s. SPIEGEL-Online vom 15. und 17. Nov. 1999). Die Maschine flog nach Erreichen der Reisehöhe zunächst mit Autopilot. Als er kurz darauf ausgeschaltet wurde, ließ sich die Maschine nicht mehr kontrollieren. Den Äußerungen des Piloten war nicht zu entnehmen, daß er seinen Kollegen für die Schwierigkeiten mit der Maschine verantwortlich machte – was den US-Behörden keine Ruhe ließ. Über ein halbes Jahr nach dem 11. September 2001 legten sie einen „abschließenden" Untersuchungsbericht vor, der mit Hilfe von „Geheimdiensterkenntnissen" die Selbstmordtheorie bestätigen sollte (s. SZ vom 19., 20. und 23./ 24. März 2002).

Wenn gelegentlich die Flugmanöver ohne Schlußfolgerung erwähnt werden (s. Vidal, Bocksgesang, 16ff; Ahmed, 248ff.), so war die Filmbranche längst weiter: in einer vor dem 11. September 2001 gedrehten Folge der US-Serie „Die einsamen Schützen" (in Deutschland am 30. Januar 2003 in RTL ausgestrahlt) wollen Verschwörer im Staatsapparat ein Verkehrflugzeug mittels in den Bordcomputer eingeloggter Fernsteuerung in ein Hochhaus stürzen lassen. So ließe sich eine Ablenkung vom eigentlichen Geschehen inszenieren. Nicht nur die Türme des WTC, sondern auch die Gebäude 6 und 7, in denen Akten über Waffenlieferungen an den Irak sowie laufende Kriminaluntersuchungen gegen Mafia, Banken, Drogenhandel, Geldwäsche und Terrorismus lagerten, waren nicht so stark beschädigt, daß ihr Einsturz plausibel wäre. Wenn sie allerdings gesprengt worden wären, ergäbe die

Flugschau vor aller Augen einen Sinn. So arbeitet jeder Illusionist. In Gebäude 7 war eine CIA-Zentrale untergebracht. Es wäre ein idealer Ort, von dem aus Flugzeuge ebenso wie Sprengladungen ferngesteuert worden sein könnten. Logisch wäre dann auch die Selbstzerstörung mit anschließender Beseitigung aller Trümmerreste (s. Bülow, 201ff).

Der Widerstand, solche Möglichkeiten in Erwägung zu ziehen, erinnert an die Floskel im Kalten Krieg gegenüber östlichen „Verdrehungen": nicht sein darf, was nicht sein kann. Schon März 2002 wurde bekannt, daß neun Attentäter beim Einchecken besonders überprüft wurden (s. SZ vom 4. März 2002). Als CNN am 21. Juli 2004 das Video einer Überwachungskamera ausstrahlte, in dem bei Zweien der „Attentäter" Alarm ausgelöst worden sei, hieß es in Radiomeldungen, es seien mitgeführte Messer entdeckt worden. Davon war abends im Fernsehen (ARD, ZDF) und am nächsten Tag in den Zeitungen keine Rede mehr. Doch die US-Öffentlichkeit wäre kaum „schkckiert" gewesen, wenn sie (so die SZ am 23. Juli 2004) nur gesehen hätte, wie „fünf September-Attentäter die Sicherheitskontrollen [...] passieren."

Da konnte es nicht schaden, tags darauf noch einmal an die Passagiere, die ihre Maschine bei Shanksville in Luft auflösten, zu erinnern. Das ist bequemer als die Vorstellung, daß Leute, die bei Sicherheitskontrollen am Flughafen auffallen, auf keiner Passagierliste stehen und trotzdem zusteigen dürfen, kein Glück, sondern gute Argumente auf ihrer Seite haben müssen. Solch gefährliche Untiefen gilt es zu vermeiden, um nicht der Vermutung aufzulaufen, die 19 „Attentäter" seien auf dem (nicht ungewöhnlichen) Ticket von Geheimdiensten unterwegs gewesen und verkörperten nichts weiter als 19 Araber, die an Bord gebraucht wurden.

Die Reinigung des Gehirns von aller Skepsis erfolgt wie ein historisch, gesellschaftlich oder politisch bedingter Filter, der mit Hilfe eines System spezifischer Kategorien das Bewußtsein formt. Das geht fast wie von selbst. Am Ende macht sich ein vitales Bedürfnis geltend, nicht das Weltbild und eine ihm angepaßte Charakterstruktur zu gefährden. Die Vernunft freilich ist so nicht zu befriedigen. Sie strebt nach widerspruchslosen Erklärungen und darf sich von Tumulten nicht einschüchtern lassen. Die Sprachregelungen verweisen auf ein indoktriniertes Bewußtsein mit seinen Micky-Maus-Fiktionen, in denen Kräfte, die sich aus ökonomischen Verwerfungen, sozialen Schieflagen, autokratischen Usurpationen und ideologischer Fanatisierung ergeben, nicht vorkommen.

Statt dessen wird das Publikum belehrt, bei einem Video von bin Laden grenze der Vorwurf der Fälschung „an Paranoia" (s. SZ vom 15./ 16. Dez. 2001). Dieses „vernichtende Schuldeingeständnis" wurde nach tagelanger „Bearbeitung" freigegeben und belegte für einen „hochrangigen deutschen Sicherheitsexperten" lediglich ein „Mitwissen". Nach dem ARD-Magazin *Monitor* (20. Dezember 2001) sollte in der Übersetzung mittels verfälschter Zeitbezüge ein Vorwissen bin Ladens belegt werden. Die herrschende Meinung als Meinung der Herr-

schenden setzt alle daran, dissidente Überlegungen als
„Verschwörungstheorien" abzuwehren. Sie gelten als Hirngespinste – so selbst der Nahost-Korrespondent Robert
Fisk, der die Anschläge als Resultat der Kluft zwischen den
Arabern und den U.S.A. bezeichnet (s. *The Independent*
vom 11. Sept. 2002). Erklärungen voller Widersprüche
gelten hingegen nicht als Hirngespinste, weil das „großar-
tige Land", auf das ein „heimtückischer Angriff" ausgeführt wurde, *potere* und *auctoritas* genug hat, die verwe-
genste aller Verschwörungstheorien zu verkaufen: ein deus
ex macchina hätte in seiner afghanischen Höhle vier
simultane Flugzeugattentate am anderen Ende der Welt
konzipiert und dirigiert.

Das ist nicht absurd. Anders die Vorstellung illegaler
Verabredungen durch staatliche Institutionen oder der
Gedanke, Manager ordneten all ihr Handeln dem Streben
nach Profit unter. Leute wie Ignacio Ramonet, Herausgeber von *LE MONDE diplomatique*, haben sich in den
Kreis von Verschwörungstheoretikern manövriert, weil sie
die Auswirkungen globaler US-Dominanz kritisieren (s.
SZ vom 10. Dez. 2002). Sieht jemand einen Zusammenhang zwischen Steuergeschenken an die Besitzenden,
öffentlicher Armut und Abbau des Sozialstaats, glaubt er
ebenfalls an Verschwörungen (s. SZ vom 23. Okt. 2003).
Chomsky hält die Beteuerung, man denke nicht an
obskure Drahtzieher, für sinnlos. Sie würde sich an Leute
richten, die nicht richtig zuhören können, da sie sich
„durch jede analytische Bemerkung über die Struktur
unserer Institutionen derartig bedroht" fühlen (Chomsky,

Selbstverteidigung, 59): Wenn man sagte, es gäbe *keine* Verschwörung, verstünden sie, man hätte behauptet, es gäbe eine. Dabei ist gar keine nötig.

Die Manager tun, was sie im Strom dominierender Charakterstrukturen als ihre Aufgabe ansehen. Nach dem 2. Weltkrieg wurde mit dem System der Straßen- und Eisenbahnen eine intelligente Form der Mobilität „wie von selbst" ruiniert – eher planlos, wie Kritiker monieren, aber im Einklang mit Profitgier, narzißtischen Begierden und den Täuschungen eines entfremdeten Lebens. Die gleiche dynamische Anpassung bringt mit Patriotismus, militärischer Macht oder Freiheit für Märkte und Kapital-bewegungen prinzipiell Wohltaten in Verbindung. Mit dem Verweis auf Verbrechen hingegen haben wir das Musterbeispiel einer Verschwörungstheorie, der, so Vidal, Kurzformel für „unaussprechliche Wahrheit" (ders., Bocksgesang, 32).

Für das *Pentagon* ist Seymour Hersh „verschwörerisch", weil er meint, der US-Verteidigungsminister habe Folte-rungen gebilligt (s. SZ vom 17. Mai 2004). Hitler hätte die Beschuldigung, die Ermordung der Juden angeordnet zu haben, auch zurückgewiesen. Die Annahme, Martin Luther King sei im Auftrag von Geheimdiensten ermordet worden, hält man für abwegig, um nicht die guten Grün-de wahrzunehmen, ihn zu eliminieren: er hat nicht nur gegen die Rechtlosigkeit der Massen „gehetzt", sondern auch gegen Krieg (Rüstung) und Sklaverei (Hunger-löhne), was ihn zu einer „allgemeinen" Gefahr machte (s. Pepper, Die Hinrichtung des Martin Luther King). Blinde

Flecken haben auch das WTC zu einem sakralen Monument der Menschheit gemacht und so die Wahrnehmung der Anschläge mitkonditioniert.

Wir schütteln über religiöse Hysterie den Kopf und merken nicht, daß wir ebenso verblendet sind. Dazu gehört, urbane Gebilde mit Hochhäusern zu ruinieren. Sie gelten als Chiffre für Modernität, sind aber nur eine Visualisierung von Kapitalkonzentration, Profitgier und Geschmacklosigkeit. Wenn sie, wie Götzenanbeter beschwören, die Kathedralen der Neuzeit sind, dann nur, weil Großinvestoren in ihnen ihre Messe abhalten. Hochhäuser stehen für soziale Ungleichheit. Sie usurpieren kommunale Infrastrukturausgaben und produzieren „Problemviertel". Verdinglicht das Gesellschaftliche, kommt es zur Fetischisierung der Resultate: Geld, Reichtum, Finanzmacht.

Mit dem Postulat, das WTC sei ein Symbol schlechthin, wird die Bildersprache eines verkrüppelten Lebens selbst denen angedichtet, die ein solches Leben gar nicht teilen wollen. Anders hätte es (sofort nach den Anschlägen) nicht zu der Vermutung kommen können, die gewalttätige „Verteufelung" von U.S.A. und Welthandelsorganisationen seitens der Demonstranten beim G-8-Gipfel in Genua (Juli 2001) habe sich als potentiell mörderisches Unterfangen erwiesen.[34] Dabei waren umgekehrt die staatlich organisierten Ausschreitungen, die seit 1945

---

[34] s. *International Herald Tribune* vom 13. Sept. 2001, zit. nach: Serge Halimi, Tous Américains, in: *LE MONDE diplomatique*, Octobre 2001.

in Westeuropa ihresgleichen suchen, nicht nur potentiell mörderisch. Gegenteilige Sprachregelungen lagen bereit wie von der Polizei „gefundene" Molotow-Cocktails und Äxte. Schon in Genua wurden Vorwände fingiert für einen Kampf gegen „Chaoten" und „Terroristen". Das Bild von den Globalisierungsgegnern sieht dann so aus: sie hassen uns, weil unser Geld ein Synonym für Sicherheit und Ordnung ist – was den verwirrten Pöbel zur Weißglut treibt.

Solche Übertragungen wären noch abwegiger bei Arabern, weil ihre von Clans und Stämmen geprägte Mentalität sich unmittelbarer ausdrückt. Sie müßten an ihren Flugschulen einen Schnellkurs absolviert haben, der sie von archaischen Verhältnissen, in denen Herrschaft gegenständlich auftritt (Botschaften in Afrika, Kriegsschiff in Aden, etc.), hinkatapultiert zu moderner Repräsentation von Macht, die in der Zirkulationssphäre erscheint. Der Symbolcharakter des WTC mag sich einer abstrakten, an Geldwerten orientierten Ratio erschließen. Das Klischee, hier würde sich aller Haß bündeln, ist im Westen geläufig, nicht aber im Orient, wo ein solches Objekt kaum ein primäres Angriffsziel abgäbe. Muslime, die kritisch gegen die U.S.A. eingestellt sind, reden in der Regel von deren politischen und militärischen Macht, nicht von Wirtschaft oder Globalisierung. Von Wirtschaft oder Globalisierung wiederum reden die, die davon profitieren, stets ohne Bezug auf politische oder militärische Macht. Schon gar nicht erwähnen sie die propagandistische Absicherung ihrer Positionen.

Hitler war ein Stümper, ließ einen kleinen Sender über- fallen und „zurückschießen". Pearl Harbor war von ande- rem Kaliber. Der Wahrheitsgehalt ist belanglos (meinen Vater lachte im Krieg ein Kamerad aus: „Das waren wir doch selber!"). Nach 1945 wurde aus der ermatteten Sowjet Union ein Aggressor, der auf dem Sprung an den Atlantik war. Wenn Manipulationen halfen, stellten sie noch nie ein Problem für die U.S.A. dar. Als sowjetische Abfangjäger am 1. September 1983 ein koreanisches Ver- kehrsflugzeug abschossen, weil sie es für ein Aufklärungs- flugzeug hielten, machten gekürzte Abhörprotokolle dar- aus eine bewußte Handlung. 1990 erzählte im US-Fernse- hen eine Krankenschwester unter Tränen von Babys, die von irakischen Soldaten aus den Brutkästen gezerrt wor- den seien – die 15-Jährige war die Tochter des Kuwai- tischen Botschafters in Washington (s. MacArthur, Schlacht, 46ff). Eine der 20 Firmen des Konsortiums, das unter Leitung von *Hill & Knowlton* den Auftritt inszeniert hatte, war die *Rendon Group*, die das nach dem 11. Sep- tember 2001 eingerichtete *Office for Strategic Influence* betreute.

Als Donald Rumsfeld versicherte, die Dienststelle würde aufgelöst, gab er eine Kostprobe der Falschmeldun- gen, mit denen die Öffentlichkeit im Ausland zu Gunsten der U.S.A. zu beeinflussen sei. Am 22. Juli 2002 wurden 255 Mio. USD für die „Öffentlichkeitsarbeit" des Außen- ministeriums bewilligt. Das Budget, mit dem vor allem muslimische Länder bearbeitet werden sollen, sollte von Charlotte Beers verwaltet werden, vormals Vorstandsvorsitzende der zwei weltgrößten Werbeagenturen, *J. Walter Thompson* und *Ogilvy&Mather*. Anfang März 2003 gab sie auf. Bei ihrer letzten Anhörung vor dem Kongreß sagte sie: „Die Kluft zwischen dem, wie wir gesehen werden wollen und dem, wie man uns sieht, ist erschreckend groß." (zit. nach SZ vom 19. März 2003)

Darüber war man sich schon vorher im Klaren und plante, ausländische Journalisten zu bestechen (s. SZ vom 18. Dez. 2002). Normalerweise sollte, so ein *Pentagon*-Papier von 1992, das Gefühl ausreichen, daß „die Weltordnung letztlich von den USA zusammengehalten wird." (zit. nach Ahmed, 73) Das dachten nach dem 11. September 2001 nicht mehr viele und vor dem Irakkrieg noch weniger. Hilfreiche Journalisten versuchten zu retten, was zu retten ist, und sagten auf, daß gegenüber Diktatoren „nur zwei Möglichkeiten" blieben: entweder „man wedelt mit weißem Papier und verkündet den Frieden auf Erden", oder man ist bereit, „Verantwortung zu tragen" (s. SZ vom 24./ 25./ 26. Dez. 2002). Unerschrocken blieben sie dabei, daß nicht die U.S.A. das „Bündnis" mit ihren Pressionen entzweiten, sondern diejenigen, die sich ihnen nicht beugen wollen (s. SZ vom 12. Febr. 2003) und Bush geradezu in den Krieg mit dem Irak getrieben haben (s. SZ vom 25./ 26. Jan. 2003). Ergänzend kamen ungekennzeichnete Bush-Zitate zum Einsatz (s. SZ vom 30. Jan. 2003: „Saddam Hussein muß gehen, seine Uhr ist abgelaufen"). Es fehlte nicht einmal der Nachweis, daß die Gegner eines Kriegs gegen den Irak praktisch Nazis und Antisemiten sind (s. SZ vom 24. Jan. 2003).

Hier korrumpieren zu wollen wäre Geldverschwendung. Die *Bild-Zeitung* legte ihr Psychogramm offener dar und griff am 17. September 2001 bei ihrer Suche nach „100 Gründe[n], Amerika (gerade jetzt) zu lieben", nach dem „tollen Popo" von Jennifer Lopez. Der 68. Platz, auf dem er landete, dürfte frei erfunden sein. Ähnlich überhitzt wurde es (in der SZ vom 9. Sept. 2003), als Umfragewerte eine zunehmende Distanz Europas zu den U.S.A. belegten (s. transatlantictrends.org.). Sie würden nur zeigen, daß „trotz aller Probleme […] Amerika den Kampf gegen Terror und Anarchie in Nahost zu Ende führen [muß]". Auch den europäischen Verbündeten bliebe „keine andere Wahl, als den mittlerweile eingeschlagenen Weg fortzusetzen, und sei er auch noch so gefährlich und mit Rückschlägen gepflastert. Es gibt keine Alternative dazu, die Ideologie des Terrors an ihren Brutstätten zu bekämpfen." Das war auch frei erfunden.

Tags darauf war die Rede von „Lebenslügen", mit denen die „Unschuld" verloren gehe – in Nachrufen auf Leni Riefenstahl. Im gleichen Stil meditierten zwei Apologeten von Afghanistan- und Irakkrieg über den Anpassungsdruck im Dritten Reich (s. SZ vom 26. Nov. 2003). Einer von ihnen beschuldigte Chomsky nicht nur, den Schrecken vom 11. September 2001 zu benutzen, „als hätten die Terroristen vor allem seine Ansichten bestätigen und artikulieren wollen." Diesem Appell, nicht unbotmäßig Zusammenhänge herzustellen, schloß sich konsequent der Beifall an dafür, daß in Afghanistan Unschuldige getötet würden: es gehöre „zur Eigenart der Menschenrechte, daß sie [...] selten anders als mit Gewalt durchgesetzt worden sind." (s. SZ vom 10. Oktober 2001) So ähnlich dachten auch die Nazis.

Bedroht sieht sich die totalitäre Gesinnung durch dissidente Meinungen zum 11. September 2001. Sie werden mit sicherem Gespür als Anschlag auf die bestehende Ordnung empfunden, weshalb sie nur irrational sein können. Bei einem Neo-Nazi wie Horst Mahler ist ohnehin klar, daß „man sich [weiter] kaum von der Realität entfernen" kann (SZ vom 3. April 2003). Dieser Vorwurf hat zu verallgemeinernden Charakter. Generell wird „Realität" zum Gegenteil von Verstehen, Sinngebung, Herstellen von Zusammenhängen und der Vernunft angemessener, den vorgegebenen Motiven nicht widersprechender Konsequenzen. Verständnis als Vergehen: man habe sich zu „distanzieren", was das Ende allen Denkens wäre. Aus der Ferne wird man Tätern nicht auf die Schliche kommen.

Die faktischen Widersprüche, von denen die „Verschwörungstheoretiker" ausgehen, werden umgeht von den sich „Unvoreingenommenheit" attestierenden „Realisten" ignoriert. Sie ignorieren sie aus reiner Vorsorge. Man kann ihnen zu Gute halten, daß viel auf dem Spiel steht: der Zusammenbruch des Weltbilds, des eigenen Lebensprozesses und der mit ihm verbundenen Charakterstruktur. Dieser Zusammenhang bildet sich über den vom Ich getragenen Prozeß der dynamischen Anpassung an den Gesellschaftscharakter. Es ist ein ganzes Bündel an Faktoren auf kulturellem, politischen, wirtschaftlichen, allgemein ideologischem Gebiet, das mein Vorverständnis soweit prägt, bis die Einsicht, daß die U.S.A. ähnlich wie die Nazis zum Gefangenen der eigenen Propaganda wurden, nahezu verbaut ist.

X

Glaube und Fiktion

*In einem Land, in dem Information und Bildung streng
kontrolliert werden, dringen sehr wenige Nachrichten
über die tatsächliche Situation zur Bevölkerung durch [...].
Man versichert uns, daß der Haß auf unseren Wohlstand
und unsere Gutmütigkeit die Neider aus reiner Bosheit
dazu treibt, terroristische Akte gegen uns zu verüben.*
Gore Vidal (1996)

In Deutschland begann sich nach 1933 eine von autoritären Überzeugungen getragene Spirale rasend zu drehen, um im Grauen der Vernichtung zu enden. Dem hatten die wenigsten, auch nicht die meisten der offiziellen „Widerstandskämpfer", etwas entgegenzusetzen. Jenseits der geäußerten Absichten spielt sich ein Drama ab, dessen MacGuffin bei den U.S.A. „Nationale Sicherheit" heißt, bei den deutschen Faschisten, die aus Mangel an rationalem Potential das Irrationale steigerten, „germanische Rasse". Es sind die Spitzen von Eisbergen, die sich unkontrollierbar weg von arktischer Kälte durch die Meere schieben – ihrer Auflösung in wärmeren Zonen entgegen.

Eisberge können nicht anders. Militaristische Gesellschaften auch nicht. Für sie gilt das Bonmot Mirabeaus, in Preußen halte sich nicht der Staat eine Armee, sondern die Armee einen Staat. Werden nationale Größe und militärische Stärke als vitale Bedürfnisse verinnerlicht, sind Verschwörungen nicht nötig, da im gesellschaftlichen Bewußtsein die eigene Destruktivität ohnehin verdrängt ist. Seit Pearl Harbor waren alle Präsidenten der Vereinigten Staaten Kriegspräsidenten? Na wenn schon. Diente es nicht der guten Sache – anders als bei den Nazis, dem „Bösen" schlechthin? Anders war es, aber wie „gut" konnte es sein, nachdem es 1945 für pathologische Lösungen der Probleme des Lebens noch nicht aller Tage Abend war? Völkische Bewegungen stellen nur die besonders krasse Form einer Ersatzlösung für das Identitätserleben dar. Als normal gelten idolatrische Leidenschaften, wenn sie zur Ergebenheit gegenüber Religionen, Klassen, Rassen, Dogmen, aber auch Karrieren im Beruf oder sonstigem Status führen. Dieser Sprengsatz wird entschärft durch den Anschein des Rationalen und Natürlichen in den Ware-Preis-Beziehungen der Menschen, worin das charakterlich nachgezeichnete Empfinden zum Ausdruck kommt, betriebswirtschaftlichen Kalkulationen, Zahlen und Bilanzen nichts entgegenzusetzen zu haben.

Den Dingen und ihren Besitzern kommt Allmacht zu wegen der Bewußtlosigkeit der Abhängigen bezüglich gattungsspezifischer Interessen, die sie von der Macht angehäuften Kapitals nicht verletzt sehen. Die Deformierung des Charakters wird getragen von Erfahrungsmustern, die geprägt sind von rezeptivem Verhalten, sozialer Unterdrückung, gesellschaftlicher Verunsicherung und einem Konsumwahn, in dem man sich vollstopft mit Dingen als Drogenersatz. Im bloßen Genuß wird das Subjekt mit dem Objekt unmittelbar eins und macht die Bedingungen, die ihm den Genuß garantieren, zu einem Stück Natur. Ichvergessen verliert der Konsument die Fähigkeit, den Verhältnissen eine Form zu verleihen. Alles ist bloßer Inhalt, An sich, die Ordnung der Natur, die nicht angezweifelt werden kann.

Das nicht selbstbewußt auftretende Individuum beschränkt sich auf sich selbst und sucht den Schutz äußerer Mächte. Korporationen sollen bewerkstelligen, was es selbst als Gemeinwesen nicht hervorzubringen vermag. In diesem Sinn ist *Corporate America* ein moralischer Bankrott. Die Nazis zerstörten alle gattungsspezifischen Bande, indem sie jeden, der in den KZ's *wertlos* war, vernichteten. Damit war das Problem des sozialen Ballasts radikal gelöst. Der „Betrieb" war „entlastet", weil die Mechanismen der Ausgrenzung optimal verschlankt wurden.

Dieser Erfolg wird in rationaler Form angestrebt in der Forderung, die Betroffenen mögen ihre „Reformfähigkeit" unter Beweis stellen. Die Akzeptanz des damit verbundenen Realitätsverlustes dürfen die Fanatiker marktorientierter Wertmaßstäbe als Erfolg verbuchen. So wurde der Raubbau der DDR begleitet von der propagandistischen Endlosschleife, ihre Industrien seien marode, ineffizient und veraltet gewesen. Doch vor allem war diese „Mißwirtschaft" ineffizient für private Kapitaleigner, die hohe Profite erwirtschaften wollten. Jetzt war ihre Effizienz, den Menschen Beschäftigung und ein Auskommen zu verschaffen, nicht mehr gefragt.

Hinter der Diktatur privater Entscheidungen stehen Profit und die Verarmung des Menschen. Nie werden die Kosten des Neostalinismus dem System zugerechnet. Betrügereien, die in die Billionen gehen, hohe Arbeitslosigkeit, Staatsbankrotte verarmter Länder, ökologische Katastrophen, Massenmord bei „Friedensaktionen"? Wenn etwas schief geht, tauchen Argumente auf ähnlich dem, daß „Hitler aber auch die Autobahnen gebaut hat". Der Präsident Simbabwes mag ein Despot sein, der das Land der 4.500 weißen Farmer an seine Klientel verteilen will. Doch was ist, fragt Georges Monbiot, mit dem „viel blutigeren Krieg [...], den die reiche Welt gegen die Schwarzen führt", die Mächtigen gegen die Hilflosen, die Starken gegen die Schwachen? In Simbabwe gehören zwei Drittel des besten Landes Weißen.[35]

Vor zehn Jahren hatte Monbiot ein kanadisches Projekt in Tansania untersucht, in dessen Verlauf alle 40.000 Angehörige des Stammes der Barabaig enteignet wurden. Sie sind, da Weizen angebaut wird und nicht Mais, Bohnen oder Maniok, zum ersten Mal seit 100 Jahren unterernährt. Der IWF hatte (zusammen mit der EU) 1999 Malawi verpflichtet, seine Getreidereserven zu privatisieren. Als die neugeschaffene Körperschaft 2001 ihre Schul-

---

[35] s. ders., Der drittböseste Mann. Präsident Mugabe trägt nicht allein die Schuld am Elend Simbabwes, in: SZ vom 17./ 18. Aug. 2002.

den nicht bedienen konnte, verkaufte sie auf Druck des IWF Reserven, die Malawi nach Mißernten fehlten. Auch hatte jede Hilfe für einheimische Bauern zu unterbleiben. Staatliche Eingriffe sind „schädlich", weil nach einer Landreform zwar ausreichend Lebensmittel für die Menschen in den Anbaugebieten vorhanden sind, aber nicht optimale Profite.

Unsere „Betroffenheit" gegenüber menschlichem Leid ist eine von globalen Organisationen abhängige Größe. Der eigenen Position fehlt eine vernünftige Perspektive, weil beschränkte Prinzipien alles Vorverständnis dominieren. Die Mechanismen von Indoktrination und Gehirnwäsche funktionieren wie das eigene Leben, in dem sich eine Gleichgültigkeit gegenüber dem Leben und den Folgen des eigenen Tuns verfestigt. Es ist kein bloßer Fehler im Denken, sondern die Konsequenz einer Orientierung, wie sie bei schweren Hirnschädigungen anzutreffen ist: der Verarmung des Gefühlslebens und der Unfähigkeit zu emotionalen Urteilen (s. Damasio, Descartes' Irrtum). Es entsteht ein Muster der Wahrnehmung, das die Massakrierten in Osttimor ignorierte (weil Indonesien eine wichtige Quelle von Rohstoffen und billigen Arbeitskräften ist) und die Toten in Kambodscha (Steinzeitkommunismus) als Aktivposten verwertete (wobei die U.S.A. im Streben, Vietnam zu schaden, China ermutigt und Thailand gedrängt haben, Pol Pot im Kampf gegen Prinz Sihanouk zu unterstützen).

Die Manipulationen erfolgen in einem Leben mit zwanghaften Einstellungen ohne Anteilnahme, das fremden Zwecken unterworfen ist, wo nichtkontrollierbare Mittel geheiligt sind und unsere Sinnesarmut sich verstärkt. Gleichgültigkeit, das Fehlen von Herzenswärme in alltäglichen Angelegenheiten, die Schizophrenie von Denken und Fühlen, der Verlust eigener Kriterien in Fragen der Moral, des Anstands und des Gewissens – aus dieser Verarmung von Gefühlsleben und Urteilskraft entsteht ein latent schizophrenes Verhalten. Wir haben es mit dem zu tun, was Fromm die *Pathologie der Normalität* nennt. Die Schieflagen verstärken sich nach Punischen Kriegen soweit, bis sie sich am Ende nicht mehr verkleistern lassen.

So gewiß mit der Dominanz reiner Geldherrschaft das Ich seiner Autonomie verlustig geht, wähnt sich der Mächtige wie jedes totalitäre System erhaben über alle Kritik. Den Anschlag auf Sinn und Verstand teilt er mit jenen, deren Ergebenheit seine Stärke ausmacht. Diese Art von Rationalität ließ im Kalten Krieg die U.S.A. nicht als gieriges Imperium erscheinen, sondern (unterstützt von Indoktrinierungskampagnen auf allen Ebenen) als Wohltäter, der zu verbrecherischem Handeln gar nicht fähig wäre. Die Mystifizierung der U.S.A. und der Resultate ihrer Politik ist nur zu verstehen auf der Grundlage einer umfassenderen Beschränkung, die auch den Alltag einer leblosen Schematisierung unterwirft und die dinglichen Resultate des Arbeitsprozesses fetischisiert.

Die Indoktrinierungen sind am weitesten in den U.S.A. verbreitet und haben sich in ihrer Einflußsphäre durchgesetzt, weil seit den 80er Jahren Propagandisten in einem medialen Trommelfeuer wie aus Stalinorgeln die immergleichen Parolen ausspeien. Gepredigt wird eine beschränkte Botschaft, die den Menschen in seiner gattungsspezifischen Bedürftigkeit verachtet und ihm das Recht auf Unversehrtheit und Teilhabe verweigert. Die Herrschaft des Marktes ist das ideologische und ganz praktische Medium, in dem sich die Apologeten von Afghanistan- und Irakkrieg bewegen. In ihrem Konformismus gegenüber den jeweiligen Machtverhältnissen strebt die autoritäre Gesinnung nach einer durchgängigen Struktur und verweist den Menschen in der Kriegswirtschaft wie im Wirtschaftskrieg in seine Schranken.

Von Anfang an habe die Nationalökonomie, so Rolf Peter Sieferle, keineswegs bloße Funktionszusammenhänge aufgezeigt, sondern den Versuch dargestellt, „den Leuten Mut [...] zu machen, ohne Skrupel den eigenen Interessen nachzugehen und dabei die Welt umzukrempeln."[36] Grundlage sei eine Art natürliche Theologie gewesen mit ihrem Gedanken einer prästabilisierten Harmonie, womit die Idee eines automatischen Ausgleichs individueller Handlungen innerhalb des gesellschaftlichen Ganzen plausibel gemacht werden sollte: „Die freie Marktwirtschaft ist programmatisch als göttliche Planwirtschaft gedacht". Sie gibt sich ein Naturereignis, das jedoch angewiesen ist auf die Abwehr regulativer Eingriffe

---

[36] s. Sieferle, Bevölkerungswachstum und Naturhaushalt; s. auch Serge Halimi, Lancinantes chroniques économiques, sowie Thomas C. Frank, Le „New York Times" imagine notre avenir, in: *Manière voir* 63, mai/ juin 2002; ders., Le marché de droit divin; Schumacher, Small is beautiful, 36ff; Rüstow, Versagen; ders., Religion; oder Nelson, Economics as Religion.

nicht nur durch gesellschaftliche Konventionen oder staatliche Vorgaben, sondern vor allem affektive, intellektuelle und moralische Kategorien. Das Resultat ist auch ein verarmtes Weltbild.

1976 meinte der Marktstalinist Milton Friedman, der Wandel auf dem Gebiet der ökonomischen Theorie verdanke sich nicht eines ideologischen Krieges, sondern der Kraft des Faktischen. Doch das Faktische ist entstanden nach jahrzehntelangen Klassenkämpfen, in denen die kapitalistische Herrschaft über die Werte von Arbeit, Bildung, Gesundheit und sozialem Zusammenhalt sich durchsetzte. Marionetten wie Margaret Thatcher und Ronald Reagan waren inspiriert von Ideologen wie Friedrich von Hayek oder eben Friedman. Sein erstes großes Aufgabengebiet war Chile nach dem 11. September 1973, welcher Terror daran erinnert, daß die U.S.A. nach 1945 da fortfuhren, wo Hitler und Mussolini aufhörten: Schwächung der Gewerkschaften, Disziplinierung „kommunistischer" Kräfte, Indoktrinierung der Bevölkerung mit einer marktkonformen Weltanschauung und Gehirnwäsche in sozialpolitischen Fragen. Verwiesen wird auf ökonomische Zweckmäßigkeiten, doch entscheidend ist der Übergang des gesellschaftlichen Lebens und seiner Wahrnehmung in die Sphäre des Natürlichen oder des Glaubens: „Ich glaube an Gott und ich glaube an den Markt", betete *Enron*-Chef Kenneth Lay[37]. Er glaubte auch, daß

---

[37] s. *San Diego Union Tribune* vom 2. Febr. 2001, zit. nach s. Tom Frank, Enron aux mille et une escroqueries. Déréglementation et trafics d'influence, in : *LE MONDE diplomatique*, Février 2002, dort franz.

ihm 2000 eine Vergütung in Höhe von 141.6 Mio. USD zusteht.

Man muß daran glauben, denn mit Vernunft kam man schon in der Freihandelsdiskussion des 19. Jahrhunderts nicht weit. Es ging um Geld und die Stellung von Geld, um Unterwerfung sowie Rationalisierung unmenschlicher Zustände. Der englische Politiker John Bowring meinte eineinhalb Jahrhunderte vor Lay: „Jesus Christus ist der Freihandel – der Freihandel ist Jesus Christus!" (zit. nach Marx, Rede über die Frage des Freihandels, MEW 4, 447) Auf den Zusammenhang von Geld, Fetischismus und Götzenanbeterei verwies auch Richard Parsons, Präsident von *AOL-TimeWarner*, als er meinte, daß es eine Epoche gegeben habe, in der die Kirchen eine entscheidende Rolle in unserem Leben gespielt hat, dann waren es die Staaten und jetzt seien die Unternehmen an der Reihe.[38]

Die Affinität dieses Denkens zur Charakterstruktur der Nazis verdeckt eine Typologisierung, deren Oberflächlichkeit durch die Kollaboration ebenso illustriert wird wie durch die Linie des *Bertelsmann*-Verlages: nach tüchtiger Mitarbeit im Dritten Reich ventilierte er über seine „uneigennützige" Stiftung die Eckdaten von *Hartz IV* und *Agenda 2010*, beides neoliberale Kampagnen zur Desozialisierung (s. Böckelmann/ Fischler, Bertelsmann, sowie SZ vom 27. Sept. 2004). Unter den „natürlichen" Bedingungen des Marktes erweist sich vollends die Ineffektivität der Hitlerschen Diktatur, wenngleich die zunehmende Bruta-

---

[38] s. Sadruddin Aga Khan, Le développement durable, une notion pervertie, in : *LE MONDE diplomatique*, Décembre 2002.

lität bislang Privilegierte einholen, aus den Träumen reißen und sie weniger empfänglich machen wird für ein verbrecherisches System. Nicht die Beweglichkeit des Kapitals, mit der die Bevölkerung eingeschüchtert werden soll, ist neu. Neu ist das Ausmaß, in dem der Klassenkampf der Kapitalgesellschaften und ihrer publizistischen Agenten sich durchgesetzt hat. Die Folge ist eine Verabsolutierung materieller Werte, die Kapitalvermehrung als seligmachender Fetisch, eine Sucht nach unmittelbaren Ziele und ihrer kurzfristigen Erreichung, die Anbetung des Profits, die Vergötzung des privaten Sektors, eine Hetzkampagne gegen Regulatoren aller Art (Staat, Moral, Sozialrechte, etc.), eine Persiflage des modernen Lebens sowie die Verhöhnung aller gattungsspezifischer Interessen nach Sicherheit, Fürsorge, Verantwortung, Mitgefühl, Nachhaltigkeit und sozialem Vertrauen.

Glorifiziert wurde das isolierte Individuum, das um seine Chancen auf einem dereguliertem Markt zu kämpfen weiß. Darin bestünde alle Freiheit in mündigen Zeiten. Es ist die Freiheit des Fuchses im freien Hühnerstall. Auch der Bewegung mündiger Hühner im Fuchsbau ist keine Grenze gesetzt. Ebensowenig dem Drang der Menschen, Fiktionen über ihre tatsächliche Lage, die Strukturen ihrer Gesellschaft und deren Verwerfungen zu erlegen. Die Verherrlichung des Privatinteresses ist ein strategischer Schlag gegen die Aufklärung, die auf gemeinschaftliches Handeln, Teilhabe, Solidarität und Mitgefühl angewiesen ist. Der Triumph des Kapitals über die Arbeit im Marktstalinismus konnte außer in Großbritannien in den U.S.A.

in totalitärem Ausmaß gefeiert werden, weil nirgends sonst die Anbetung von Macht, Reichtum und Privilegien liturgisch dermaßen ausgefeilt ist und als Ideologie der Herrschenden zur herrschenden Ideologie wurde. Nirgendwo sonst können die Beherrschten so einfach belogen werden.

Die innere Verarmung ist der Ansatzpunkt für Verdrehungen, Manipulationen und Kurzschlüsse. Sie ist in einem dynamischen Sinn Voraussetzung, Begleiterscheinung und Folge einer Permanenz der Kriegswirtschaft und des imperialen Charakters, der sie auf dem Weg ins Desaster begleitet. Will die Oligarchie in *enduring freedom* leben, ist sie auf andauernden Realitätsverlust seitens ihrer Klientel angewiesen. Ihre „Politik der Stärke" befand sich mit dem 11. September 2001 auf dem richtigen Weg. In der Nazi-Zeit wie unter den Bedingungen des Kalten Krieges wurde alles verdrängt, was nicht in das Schema eines verhetzten Denkens paßte. Der Fanatismus fundamentalistischer Überzeugungen ermöglicht jenes Ausmaß an Reuelosigkeit, wie sie die U.S.A. bezüglich ihrer Verbrechen an den Tag legen. Vier Millionen Asiaten sind Opfer nicht eines Massenmordes, sondern nach Carter eines Konfliktes, in dem „die Zerstörung gegenseitig" war (was sich nach Chomsky an den Straßenbildern von Da Nang und San Francisco gut ablesen läßt).

Die Ratio des Imperiums ist Ausdruck verrotteter Zustände, die auf militärische, politische und wirtschaftliche Gewaltausbrüche basieren. Ihr wesentlicher Zusammenhang wird am Lebenslauf von Personen wie Robert

McNamara sichtbar – blendend sichtbar sogar, denn dank einer verantwortungslosen Öffentlichkeit bleibt ihre Reputation weitgehend unbeschadet. So durfte ein Stratege des Vietnamkriegs am 12. August 2001 zum 40. Jahrestag des Berliner Mauerbaus im deutschen Fernsehen (ARD) über den Kalten Krieg meditieren. Das war interessant: ein Schreibtischmörder von Millionen Vietnamesen (und mindestens 55.000 eigenen Landsleuten, die lebenslang Geschädigten auf beiden Seiten nicht mitgerechnet, auch nicht die Selbstmorde von US-Veteranen in gleicher bis dreifacher Höhe wie die Anzahl der Gefallenen) hielt ein Privatissimum über moralische Prinzipien in der Politik.

Sie bestehen aus konstruierten Dilemmata, bei denen Ahnungslose ins Schwärmen geraten (s. nur *Fog of War*, U.S.A. 2004, von Errol Morris): er hätte vielleicht, als er gegen Ende des 2. Weltkriegs im *Pentagon* den Einsatz der Brandbombeneinsatz gegen Tokio mit 200.000 Toten plante, die Zivilisten der Gegenseite schonen sollen und die eigenen Soldaten opfern. Er hätte keinen einzigen Soldaten opfern, sondern lediglich auf einen Massenmord verzichten müssen. Im März 1945 war Japan bereits am Ende und es ging ganz banal, so Michael Sherry, um einen sichtbaren Schlag, „bevor die Invasion alle Möglichkeiten zunichte machte" (zit. in: Lifton/ Markusen, ebd., 33) Aber die große Zeit von McNamara kam ohnehin erst, als er als Weltbank-Präsident von 1968 bis 1981 mehr Menschen umgebrachte als in seiner *Pentagon*-Zeit (s. Mander, Gegen die steigende Flut, 24f).

Die Verachtung des Lebens und die Vergötzung von Totem wie Gebietskörperschaften (Nationen, Kolonien) oder Kapitalwerte mit ihren Marktgesetzen führt in den Regreß inzestuöser Bezüge. Von Wissen bleibt nur Glaube, Fiktionen werden zu Tatsachen, Wahrnehmungen sind immer schon verfälscht, Widerstand gegen Vernunft und Freiheit ist zwanghaft geboten, Rationalisierung des eigenen Versagens wird zum Wesen der Charakterbildung, Bösartigkeit und Brutalität erscheinen als Gebot der Menschlichkeit. Es sind krankhafte Kompensationen verdinglichter, unmenschlicher Verhältnisse, deren Fundamente sich nur durch permanenten Krieg immer wieder provisorisch stabilisieren lassen, denn ohne die damit verbundenen Raubzüge im Innern wie nach Außen, d.h. eine gewaltsame Öffnung der Märkte im weltweiten Maßstab, bräche alles zusammen.

Der Widerstand gegen Erwägungen über den Bankrott marodierender Marktverhältnisse gebar einen Strauß an Motiven für den Angriff auf den Irak: Massenvernichtungswaffen (die Kuwait, Europa und New York bedrohten und nicht gefunden wurden), die irakische Verwicklung in die Anschläge vom 11. September 2001 (noch weniger existent), die Verbindungen generell zum Terrorismus (brachte man selber erst hervor), und schließlich die menschenverachtende Despotie (ersetzte man durch despotische Menschenverachtung). Hinter diesen ideologischen Verbrämungen erhielt durch die Zerschlagung nationaler Kontrolle das ausländische Kapital eine Bewegungsfreiheit, die größer ist als in den U.S.A. oder Großbritannien. Dieser Triumph wurde gefeiert von Ökonomen, die Augusto Pinochet preisen, er habe mehr als jeder andere die Überlegenheit der Marktwirtschaft demonstriert.[39] Das ist übertrieben. Die Überlegenheit zeigt sich stets, wenn die Verarmung von Wahrnehmung, Ansprüchen und Bedürfnissen durchgesetzt werden kann. Hat die breite Masse eine tiefere Vorstellung gattungsspezifischer Interessen verloren, dann stehen über kurz oder lang ihre Rechte nicht einmal mehr auf dem Papier.

---

[39] s. Ibrahim Warde, Irak, l'eldorado perdu, in: *LE MONDE doplomatique*, Mai 2004; s. auch Heiko Flottau, Zauberworte. Privatisierung und Ausverkauf: Der Wiederaufbau des Irak, in: SZ vom 26./ 27. Juni 2004.

XI

Scheinendes Recht

Vom Rechte, das mit uns geboren ist,
von dem ist leider nie die Frage.
Johann Wolfgang von Goethe

Der Augenblick war günstig, als die Staatsorgane nach dem 11. September 2001 ihre Befugnisse ausweiteten. Unerläßlich freilich war lange Erfahrung. Schon mit den „Ausländer- und Aufruhrgesetzen" von 1798 wurden „amerikanische" Werte verteidigt und Sympathisanten der Französischen Revolution verfolgt (s. Chomsky, Media Control, 231ff.). Nach der Bombenexplosion auf dem Haymarket Square 1886 in Chicago wurden „aufrührerische *Äußerungen*" mit vier Justizmorden vergolten (dem fünften entzog sich ein Verurteilter durch Selbstmord). Sie waren erforderlich zum Wohle des „Volkes".

Die Einsicht in die Notwendigkeit von Zwangsmaßnahmen wird gefördert durch Propaganda, Chauvinismus und Ignoranz. Jeder Anspruch auf bürgerliche Rechte ist bei Bedarf als irrational, kriminell, staats- und gesellschaftsfeindlich einzustufen und zurückzudrängen. Für den Tatbestand des Aufruhrs reichte es aus, die Motive für die US-Beteiligung am 1. Weltkrieg zu kritisieren. Wer an dieser Willkür Anstoß nahm, wurde wie der sozialistische Präsidentschaftskandidat Eugene Debs zu zehn Jahren Gefängnis verurteilt. Die „Rote Panik" bestand darin, die Roten in Panik zu versetzen.

Die Presse feierte den Ausschluß sozialistischer Abgeordneter als „amerikanische Entscheidung" (*New York Times*), als „beeindruckende Demonstration des Amerikanismus" (*Washington Post*). Justizminister A. Mitchell Palmer wandte seinen gesetzlosen Terror an, weil „diese aufrührerischen Gesellschaften" eine „Verachtung für das Gesetz" propagierten. Es handele sich um „kriminelle Ausländer", denen die Regierung in den Arm fallen müsse. Es bedarf keiner Erörterung, ob tatsächlich Gesetze verletzt worden seien – schon die „mißgestalteten Zügen" dieser Kriminellen lasse jede „von Gesetz und Ordnung geprägte amerikanische Institution" gefährdet erscheinen. Die Methode fand sich wieder im Kampf gegen „jüdisch-bolschewistische Stereotypen", den Vergiftern des deutschen Volkskörpers.

Dutzende Tote, Justizmorde wie an Nicolo Sacco und Bartolomeo Vanzetti sowie Tausende von Verhaftungen begleiteten den Aufschwung der 20er Jahre, dessen Hysterie 1929 das übliche Ende nahm. Nach dem 2. Weltkrieg gab es die „Hexenjagd", eine politische Justiz, die wie bei den Rosenbergs ebenfalls nicht vor Todesurteilen zurückkschreckte, Zensur, Schwarze Listen, öffentliche Gewalt gegen Bürgerrechtsbewegungen, ausufernde Befugnisse des FBI sowie illegale Aktionen innerhalb und außerhalb des Landes. Schließlich wurde der Kampf gegen Drogen und Terrorismus das Medium, in dem sich der polizeistaatliche Wahnsinn Bahn brach.[40] Ab der 80er Jahre wurden Errungenschaften der Bürgerrechtsära abgebaut, bis Clinton nach dem Bombenattentat von Oklahoma 1996 das Gesetz gegen Terrorismus sowie für Verhängung und Vollzug der Todesstrafe unterzeichnete (s. Vidal, Ewiger Krieg, 17ff). Nach dem 11. September 2001 erreichte die Herrschsucht einen neuen Höhepunkt.

Schon Mitte Oktober war das Gesetzespaket U.S.A. P.A.T.R.I.O.T. durch. Danach können Ausländer auf Verdacht (oder aufgrund einer der 435.000 Denunziationen in den ersten zwei Monaten nach dem 11. September 2001) verhaftet und sieben Tage festgesetzt werden. Das Arztgeheimnis ist so gut wie aufgehoben und die Akten von Universitäten oder Psychiatern sind ohne gerichtliche Genehmigung zugänglich. Telefon und Internet sind kaum noch geschützt, Hausdurchsuchungen ohne Durchsuchungsbefehl sowie in Abwesenheit der Bewohner möglich, die anwaltliche Betreuung von Mandanten läßt sich beschränken, der Tätigkeitsbereich der CIA wurde auf das Inland erweitert, Justiz- und Außenminister sind ermächtigt, Gruppen als terroristische Organisationen einzustufen. Die Einwanderungsbehörde darf Ausländer hinter

---

[40] s. Vidal, Der Krieg im eigenen Land, in: ders., Amerika s. auch, von Vidal wegen einer stupenden Fülle an Material angeführt, James Bovard, Lost Rights, aus dem Jahr 1994, oder David Kopel/ Paul H. Blackman, No more Wacos: What's wrong with Federal Law Enforcement and How to fix it.

Gitter halten, wenn ein Richter die Freilassung angeordnet hat, aber der Betreffende als Sicherheitsrisiko gilt.

Schon vor dem Gesetzentwurf hatten die U.S.A. patriotisch 1200 Ausländer ohne Gerichtsbeschluß verhaftet. Von 90 teilte der Justizminister (Ende November 2001) die Namen mit, 600 blieben in Haft, oft ohne einem Richter vorgeführt oder von einem Anwalt vertreten worden zu sein. Weitere 5000 sollen verhört werden, weil sie aus dem Nahen Osten stammen. Anfang 2003 klagte die *American Civil Liberties Union* bei der OSZE gegen die US-Regierung, weil sie die Bürger ausspioniere. Über FBI und Einwanderungsbehörde INS würden abonnierte Zeitungen und gekaufte wie geliehene Bücher kontrolliert. Aber irgendwie muß Verdachtsmaterial gegen US-Bürger gesammelt werden, um, wie im von einem Ministeriumsmitarbeiter an die Presse lancierten *Domestic Security Enhancement Act* vorgesehen, ihnen die Staatsangehörigkeit aberkennen zu können und sie so einer ordentlichen Gerichtsbarkeit zu entziehen.

Das ist sehr „amerikanisch". Es waren immer „Ausländer", volksfremde Elemente, die eine Gefahr für „Amerika" darstellten, niemals Angehörige des Volkes, das getrennt von der Staatsmacht gar nicht vorstellbar ist. Auf diese einfache Wahrheit wird durch die Aberkennung der Staatsbürgerschaft Rücksicht genommen. Nicht gegen den Volkssouverän, der nach den ideologischen Prämissen eins sei mit seiner Repräsentanz, wird vorgegangen, sondern gegen den *Outlaw*, keinen von „uns". Er kann jenseits des Rechts auch bei fehlenden Beweisen abgeurteilt werden. Schuldig dank einer Gesinnung außerhalb der Ordnung hat er sich selbst seiner *civitas* und *dignitas* beraubt.

Zu tilgen ist die Schande jedes Volkstums, daß der eigene Bürger ein „feindlicher Kämpfer" sein könnte – wie José Padilla, der zum Islam übertrat, sich Abdullah al-Muhadschir nannte und beschuldigt wurde, einen Anschlag mit einer nuklear verseuchten Bombe geplant zu haben (s. SZ vom 12. Juni 2002). Er wird ohne Anklage und Recht auf Verteidigung in einem Militärgefängnis festgehalten. Ähnlich erging es in den 90er Jahren mehr als zwei Dutzend Personen. Der ägyptische Einwanderer Nasser Ahmed wurde drei Jahre inhaftiert. Er konnte nicht dagegen vorgehen, weil die Beweise geheim seien, was 1999 für verfassungswidrig erklärt wurde (s. Bamford, NSA, 535f). Die „Miami Five" sammelten in den U.S.A. Material gegen antikubanische Terroristen und wurden Juni 2001 zu hohen Haftstrafen verurteilt (dreimal lebenslang sowie 19 und 15 Jahre) – wegen „Verschwörung zur Spionage". Damit deutete der Staatsanwalt an, daß es keine Tat gebe, sondern nur eine unterstellte Absicht: eines Tages hätten die Angeklagten noch geheime Informationen erhalten. „Leute", appellierte er an die Geschworenen, „da wird doch ganz sicher die Bereitschaft bestanden haben."[41] Mit solch Appellen muß sich keine Behörde mehr abquälen.

---

[41] zit. nach Georg Hohmann, Berufung auf neutralem Boden, in: SZ vom 7. Apr. 2003; s. auch ders., Rumreiche Geschichte, in: SZ vom 9. Juli 2004.

Vorbereitet wurden die Maßnahmen von der *Zero-Tolerance*-Kampagne, die besonders werbeträchtig seit 1993 der New Yorker Bürgermeister Rudolph Giuliani vertrat. Sie zieht eine Verbindung zwischen kleinen Vergehen und großen Verbrechen (wie die zwischen weichen und harten Drogen) sowie von Verhalten, Wohnlage, Hautfarbe und Einkommen hin zu erwarteten Absichten und Verbrechen (Farbige dürfen prophylaktisch grün und blau geschlagen werden). Das sind repressive Maßnahmen gegen soziale Instabilität. Sie sollen im Zeitalter der neoliberalen Reaktion das politische, wirtschaftliche wie soziale Disengagement eines „derugulierten" Staates legitimieren. Der Effekt wird von Fachleuten verglichen mit dem Hautliften bei einem Krebskranken.[42] Die Kriminalität ist in New York schon seit 1990 zurückgegangen, und zwar zwischen 1995 und 1999 um 26% gegenüber 33% in San Francisco, wo man mehr auf sozialstaatliche Maßnahmen gesetzt hat. Begleitet wurden die schlechten Resultate von einer guten Presse und einer gewalttätigen Polizei. Viele ihrer Übergriffe verliefen tödlich, was außer für die Opfer und ihre Angehörigen kein Problem darstellt (s. Waldherr, Elvis, 135ff).

Abgewehrt werden die Gründe kriminellen Verhaltens: Rassendiskriminierung und Verelendung. Opfer der harten Linie sind wesentlich verarmte Farbige, Befürworter Angehörige der weißen Mittelschicht. Schlagwörter ohne

---

[42] s. Loïc Wacquant, Sur quelques contes sécuritaires venus d'Amérique, in: *LE MONDE diplomatique*, Mai 2002.

wissenschaftlichen Wert beflügeln die Etablierung einer neuen Apartheid und überfüllen Gefängnisse, wobei sich in den letzten 30 Jahren des 20. Jahrhunderts die Zahl der Insassen verzehnfacht hat (jeder vierte Gefangene weltweit sitzt in den U.S.A. ein, Mitte 2004 standen 6.9 Mio. Menschen unter der Kontrolle des Strafjustizsystems, was 3.2% der erwachsenen US-Bevölkerung entspricht). Die Steigerung der neuen Gesetze besteht darin, daß jetzt explizit gesellschaftliche Kräfte wegen unterstellter *Intentionen* erfaßt, bekämpft und abgeurteilt werden können.

Statt konkreter Handlungen (Flugzeugentführungen, Geiselnahme, Bombenattentate) werden Vorgänge inkriminiert, weil sie die Bevölkerung einschüchtern oder auf die Politik einer Regierung oder internationalen Organisation nötigend einwirken könnten. Damit ist eine Handhabe gegen Tierschutzvereinigungen oder wie schon 1798 gegen unpatriotische Umtriebe gegeben. Im 1. Weltkrieg galten oppositionelle Stimmen als aufrührerisch, nach den Anschlägen vom 11. September 2001 als Unterstützung für den Terrorismus. Für die *New York Times*, publizistischer Leuchtturm seit Homestead, hatten Demonstranten, die eine gerichtliche Verfolgung der Attentäter verlangten, schon am 30. Sept. 2001 *Frieden mit den Terroristen* gefordert.

Auch Deutschland ist mit einer auslegungsfähigen Justiz gesegnet, welche Entwicklung unauffällig verläuft, solange ihre Urteile für sich haben, was Kant abfällig „die vorteilhafteste Vermutung" nennt (s. ders., Streit der Fakultäten, 25). Können sie sich auf die Unterstützung dominierender Anschauungen verlassen, klagt ein Michel Friedman, seinerzeit Vizepräsident des Zentralrats der Juden, wenn ihn ein Rechtsradikaler *Zigeunerjude* nennt (s. SZ vom 28. Aug. 2001). Da zuckt nicht nur jeder anständige Mensch zusammen, sondern auch das Bayerische Oberlandesgericht (s. SZ vom 16./ 17. Febr. 2002). Der „unbefangene Leser" müsse davon ausgehen, daß der „Bezeichnete diskriminiert werden soll". Der Gesetzgeber, der es nicht bis zur Verfolgung von Nazi-Juristen gebracht hat, wolle dem Wiederaufleben nationalsozialistischen, insbesondere antisemitischen Gedankenguts entgegenwirken und damit „eine Art Klimaschutz" betreiben.

In alter Tradition sind „Zigeuner" und „Jude" Schimpfwörter. Wie der Vorwurf von „Aufruhr" oder „Terrorismus" seitens US-Behörden kann jede Kritik ihre gerechte Strafe erfahren: ein Kapitalist müßte nicht als Schwein bezeichnet werden, es reichte, ihn „Kapitalist" zu nennen, falls er damit beleidigt werden sollte – davor gilt es unseren netten Sozialpartner zu bewahren („Klimaschutz"!). „Zigeuner" und „Juden" sind sowenig das, was sie sind, wie auch Flächenbombardements keine Massentötungen darstellen. Das wäre beleidigend. Dem „unbefangenen Zeitgenossen" mögen einst Bomben auf den Kopf gefallen sein. Sie sollten ihn, wenn schon nicht vom Faschismus, doch von dem Drang befreit haben, Kriegsverbrechen als solche zu bezeichnen. Es wundert nicht, wie Anfang 2003 ein Hamburger Gericht nach eineinhalb Jahren „Verhören" tausender Gefangener die weltweit erste „9/11"-Verurteilung zustande brachte: 15 Jahre für

Mournir el Motassadeq wegen „Beihilfe zum Mord in 3045 Fällen".

Spätestens als Angehörige von Anschlagsopfern ihr Leid vortragen durften, sollte eine Tat, die nicht aufgeklärt ist, zum Maßstab werden für die Schuld des Angeklagten, gegen den nichts Relevantes vorlag: er „'wußte von Anschlags-Plänen'", überschreibt die SZ (am 29. Sept. 2004) als Zitat eines früheren Mithäftlings einen Artikel, in dem man erfährt, er habe „2002 in einem Gespräch zum Jahrestag der Anschläge diesen Eindruck [sic!] gewonnen." Die Farce endete am 7. April 2004 wie im Fall Abdelghani Mzoudi, der im Februar 2004 nach monatelanger Untersuchungshaft freigesprochen wurde. Er sollte für einen der „Todesflieger" AOK-Beiträge und Studiengebühren überwiesen haben – bekanntermaßen verliert man vor Selbstmordaktionen nur ungern Krankenversicherung und Sicherheit in der Lebensplanung (man gibt auch Leihwagen ordnungsgemäß zurück und läßt sie nicht einfach irgendwo in der Gegend stehen). Hoffentlich ließ sich das Gericht nicht von Mzoudis Täuschungsmanövern blenden: der „fanatische Judenhasser" und „frauenfeindliche Islamist" nahm sich einen jüdischen und einen weiblichen Verteidiger. Die Anwältin darf seit November 2001 nicht mehr in die U.S.A. einreisen, weil sie jemanden verteidigte, der auf der US-Fahndungsliste stand. In einem solchen Rechtsverständnis führt das Ende von Motassadeqs 28-monatigen Gefängnisaufenthalt zu verständlicher Empörung: wie kann, so US-Vertreter, jemand freilassen werden, gegen den so schwere Vorwürfe bestünden?

Motassadeq war mit Mohammed Zammar befreundet, der wie Dutzende anderer Verdächtiger an unbekanntem Ort außerhalb der U.S.A. „in Gewahrsam" gehalten wird. Er sei der geistige Kopf der Anschläge, was nicht dem Erkenntnisstand der deutschen Seite entspricht (s. SZ vom 30. Jan. 2003). Er durfte ebensowenig vernommen werden wie Moussaoui, der als der „20. Entführer" in Alexandria (Va., U.S.A.) vor Gericht steht und auf die Frage, was er sich vorzuwerfen habe, so verwirrend antwortete, daß sie sein Schuldbekenntnis zurückwies. Auch in seinem Prozeß konnten von der Verteidigung benannte Zeugen nicht erscheinen: die US-Regierung wolle Terroristen keine Bühne verschaffen, ihre Verhöre nicht stören und den Ort ihrer Inhaftierung nicht bekannt werden lassen (September 2004 wurde zugestanden, Aussagen schriftlich einzuholen – die damit juristisch wertlos sind). Das sind Umschreibungen dafür, daß den Verschleppten auch unter Folter nichts Verwertbares abzuringen war. Der Richterin wurde nicht einmal Einblick in das Protokoll der FBI-Verhöre von Ramzi Binalshibh gewährt, den die SZ (am 16. Sept. 2002) einen der „wichtigsten Drahtzieher der Anschläge" nannte – schließlich wurde er exakt an ihrem ersten Jahrestag verhaftet.

Mittels einer Formalisierung von Recht und Moral vollzieht sich in den U.S.A. die Errichtung einer imperialen Präsidentschaft mit diktatorischen Vollmachten. Die Befugnisse haben totalitäre Ausmaße wie der „Kampf gegen den Terrorismus" selber terroristisch ist. Unter Mißachtung der Genfer Konventionen verschleppten die U.S.A.

über sechshundert Menschen (darunter 13jährige) auf einen kolonialen Militärstützpunkt (Guantánamo), wo sie wie Ezra Pound 1945 bei Pisa in Drahtverhauen gehalten werden (auch die britische Regierung hält zehn Internierte zum Teil seit Dezember 2001 ohne Anklage oder Prozeß fest). Im Irak wurden an die 13.000 inhaftiert. Sie haben keinerlei Rechte. Einige Hundert ließ man Januar 2004 als „Zeichen der Versöhnung" frei, was die despotische Willkür noch hervorhob.

Nach *Human Rights Watch* gebe es „unwiderlegbare Beweise", daß die U.S.A. in Afghanistan Gefangene grausam behandeln (s. *LE MONDE diplomatique*, Avril 2004). Seit Mai 2004 ist unstrittig, daß US-Militär auch im Irak foltert, ebenso wie in Guantánamo, wo nach Überzeugung eines von Hersh zitierten CIA-Mitarbeiters Kriegsverbrechen begangen werden würden (s. Hersh, Befehlskette). Längst waren den Offiziellen 37 Todesfälle (seit August 2002) in US-Lagern (Afghanistan und Irak) bekannt (bei den Briten gab es ebenfalls „Mißhandlungen", auch mit Todesfolge). *Human Rights First* sprach Juni 2004 von einem weltweiten Netz geheimer Gefängnisse, wo „Verhöre" stattfänden (s. SZ vom 19./ 20. Juni 2004).

Im „Kampf gegen den Terrorismus" waren nach einem „Gefangenenaufstand" Ende November 2001 in der afghanischen Festung Kalai Dschanghi bei Masar-i-Scharif bis zu 800 „Taliban" tot, etwa 50 auf dem Rücken gefesselt. In einem von der BBC gesendeten Video ist der CIA-Agent Johnny Spann zu sehen, wie er Gefangene

„befragt". In der von ihm provozierten Revolte soll er, ein weiterer Anschlag auf unsere Zivilisation, zu Tode gebissen worden sein. In einem Dokumentarfilm des irischen Journalisten Jamie Doran berichten Augenzeugen von Massenerschießungen in der Wüste, an denen auch 30 bis 40 US-Soldaten beteiligt gewesen seien, und von Folterungen durch Angehörige der US-Streitkräfte: einige Gefangene seien nach dem Verhör nicht mehr zurückgekehrt, mit Stöcken geschlagen, anderen das Gesicht mit Säure übergossen, Gliedmaßen abgeschnitten oder das Genick gebrochen worden (s. SZ vom 14. Juni 2002).

Für die Überlebenden stehen militärische Sondergerichte bereit, die nach einer Verfügung des Präsidenten vom 13. November 2001 jeden Menschen, sofern er nicht US-Bürger ist, an jedem Punkt der Erde mit *einer* Berufungsmöglichkeit zum Tode verurteilen können. Liquidierungen sind (wie im Fall bin Ladens) sogar ohne Beschluß eines Gremiums möglich – in Form einer präsidentialen *Fatwa*. Der Alltag sieht so aus wie November 2002, als in einer, so Wolfowitz, „sehr erfolgreichen Operation" sechs verdächtige Jemeniten mit einer Rakete ermordet wurden. Warum sollten sie besser gestellt sein als ein mittelloser Kandidat in einer texanischen Todeszelle? Seit Ende 2002 darf die CIA offiziell „Terroristen" umbringen, „falls ihre Festnahme unpraktikabel ist" (zit. nach SZ vom 16. Dez. 2002).

Nimmt die Macht totalitäre Züge an, reduziert sich im Vorhof des Terrors das Recht auf das bloße Scheinen von Gerechtigkeit. Es ist, so Trasymachos in Platons *Politeia* (s.

222ff), das dem Stärkeren Zuträgliche. Das Ende aller Subjektivität mit der Identität von Idee und Erscheinung tritt in offen autoritären Gesellschaften als Polizeistaat auf. Doch auch im bürgerlichen Rechtsstaat ist das Gerechte für die Regierten das der Regierung Nützliche. Nach dem Dritten Reichs hieß es, es könne nicht Unrecht sein, was einmal Recht war. Mit diesem Credo wird die wesensmäßige Identität von Gesellschaften bestätigt, die von Klassenherrschaft, Konkurrenz, Warenproduktion, Profitmaximierung und Ausbeutung geprägt sind. Es gilt die Willkür des Herrschenden – Recht ist, wenn es nützt. Es muß sich lohnen, gesetzestreu zu sein, ansonsten der Herrschende nicht Herrschender wäre.

Wenn die U.S.A. von der WTO wegen wettbewerbswidrigen Verhaltens verurteilt werden, kümmert das nur den Rest der Welt, der mißmutige Reaktionen seitens der U.S.A. fürchtet – zur Wiederherstellung „fairer" Handelsbedingungen. Im Oktober 2003 wurden der EU Strafzölle gegen die U.S.A. in Höhe von vier Mrd. USD genehmigt. Der US-Kongreß plante, die steuerliche Begünstigung der bis zu 5.000 Briefkastenfirmen von Außenhandelsgesellschaften auf Steueroasen wie Virgin Islands oder Barbados um weitere drei Jahre zu verlängern, um US-Konzernen über eine Steuerersparnis von bis zu 30% einen Vorteil auf fremden Märkten zu sichern – was ihre mangelnde Konkurrenzfähigkeit gemildert hat (s. SZ vom 6. Okt. 2003). Als der EU und sieben weiteren Klageländern Sanktionen gegen US-Produkte erlaubt wurden, weil die U.S.A. die Rückerstattung eigener Anti-Dumping-Strafen an straffällig gewordene Firmen erlauben, war das Maß voll. US-Offizielle in Genf bezeichneten die WTO als „eine neue UNO, eine multilaterale, antiamerikanische Organisation." Sie zu verlassen wäre vielleicht besser „als demütigende Niederlagen zu erleiden seitens einer Organisation, die wir selbst geschaffen haben" (zit. u. übersetzt nach *Le Monde* vom 8. Sept. 2004).

Es war natürlich nicht des Sinn des Ganzen, daß die europäischen „Partner" die Verletzung des Rechts juristisch begründen sollten können. Da sie keine Macht haben, mittlerweile aber auf dumme Gedanken kommen, hält man sich am besten fern von „Foren für Linke, Anti-Zionisten und Anti-Imperialisten". Internationales Recht existiert nur qua gegenseitiger Anerkennung, weshalb man einem Imperium nicht damit zu kommen braucht, daß nach Art. 5 der Dritten Genfer Konvention Internierte *bis zum Entscheid durch ein unabhängiges Gericht* als Kriegsgefangene zu behandeln sind. Für den Sprecher des Außenministeriums war klar, worüber sich diskutieren ließe: nicht, „ob diese Leute Kriegsgefangene sind", sondern, „warum sie keine Kriegsgefangenen sind" (zit. nach SZ vom 28. Jan. 2002). Die U.S.A. diskutieren auch nicht darüber, was Folter ist. Zur Sicherheit wollten sie im Juni 2004 erneut die völlige Immunität ihrer Bürger vor dem Internationalen Strafgerichtshof erzwingen. denn Bush meinte, daß die Genfer Konventionen auf sein Militär keine Anwendung fänden, wohl aber auf dessen Gefangene: das kategorische Folterverbot gelte nur, „soweit angemessen und dem Interesse des Militärs nicht entgegen." Als W.C. Fields rezitierte: „Du sollst nicht ehebrechen!", fügte er hinzu: „Es sei denn, Du bist gerade in Stimmung."

Bestens aufgelegt erteilte man der *Grünen* Nancy Oden am 1. November 2001 ein generelles Flugverbot. Sie war auf dem Weg zu einem Vortrag über den Einsatz von Insektiziden als Biowaffen in Vietnam, Kolumbien und Chiapas. Als Daniel Muller von der Friedensorganisation *Voices in the Wilderness* auf einem Postamt in Chicago um 4.000 Briefmarken *ohne* Flagge und dem Slogan *United we stand* bat, stand er 20 Minuten später zwei Polizisten gegenüber.[43] Die Freiräume rechtlicher Willkür waren schon bisher beachtlich. Über Mumia Abu-Jamal wurde nicht das Urteil gesprochen, weil er schuldig ist, sondern er ist schuldig, weil sein Name als Angehöriger einer ethnischen und politischen Minderheit (*Black Panther* und *Association of Black Journalists*) gleichsam auf Proskriptionslisten eingraviert war.

Hier zu landen hat man mit jeder Art von Dissidenz gute Chancen (der nicht vorbestrafte Abu-Jamal wurde in seiner Akte beim FBI als „gefährlich" eingestuft, weil er

---

[43] s. Kreye, Die Kaninchen vor der terroristischen Schlange, in: SZ vom 9./ 10. Febr. 2002; ders., Töten, bevor sie uns töten, in: SZ vom 8. Nov. 2001; ders., Voll auf Feme. Bushs Antiterrormaßnahmen verändern das amerikanische Recht, in: SZ vom 6. Dez. 2001; ders., Vom Schmerz der Freiheit, in: SZ vom 30. Okt. 2001; Prantl, Man nannte ihn Rechtsstaat, in: SZ vom 15./ 16. Dez 2001; ders., Verdächtig; John Brown, Les périlleuses tentatives pour définir le terrorisme. Poursuivre un crime ou criminaliser la contestation, sowie Jean-Claude Paye, Faux-semblants du mandat d'arrêt européen, beide in: *LE MONDE diplomatique*, Février 2002.

sich mit Behördenkorruption und Polizeiübergriffen beschäftigte). Dann helfen auch keine Berufungsanträge. Sie müssen von einer Jury befürwortet werden, deren Mitglieder nach *amnesty international* unter dem Damoklesschwert gesellschaftlicher, beruflicher und politischer Ächtung stehen. Niemand soll den Klauen des Imperiums entkommen, egal, ob es sich um den Irak handelt, um Syrien, den Iran oder Leonard Peltier, einem Sioux-Indianer, der 1978 zu doppelt lebenslänglich verurteilt wurde. Er sitzt immer noch ein, obwohl Sachverständige schon 1981 vor Gericht ausgesagt haben, daß die fraglichen Kugeln nicht aus dem Gewehr stammen, das er nach Zeugenaussagen benutzt haben soll.[44]

Bei den Moskauer „Säuberungen" waren für Stalinisten die Angeklagten schuldig, weil sie ansonsten nicht vor Gericht stünden. Das Recht wird persifliert, wenn man sich begnügte mit Anhaltspunkten für die Meinung des Mächtigen, in welchem Netz von Vor-Urteilen sich dann stets ein Schauprozeß abspielt. Imperiale Rechthaberei ist nicht neu. Neu ist, daß die partikularen Interessen so unübersehbar geworden sind wie beim Irak-Krieg oder nach dem 11. September 2001 bei der Diskussion um „Belege". Der Angriff auf ein Land war in keinem Fall legitimiert. Die U.S.A. hatten selber, angeklagt wegen ihrer Finanzierung der „Contras", 1986 vor dem Internationalen Gerichtshof erfolgreich darauf gedrungen, daß die

---

[44] s. Jean-Marc Bertet, L'affaire Leonard Peltier. Un prisonnier politique Sioux aux États-Unis, in: *LE MONDE diplomatique*, Décembre 2002; www.free peltier.org.

Unterstützung einer Terrororganisation und auch das Gewähren von Unterschlupf völkerrechtlich keine Gefahr konstituiere, militärisch angegriffen zu werden – wobei die Verwicklung der Vereinigten Staaten nicht im Zweifel stand. Terrorisiert wurde nur ein kleines Land. Erst wenn das Imperium Rückschläge erleidet, ist die „Zivilisation" betroffen. Doch das Strickmuster stößt an Grenzen, die nicht wie die indianischen Ureinwohner einfach qua Ausrottung überschritten werden können.

Wie jedes Imperium suchen die U.S.A. ihre Mittel danach aus, ob sie ihrer Hegemonie zuträglich sind. Selbst in Clintons wirtschaftlichem Glanz wurden noch brasilianische Strohbesen mit Strafzöllen belegt. Bush erfüllt die Aufgaben, für die er bezahlt wird, nur direkter als seine Vorgänger. Die 50 Mio. USD Spenden von Energieversorgern führten zu „Gesprächen" ihrer Manager mit Cheney, den die Aufsichtsbehörde des Kongresses verklagt hat zur Offenlegung der Protokolle. Die Gelder waren nicht ins Blaue investiert. Man könne, so Bush, das Abkommen der Klimakonferenz nicht einhalten, weil schockartige Auswirkungen auf die Industrie zu befürchten seien. Diese Ansicht bezog sich nicht auf das Abkommen von Kyoto, sondern das von Chantilly (Virg., U.S.A.), stammt nicht von Bush jr., sondern Bush sen., und war von 1991, nicht 2001. Schon der damalige Regierungsentwurf setzte vor allem auf „eine Steigerung der heimischen Öl- und Erdgasproduktion sowie auf vereinfachte Genehmigungsverfahren für Atomkraftwerke. Sogar das große Nationale Arktische Wildschutzgebiet in Alaska wollte George Bush für die Erdölexploration freigeben und dem Energiehunger der Nation opfern."[45] August 2003 gab die US-Regierung bekannt, sie wolle die Vorschriften für saubere Luft bei der Energieerzeugung lockern.

Die Rüstungs- und Computerindustrie wurde mit Plänen für eine Nationale Raketenabwehr versorgt. Sie zahlte dafür Millionen wie die Versicherungswirtschaft, die nicht befürchten muß, daß eine der zahlreichen Herzoperationen des Vizepräsidenten für den Durchschnittsamerikaner im Rahmen einer staatlichen Gesundheitsfürsorge erschwinglich werden würde – mit „schockartigen Auswirkungen" auf ihre Profite. 40% aller pharmazeutischen und biotechnologischen Firmen auf der Welt haben ihren Sitz in den U.S.A., weshalb für ihre Regierung im Sommer 2001 Vorschläge zur Verschärfung der internationalen Biowaffen-Konvention nicht in Frage kamen. Nicht einmal die Anthrax-Anschläge waren für sie ein Grund, Ende November 2001 auf einer Konferenz, als ein Zusatzprotokoll zur Konvention über biologische Waffen von 1972 beschlossen werden sollte, als einziger von 143 Staaten einen seit Juli vorliegenden Entwurf nicht abzulehnen.

An dieser Stimme scheiterte Ende 2002 auch der von 143 der 144 Mitglieder unterstützte Entwurf der WTO, der für Entwicklungsländer verbilligte Medikamente vorsah. Die westlichen Pharmakonzerne gestanden afrikanischen Produzenten erst nach zähem Ringen zu, Medikamente für Aidskranke zu kopieren. Hunderttausende star-

---

45 Fritz Vorholz, Enttäuschte Hoffnung, in: DIE ZEIT vom 22. Febr. 1991.

ben, bis die U.S.A. davon absahen, Handelssanktionen zu verhängen und die Entwicklungshilfe noch weiter zu kürzen. Im eigenen Land reichten 17 Milzbranderkrankungen mit vier Toten aus, von einem „nationalen Notstand" zu sprechen und den *Bayer*-Konzern zu verpflichten, das Antibiotikum *Ciprobay* für 0.95 USD zu verkaufen (wenn es einen „nationalen Notstand" gibt, dann wegen der für weite Kreise der Bevölkerung unerschwinglichen Preise der heimischen Pharmaindustrie).

Dabei tangieren die Anthrax-Anschläge, die nach dem 11. September 2001 das Klima von Angst und Irrationalität schockartig zementierten, die Ablehnung von Kontrollen. Seitens der U.S.A. hieß es, mit dem Vertrag ließe sich der Gebrauch biologischer Waffen nicht wirksam überwachen. Doch eher befürchteten sie eine zu wirksame Überwachung, bei der völkerrechtlich illegale Forschungen aufgedeckt werden könnten. Barbara H. Rosenberg, Mikrobiologin von der New Yorker *State University*, vermutete: „Dieser Mann weiß etwas, von dem er annimmt, daß es hinreichend schädlich für die Vereinigten Staaten ist, um ihn für das FBI unberührbar zu machen." (zit. nach SZ vom 22. März 2002) Demnach hätten die U.S.A. jahrelang gegen die von ihnen unterzeichnete Biowaffen-Konvention von 1972 verstoßen, was entsprechende Aktivitäten auf dem freien Markt erklärte.

Auf der Internetseite des US-Patentamts wurde eine (nicht erlaubte) Waffe zur Verbreitung (nicht tödlicher) biologischer Stoffe aufgeführt (s. SZ vom 9. Mai 2003) und auf der des *Pentagon* Material für die Produktion von biologischen Waffen zum Schleuderpreis angeboten (s. SZ vom 8. Okt. 2003). Die Ermittlungen gegen die Hintermänner der Anschläge kamen ins Stocken, obwohl die verschickten Proben einen bislang unerreichten Standard aufgewiesen hätten und die Liste der möglichen Verdächtigen keine 100 Namen umfassen kann. Darüber hinaus ist eine Verbindung zu den Anschlägen vom 11. September 2001 von der Regierung selber hergestellt worden: Bush nahm mit seinen Mitarbeiter am gleichen Tag ein Anthrax-Antibiotikum ein und ließ als eine Spezialeinheit nach eventuell freigesetzten Kampfstoffen in den Trümmern des WTC suchen (s. Sarasin, Anthrax).

Die Ungebundenheit im Recht wäre dann nur Folge einer rechtlichen Ungebundenheit von US-Kreisen mit ungeheuren Mitteln zur Verfolgung ihrer Interessen. Sie sind unberührbar, weil sich der Gesellschaftscharakter verwerflichen Strukturen soweit angepaßt hat, daß ihre Bloßlegung eine Welt einstürzen ließe und einer nationalen Katastrophe gleichkäme. Die Mächtigen hingegen haben robustere Nerven und nehmen Antibiotika, wie Bush und seine Mitarbeiter sofort nach den Anschlägen vom 11. September 2001. Ihnen wird es besser gehen als schätzungsweise jedem Zehnten in Manhattan, der an Lungenkrebs erkrankt sein wird, weil die *Environmental Protection Agency* (EPA) falsche Angaben über die Asbestbelastung nach dem Einsturz des WTC machte, sich auf auch in ihrer Praxis längst überholte Meßmethoden stützte und die Regierung unabhängige Untersuchungen, die schon Ende September 2001 die Wahrscheinlichkeit schwerer gesundheitlicher Schäden prognostizierten, bei Seite schob.

Wie in Tschernobyl wurden Reinigungskräfte ohne jeden Schutz in die Gebäude geschickt, weil das Bekanntwerden von Gesundheitsrisiken geschäftsschädigend für Manhattan wäre. Nach Berechnungen ist die Asbestkonzentration höher als in Häusern eines Bergwerkssdorfes im US-Bundesstaat Montana (Libby), in dessen Minen jahrelang Asbest abgebaut wurde.[46] Die Belastung in den umliegenden Gebäuden ist bis zu 460 mal höher als von der EPA als Grenzwert festgesetzt wurde, in den TriBeCa Türmen sogar 550 mal. Vernachlässigt wurden auch die Gefährlichkeit von Quecksilber (aus Tausenden zerstörter Notebooks), Cadmium, Blei, Chrom, Aluminium, einer ganzen Reihe Giftstoffe (wie Arsen), mit denen im Laboratorium der in WTC Turm 6 untergebrachten Zollbehörden experimentiert wurde, oder Zementstaub, der kurzfristig (für die Lungen) größten Gefahr (s. *Le Monde* vom 11. September 2003; www.salon.com). Bereits im Sommer 2002 litten mehr als die Hälfte der Einsatzkräfte an unterschiedlichen Krankheiten (Lungen-, Hals-, Nasen-, Ohren-, Streß- und andere mentale Probleme). Der verantwortliche Arzt habe die Ergebnisse als „alarmierend" bezeichnet (s. SZ vom 29. Jan. 2003). Mitte 2003 kämpften die ersten Feuerwehrleute um die Anerkennung ihrer Invalidität (Lungenschaden aufgrund der chemischen Ver-

---

[46] s. Eva von Schaper, Es liegt was in der Luft, in: SZ vom 29. Jan. 2002 (eine Zusammenfassung der Risiken steht unter: www.nyenvirolaw.org./ PDF/ WTC-Libby-Jenkins-01-11-02.pdf).

seuchung während des Einsturzes) als Berufskrankheit (s. *stern* vom 11. Sept. 2003).

Die Geringschätzung von Recht und Gerechtigkeit bekommen schon die eigenen, durch eine nationale Katastrophe in Not geratene Bürger zu spüren. Entsprechend ist das Verhältnis zu internationalen Verträgen. 2001 wurde der ABM-Vertrag von einem Tag zum anderen Makulatur. Nicht besser ergeht es dem gesamten Rüstungskontrollpaket (wie dem Vertrag über einen Atomwaffenteststop), generell Vereinbarungen über internationales Recht oder der Ächtung von Landminen. Widerstand regt sich (von Kuba, Iran, Libyen, China und Indien geteilt) gegen die Unterzeichnung eines Zusatzprotokolls zur Anti-Folter-Konvention der UN (was Inspektionen auf Guantánamo und auch in US-Gefängnissen verhindert).

Zu einem von der EU und der Schweiz unterstützten Vorstoß des Internationalen Komitees des Roten Kreuzes gegen den Einsatz von Streubomben, durch die im Kosovo nach dem Ende der Kampfhandlungen fünfmal soviel Kinder umgekommen sind wie durch Personenminen, meinte der Leiter der US-Delegation, sie seien für die Sicherheit der U.S.A. von Bedeutung (s. SZ vom 12. Dez. 2001). Von Bedeutung war auch, 1987/88 drei Ölanlagen im Iran zu zerstören: sie seien militärisch genutzt worden, weshalb seit 1992 vor dem Internationalen Gerichtshof Schadensersatzforderungen abgelehnt werden (s. SZ vom 22./23. Febr. 2003) Es ist verständlich, daß die U.S.A. (in Gesellschaft von China, Rußland, Libyen, Irak und Afghanistan) gegen die Einsetzung eines Internationalen

(Straf-) Gerichtshofs sind: US-Bürger könnten wegen Verbrechen gegen die Menschlichkeit angeklagt werden. Damit gesteht man die Praxis ein, derartige Vergehen vor einheimischen Gerichten *nicht* zu verfolgen, denn nur unter dieser Voraussetzung würde eine internationale Anklage erhoben werden (sie soll wohl „offiziellen" Terroristen vorbehalten bleiben).

Der US-Vertreter bei den Vereinten Nationen, John Negroponte, war 1981-85 Botschafter in Honduras, dem damaligen Aufmarschgebiet für Terroristen (Contras) und Todesschwadronen – sein Spitzname war „Prokonsul". Er „deckte" Verschleppungen, Folter und Morde, weshalb er die Vorstellung, Verbrechen könnten Konsequenzen nach sich ziehen, „sehr beunruhigend" fand (zit. nach SZ vom 4. Juli 2002). Jeder Versuch des Gerichtshofs, US-Bürger zu belangen, werde „ernste Konsequenzen" nach sich ziehen (zit. nach SZ vom 15. Juli 2002). Der Gesetzentwurf des republikanischen Senators Jesse Helms sieht nicht nur Sanktionen gegen Staaten vor, die das Weltgericht befürworten, sondern den Einsatz „aller notwendigen und geeigneten Mittel", um US-Bürger aus einer eventuellen Haft zu befreien: eine Art *The Hague Invasion Act* ist Teil der vom US-Senat angenommenen Vorlage *American Servicemembers Protection Act*.

Negroponte profitiert weiter von seinem Bemühen um Straffreiheit, da er am 19. April 2004 zum „Botschafter" in Bagdad ernannt wurde (er residiert im gleichen Palast wie ehedem der britische Hochkommissar, der auch schon für die innere und äußere „Sicherheit" des formal unabhängigen Irak zuständig war). Die U.S.A. hatten allen Grund, im Mai 2002 ihre Zustimmung zum ISGH zurückzuziehen, was formal seit 1776 kein einziges Mal vorgekommen ist. Kein Schurkenstaat will sich in seine Affären hineinreden lassen. Hat er Macht genug, muß er es auch nicht. Im Gegenteil kann er jedes Gefühl für Gerechtigkeit verhöhnen und wie Rumsfeld als einer der Akteure, die gerade die Souveränität eines fremden Staates in Luft aufgelöst haben, Juni 2003 davor warnen, die Souveränität einzelner Staaten auszuhöhlen. Doch der Imageverlust für die U.S.A. ist immens. Schon in Rom galt die ganze Sorge der *dignitas*. Als gesetzloses Monster wollte niemand dastehen. Die U.S.A. haben es geschafft.

Europa mag moralisch geschwächt sein durch selber praktizierte Ausbeutung, Machtpolitik sowie eine sich nach dem Zweiten Weltkrieg gebildete Vasallenmentalität. Doch könnten die Tage eines gut organisierten Protektorats mit gehorsamem Personal gezählt sein, weil die Willkür des Imperiums mit der ihm eigenen Zwanghaftigkeit zunehmend Friktionen provozieren wird. Nur noch in romantischen Augenblicken denken „unserer amerikanischen Freunde" an die Führung eines, so Pfaff, universellen Imperiums, das sich spontan zusammensetzt und dessen Mitglieder sich freiwillig seiner Autorität unterwerfen.[47] Universell ist nur noch der Druck auf über 150 Staaten, Verträge mit den U.S.A. abzuschließen: im Falle

---

[47] s. *International Herald Tribune* vom 7. Januar 2002, zit. nach Ignacio Ramonet, L'axe du mal, in: *LE MONDE diplomatique*, Mars 2002.

von Völkermord, Kriegsverbrechen und Verbrechen gegen die Menschlichkeit soll sicher gestellt sein, daß US-Staatsangehörige oder ihr Gefolge – etwa ausländische Hilfstruppen oder Söldner – nicht an Den Haag, sondern (spontan und freiwillig) an US-Behörden überstellt würden.

Alles hat seinen Preis, auch Reichtum, Klassenherrschaft und globale Hegemonie. Das Imperium kennt kein Recht, nur sein Vorrecht. Jede Institution, die das nicht einsieht, wird zu einem „feindlich gesonnenen Forum", so die *New York Times*[48] über den Internationalen Gerichtshof, als dieser 1986 die U.S.A. aufforderte, die Gewaltmaßnahmen gegen Nicaragua einzustellen und Reparationen zu zahlen. Es entspricht der Rechtsauffassung militaristischer, aggressiver Systeme, daß Israel die Entscheidung des IGH gegen den Verlauf seines Sperrwalls, der einen weiteren Landraub markiert, als „absurd" bezeichnete (s. SZ vom 10./ 11. Juli 2004).

Für die U.S.A. wurde die ganze UNO vollends „unglaubwürdig", als diese den Angriffskrieg gegen den Irak nicht absegnen wollte. Wenn, so schon Kant, „ein Weltteil [...] sich einem andern [...] überlegen fühlt, wird [es] das Mittel der Verstärkung seiner Macht durch Beraubung oder gar Beherrschung desselben nicht unbenutzt lassen; und so zerrinnen nun alle Plane der Theorie für das Staats-, Völker- und Weltbürgerrecht in sachleere, unausführbare Ideale" (Kant, Zum ewigen Frieden, 153).

---

[48] zit. nach Chomsky, War against People, 11.

Gesetzlosigkeit ist nur ein anderes Wort für die Mißachtung moralischer Regeln. Es gibt keinen besseren Nährboden für charakterliche Deformierungen, in denen nicht nur verbrecherisches Handeln gedeiht, sondern seine Verwerflichkeit nicht einmal zu Bewußtsein kommt.

XII

Die Anmut der Despotie

> Was soll man von einem Land halten, wo sich in einem
> großstädtischen naturwissenschaftlichen Museum [Chicago]
> ein Exponat befindet, mit dem der Besucher [...] mit einem
> Maschinengewehr auf vietnamesische Bauernhütten feuern
> kann, und bei jedem Treffer leuchtet eine Lampe auf? [...]
> Über ein solches Land kann man doch nur weinen.
>
> Noam Chomsky

Ohne Ideen kommt es nicht zu Selbstbewußtsein, sondern nur zu rezeptiver Unmittelbarkeit. Es schwindet jegliches Bewußtsein, daß die eigene Politik eine demokratische Entwicklung in prekären Regionen verhindert, ihre Verelendung fördert, gesellschaftliche Spannungen produziert und den Boden für Fanatismus und Gewalt bereitet. Auf die Frage, was er zu Bushs Charakterisierung der U.S.A. als einer „friedfertigen Nation" sage, meinte Howard Zinn: „Offenbar hat Bush keine Geschichtsbücher gelesen" (Zinn, Amerika, 61). Natürlich hat Bush keine Geschichtsbücher gelesen. Er ist Präsident eines Staates, in dem umgangssprachlich mit „you're history" Realitätsverlust und Irrelevanz attestiert wird. Geschichte wird zur Seuche, vor die nur Gedächtnisverlust schützt – bevor man Gefahr läuft, den Terrorismus zu „entschuldigen". Zu dem Einwand, die U.S.A. hätten einst Saddam unterstützt, meinte ein Kommentator auf CNN: „Bitte kein solches Verschwörungszeugs" (zit. nach Vidal, Bocksgesang, 32).

Bush war am 11. Okt. 2001 „beeindruckt von dem Unverständnis über unser Land und dem Haß, den manche Menschen gegen uns haben. Ich […] kann es nicht fassen, weil ich weiß, wie gut wir sind." (zit. u. übers. nach *LE MONDE diplomatique*, Novembre 2001) Das wissen auch andere. Die Armen Asiens trieben die U.S.A. zwar „bis zum Genozid", aber nicht soweit, „uns selbst zu zerstören, … indem wir unseren eigenen Wertesystemen zuwiderhandeln" und nicht spüren würden, daß der „Genozid eine furchtbare Bürde ist " (William Pfaff, zit. nach Chomsky, Wirtschaft, 184). Zwar spürten auch die, an denen der Genozid verübt wurde, eine gewisse Bürde, aber, so der Strategieexperte der *RAND Corp.* Albert Wohlstetter, es fiel „den Vietnamesen leichter […], die ihnen auferlegten Kosten zu tragen, als uns, sie ihnen aufzuerlegen" (zit. nach ebd.).

Wohlstetter war Mentor für Wolfowitz und Perle. Der eine galt, so Scott Ritter, als „tollwütiger Irrer", den anderen nannte man „Fürsten der Finsternis" (s. Ritter, 92). Seine Reputation war soweit gediehen, daß manche vom 11. September 2001 als einem „*Perle* Harbor" sprachen. Es ist ein Verweis auf das verbrecherische Kalkül der

U.S.A., mit dem sie schon vor Hiroshima Kapitulations-
bedingungen stellten, die von Japan nicht erfüllt werden
sollten, weil sonst der Abwurf der Atombomben gefährdet
gewesen wäre. Als 1999 nicht der Kosovo ein Problem
hatte, zu dem die NATO die Lösung war, sondern umgekehrt, wurde die Unterstützung der UCK-„Freiheitskämpfer" erhöht (von ihnen nahmen im Januar 1999 britische NATO-Kreise an, sie hätten mehr Menschen getötet als die serbischen Streitkräfte), die Verhandlung durch
unrealistische Forderungen torpediert, der Führungsanspruch durch militärisch-technologische Überlegenheit
durchgesetzt und der Konflikt zu Lasten der Zivilbevölkerung verschärft.

Auch die Presse tat, was sie tun konnte. Nach Fisk eva-
kuierte CNN aufgrund einer Warnung zwei Tage vor dem
Angriff auf die Belgrader Fernsehzentrale alle Büros, ver-
abredete sich aber noch mit dem serbischen Informations-
minister. Er verspätete sich, sonst wäre er wie die Masken-
bildnerin umgekommen. CNN sprach von Zufall.[49] Es
wäre egal, denn ohnehin waren nur tote Zivilisten der Serben Barbarei, tote Zivilisten der NATO hingegen zu vernachlässigen – wie die Halden uranhaltiger Munition.
Ärzte ohne Grenzen und die Umweltorganisation der UN
befürchten nach den Erfahrungen 1991 im Golfkrieg und
1999 im Kosovo für Afghanistan und Irak eine Katastro-

---

[49] s. Robert Fisk, Mensonges de guerre au Kosovo, in: *Manière de voire* 63, Mai-
Juin 2002, 59f ; s. a. Hammond/ Herman, Degraded Capability, the Media
and the Kosovo Crisis; Chomsky, Der neue militärische Humanismus, 152ff;
ders., Hybris, 70ff; Becker/ Brücher, Der Jugoslawienkrieg.

phe für Gesundheit und Umwelt. In Afghanistan wurden seit Oktober 2001 schnell eintretende Todesfälle registriert, die auf innere, für radioaktive Kontaminierung typische Verletzungen zurückzuführen sind.

Die von uranhaltiger Munition ausgehende Strahlung wird gefährlich, wenn kontaminierter Staub eingeatmet oder mit der Nahrung aufgenommen wird. Dann steigt die biologische Wirkung um ein Vielfaches, weshalb ein Vergleich mit der „viel höheren" natürlichen Strahlung irreführend ist, weil ihre Quelle extern ist. Ist sie intern, kommt es neben Vergiftungseffekten zu Anreicherungen in klassisch gefährdeten Gewebetypen und Organen, womit sich das Risiko einer Krebserkrankung stark erhöht. Dafür ist nuklearer Abfall entsorgt, und die Militärs haben Material für häuser-, bunker- und panzerbrechende Sprengköpfe. Der 80 Hektar große Übungsplatz im Bundesstaat Indiana, wo sie erprobt wurden, sollte zunächst für mindestens 7.8 Mrd. USD (die sechs Meter dicke Erdschicht nicht mitgerechnet) entsorgt und dann den Nationalparks angeboten werden. Die lehnten ab, weshalb er wohl als „Zone des nationalen Opfers" für alle Zeiten gesperrt werden wird. Soviel zur Zukunft für jene Gebiete weltweit, in denen die U.S.A. für „Gerechtigkeit" sorgen – mit B-1-, B-52- und F-16-Bombern sowie radioaktiven Müllkippen. Im ersten Golfkrieg kamen 320 Tonnen Uranmunition zum Einsatz.[50]

---

[50] s. Robert James Parsons, De la réalité des armes à l'uranium appauvri, in: *LE MONDE diplomatique*, Mars 2002).

Nach dem zweiten Überfall auf den Irak, wo sich eine Katastrophe anbahnt, hat das Mineralogische Institut der Universität Frankfurt a.M. bei vier von neun untersuchten US-Soldaten und einem Drittel der Proben aus der Zivilbevölkerung Uranspuren im Urin gefunden, über den geringe Teile der im Körper angelagerten Substanz ausgeschieden werden (s. SZ vom 15. April 2004). Diese Verseuchung wird noch Generationen beschäftigen. Bekannt waren die Gefahren von Anfang an, verdrängt von unserem „Gewissen". Es folgt wie im Freudschen Erklärungsschema einem Über-Ich, das als Inbegriff aller Befehle und Verbote des Vaters ein Modus gesellschaftlicher Normen ist. Wir erziehen uns nicht zu moralischem Handeln, sondern pragmatischem Konformismus. In Anpassung der Charakterstruktur an den Gesellschaftscharakter „will" das Ich, was es soll. Alles kann Kopf stehen, schön wird häßlich und häßlich schön, wie John Maynard Keynes prophezeite, Verbrechen zur Wohltat, Heuchlerei zu Realismus und Opportunismus zu Verantwortung. Ergänzend werden in den großen Medien zumeist Meinungen vertreten, die direkt von der Regierung oder der Wirtschaft stammen, von Experten, die mit diesen Polen der Macht existentiell verbunden sind oder Publizisten, deren Laufbahnen mit politischen Seilschaften verknüpft sind.

In diesem Filter, so Jacques Pauwels (s. ders., Mythos, 205f), blieb in den U.S.A. jeder Ansatz einer Debatte über die Verwicklung von US-Firmen in die Kriegsmaschinerie der Nazis hängen. So konnten die mindestens 50 Unternehmen, die Fabriken in Nazi-Deutschland unterhielten, sich noch widerspenstiger gegenüber ehemaligen Zwangsarbeitern zeigen als ihre deutschen Konkurrenten. Lieber rechnete man Konten in der Schweiz auf aberwitzige Summen hoch, während die Suche in den U.S.A. (oder Israel) zurückhaltender verlief (s. Finkelstein, Holocaust-Industrie, 120ff). All das wird ignoriert von Forschern an Universitäten, in deren Aufsichtsgremien betroffene *Corporations* sitzen, die auch die Verlage und Publikationen kontrollieren, in denen solche Studien zu veröffentlichen, bewerben und besprechen wären. Auszeichnungen verteilt eine von *big business* abhängige Jury. Aber es geht auch subtiler.

Deutschland ist mit einem Beziehungsgeflecht überzogen, dem durch Berufungen an Universitäten, Auswahl von Beiträgen für Fachzeitschriften, Einstellungen in Kulturinstitutionen, Zeitschriften und Zeitungen sowie entsprechende Rezensionen kaum Ausreißer durch die Maschen gehen. Nebeneinander haben wir dann Fernsehserien wie *Hitlers Frauen* (Frühjahr 2001 im ZDF), die zu Vernichtung und Krieg beigetragen hätten, sowie die übliche Lobeshymne auf eine Politikergattin, die in einem ganz anderem Ruf steht: „Die Kleopatra vom Potomac. Zurschaustellung einer Pop-Ikone: ʼJacqueline Kennedy – The White House Yearsʼ in New York“ (SZ vom 2. Mai 2001).

Das *Metropolitan Museum of Art* brachte einen Katalog mit ihren Kleidern heraus. Von Eva Brauns Garderobe gibt es keinen Katalog. Dafür waren nicht ästhetische Gründe ausschlaggebend. Frau Kennedys Chic überschritt nur soweit des Grenzen der Biederkeit, daß er die Sucht des Publikums nach Kitsch und Idolatrie bedienen konnte. Ihr Auftreten entsprach der Rolle ihres Mannes, Politik gelungen zu repräsentieren. Seine große Leistung war es, totalitäre Losungen frisch zu verpacken: man solle nicht fragen, was der Staat für einen tun könne, sondern sich Gedanken machen, was man selber für den Staat tun könne. Da konnte etwas Glamour nicht schaden.

Es muß soviel Glanz der Paläste auf ein erniedrigtes Dasein fallen, daß der Hauch des Erhabenen noch die letzte Hütte streift. In dieser Funktion, die einen Kriegsverbrecher zu verklären mit beitrug, hat Frau Kennedy größere Schuld auf sich geladen als Eva Braun. Im Schatten blendender Empfänge im Weißen Haus erreichten die Rüstungsausgaben und der schon seit Jahren währenden Krieg in Vietnam neue Dimensionen, wurde die Unterstützung repressiver Regierungen in Lateinamerika intensiviert und die Welt in der sogenannten Kuba-Krise, die eine Krise paranoider Herrschsucht war, an den Rand eines Atomkriegs gebracht.

Der blendende Chic von Marketing-Idolen muß den Verlust tieferer Werte kompensieren, wie er mit dem Niedergang der Arbeiterbewegung gegeben war. Weil ihre Ideen durch die bolschewistische Despotie diskreditiert und alle klassenkämpferischen Organisationen im völkischen Faschismus aufgelöst wurden, konnte das bürgerliche Bewußtsein triumphieren und als Moralersatz mit den Exzessen der Nazis hausieren gehen. In diesem banalen Wechsel von Bekenntnissen konnte es nicht ausbleiben, daß Hitlers letzte Sekretärin, die 2002 verstorbene Gertraud Junge, sich noch das Schwärmen für Eva Brauns Garderobe vorhielt. Auf die Generosität, mit der man ihr Fehlverhalten nachsah, ist Frau Kennedy nicht angewiesen, denn die Partnerinnen von Mördern, die wir verehren, sind unserer Vergötterung gewiß. Frau Brauns Garderobe ist wie die ganze Nazi-Ideologie einfach altmodisch geworden, weshalb Frau Junges Begeisterung in den Augen all jener, die mit der Zeit gehen, kaum gut wegkommen kann.

Wir reden von Gewissen und arrangieren uns mit den Vorgaben von Sprachregelungen. Ein Angriff auf Südostasien mit Millionen Toten, Verstümmelten und Opfern dioxinhaltiger Chemikalien, die noch Neugeborene schädigen, ist „Hilfe für eine rechtmäßige Regierung", im Zweifelsfall ein „Fehler von Anfang an", sagt aber nichts aus über den Charakter des Aggressors. Gerade weil die U.S.A. von weltweiten Meinungsbildnern „bei aller Kritik" als prinzipiell „großartiges Land" glorifiziert werden, dürfen die Gedanken über einen Anschlag wie dem am 11. September 2001 nicht weiter gehen als bis zur Erörterung der Heimtücke, von der Ahnungslose betroffen sind.

Alle ideologischen Voraussetzungen sind gegeben, damit das Schlagwort vom Terror gegen die Zivilbevölkerung die Runde macht. Keine Rolle hat gespielt, daß drei Millionen tote Südostasiaten Zivilisten waren. Die Nichtunterscheidung zwischen Zivilisten und Kombattanten, die man Terroristen vorwirft, ist „zivilisatorischer" Standard. Im Frühjahr 2001 gestand der frühere Senator von

Nebraska, Robert Kerrey, eine der höchsten Kriegsaus-
zeichnungen erhalten zu haben, weil er in Vietnam Kindern, Frauen und Alten die Kehle durchgeschnitten hatte.
Es seien, so das ehemalige Mitglied der *Navy Seals*, prinzipiell keine Gefangenen gemacht worden, auch nicht unter
Zivilisten. Nach einem „Feuergefecht" waren 14 Kinder
und Frauen tot. Der Abschlußbericht hielt fest, daß im
Laufe der „Operation Phoenix" zwei Waffen beschlagnahmt, zwei Hütten zerstört und „21 Vietkong getötet"
worden seien (s. SZ vom 28./ 29. Apr. und 16. Mai 2001).
Seit dem Völkermord an den Indianern sind Gemetzel an
der Zivilbevölkerung wesentlicher Bestandteil der US-
Kriegstaktik.

Im Irak war der Photograph Laurent van der Stockt
Zeuge, wie US-Soldaten ohne Not in zwei Tagen etwa 15
Zivilisten töteten. So etwas hätte er noch nicht erlebt.[51] Sie
schossen, so ein BBC-Korrespondent, „auf alles, was sich
bewegt" (zit. nach SZ vom 7. April 2003). Dieses Berser-
kertum, das auch *amnesty international* registrierte (s. *ai-
JOURNAL* 10/ 2003), verstimmte sogar die britischen
Verbündeten. Eine Rakete verwandelte ein Bagdader
Restaurant in einen 20 Meter tiefen Krater, weil dort Saddam mit seinen Söhnen vermutet wurde. Ihnen galt am
17. Juni 2003 auch ein Raketenangriff nahe der syrischen
Grenze – 70 Menschen starben und eine Tankstelle flog in
die Luft. Das war im Krieg. Nach dem „Ende der Kampf-

---

[51] s. Alain Gresh, Crimes et mensonges d'une « libération », in: *LE MONDE
diplomatique*, Mai 2003.

handlungen" sind an einem einzigen Tag im Juni 2003 über 100 Iraker getötet worden. Das „Reich des Bösen" kam 1953 in der DDR während eines ganzen Aufstand mit etwa halb so vielen Toten aus.

Die „peace loving nation" schlachtete Anfang April 2004 in Falludscha binnen einer Woche nach Krankenhausangaben über 600 „Aufständische" ab – dank traditioneller Mittel bei *counterinsurgency campaigns*: mit Hubschraubern, Bombern und schwerer Artillerie werden Straßenzüge in Schutt und Asche gelegt. Am 26. April 2004 erklärte ein Sprecher der US-Armee, man verteidige sich nur und versuche, sich zurückzuhalten. Das wird der Grund sein, daß Anfang August 2004 in Nadschaf nicht mehr als 380 „Milizionäre" bei Luftangriffen umkamen, in Sammara nur 500-Kilo-Bomben eingesetzt wurden und die Zahl der während der Besatzung getöteten Iraker Anfang September erst (mindestens) 10.000 beträgt. Jo Wilding berichtete aus Falludscha (s. SZ vom 16. April 2004), wie sie in einem gekennzeichneten Krankenwagen von US-Scharfschützen beschossen wurde und erwähnt einen Arzt, der „Saddam gehaßt [habe]. Nun haßt er die Amerikaner noch mehr."

Gründe gibt es genug. Der ehemalige Unteroffizier Jimmy Massey berichtete (dem *Independent on Sunday* vom 23. Mai 2004), von seiner Einheit seien während des Krieges und danach immer wieder irakische Zivilisten niedergemetzelt, Verletzte einfach liegengelassen, Leichen ausgeplündert und geschändet worden. Einmal sei auf zehn Demonstranten geschossen worden, weil irgendwo ein Schuß fiel. Neun waren tot, der Zehnte humpelte mit einem halb abgerissenen Fuß weg: „Wir haben alle gelacht und gejubelt." (zit. nach SZ vom 24. Mai 2004) Als ihm Bedenken kamen, sei er von seinem Offizier als „Schwächling" beschimpft worden. Zu Recht, denn tagtäglich sterben bei „Präzisionsschlägen" Dutzende und Hunderte „irakischer Rebellen", die bemerkenswert viel Frauen und Kinder rekrutiert haben.

Das sind Erfolge nach allen Regeln imperialer Despotie, die das Monopol in der Auswahl von Mitteln wie Zielen beansprucht. Das geht nicht immer gut. Im Krieg, so Carl von Clausewitz, ist alles möglich und jedes Mittel denkbar. Allerdings zogen aus der Tatsache, daß sowohl die gegen die Palästinenser eingesetzten Raketen als auch die für die Anschläge vom 11. September 2001 benutzten Flugzeuge von *Boeing* stammten, vornehmlich Araber ihre Schlüsse. Bruce Hoffman, Direktor der *RAND Corp.*, zitiert lieber Terry Anderson, einen US-Journalisten, der sechs Jahre von der libanesischen Hisbollah gefangen gehalten wurde. Einer seiner Bewacher verwahrte sich dagegen, Terrorist zu sein: er sei Kämpfer. Anderson riet ihm, im Lexikon nachzuschauen.[52] Wir raten Anderson, nachzuschauen, wer unsere Lexika verfaßt (und die *RAND Corp.* finanziert).

Unter welchem Stichwort mögen die Putschisten aufgeführt sein, die 1973 an einem anderen 11. September Salvatore Allende stürzten? Unter welchem jene, die sie

---

[52] s. Hoffman, Der unerklärte Krieg, in: SZ vom 15./ 16. Sept. 2001.

unterstützten? Der Sohn des chilenischen Luftwaffengenerals René Schneider, der einem von den U.S.A. initiierten Mordkomplott zum Opfer fiel, wollte am 11. September 2001 Klage gegen Kissinger einreichten. Es ist makaber, daß die U.S.A. dieses Datum sofort ohne Jahresangabe verwendeten. Weshalb auch nicht? Sie bestimmen, welche Greueltat von Bedeutung ist. Die eigenen Verbrechen waren schon uninteressant, als sie begangen wurden. Es besteht nicht einmal ein Bewußtsein der Tat, das über technische Aspekte hinausginge. So fanden die U.S.A. nichts dabei, das Gelände des zerstörten WTC als *Ground Zero* zu bezeichnen, was vom Rest der Welt übernommen wurde – abgesehen von Japan, wo die U.S.A. den Namen bereits 1945 für Hiroshima verwendeten.

Wenn über 400.000 Tote (zusammen mit Nagasaki) keine Spuren im Gedächtnis hinterlassen, dann kommt dem Terror einer Militärjunta weniger Aufmerksam zu als Fliegendreck auf der Windschutzscheibe. In Chile wurden gerade einmal Zehntausende ermordet, gefoltert, inhaftiert oder ins Exil getrieben. Dieser Schlag wurde von den westlichen Medien vorbereitet mit täglichen Meldungen über gegen Kochtöpfe schlagender Frauen aus den Mittelschichten, deren Zornesadern angeschwollen waren wegen „sozialistischer" Versorgungsengpässe. Danach sagte niemand, daß nichts mehr sei wie „davor", auch nicht, als die U.S.A. ebenfalls in einem September grünes Licht gaben für eine terroristische Aktion, mit der Israel der bedrohlichen Verhandlungsbereitschaft der PLO begegnen wollte: die Invasion in den Libanon (über 17.000 Tote allein im Sommer 1982, zumeist Zivilisten, oft genug Opfer von Splitterbomben sowie unterbundener Hilfe) mit dem Massaker in den Palästinenserlagern Sabra und Schatilla (die Schätzungen bewegen sich zwischen 1.700 und 2.700 Ermordeten).

Die gesellschaftlich akzeptierten Zwecke heiligen alle Mittel. Flächenbombardements und Atombombenab-würfe setzten die U.S.A., so eine Legitimation für Massenmord, von den Nazis ab, weil die „ethische" Begründung durch Nachkriegsordnung und Abschreckung im Kalten Krieg nur ein positives Urteil zulasse.[53] Die Vernichtung Hunderttausender ist akzeptabel, wenn der Zweck, dem sie diente, „vernünftig" ist. Zirkelschlüsse einer moralisierenden Gesinnung haben seit den Punischen Kriegen eine breite Blutspur hinterlassen, die, wie 1947 von Wallace prognostiziert, verrohte Maßstäbe und fragwürdige Verbündete heranspülte. Die Folgen kamen teuer zu stehen.

Johnson erwähnt die Unterstützung der U.S.A. für Tschiang Kai-schek nach Ende der japanischen Besatzung, die eine Entscheidung gegen die chinesischen Bauern gewesen sei, Mao Tse-tung an die Macht gebracht, Millionen das Leben gekostet und die zwischenstaatlichen Beziehungen auf Jahrzehnte ruiniert hätte (s. ders., Imperium). Die Verwerfungen in der Politik und ihre Rationalisierungen verstärkten sich soweit, daß Ho Chi Minh, der sich der pazifischen US-Wirtschaftszone entziehen wollte, zu

---

[53] s. Hannes Stein/ Richard Herzinger, Hiroshima gleich Auschwitz?, in: DER SPIEGEL Nr. 31/ 1995.

einer Marionette fremder Mächte wurde (gegenteilige Analysen der Geheimdienste werden wie Jahrzehnte später beim Irak beiseite geschoben). Es folgten eine Reihe inszenierter Staatsstreiche, die Verwüstung dreier Länder, ein Völkermord im Maschinenzeitalter als Krieg nach faschistischem Vorbild und die Verseuchung des eigenen Landes mit Drogen, Indoktrinationen sowie einer weiter regredierenden Gier imperialer Herrschaft.

Das war kein Terrorismus, weil er nicht von Schwachen angewandt wurde. Wie er als Waffe der Starken funktioniert, hat Reagans Krieg gegen Nicaragua gezeigt. Charles Chaplin als *Monsieur Verdoux* (U.S.A. 1947) verweigert sich der Ansicht, daß sich Verbrechen nicht lohne: „Nur im Kleinen nicht." Auch beim Terror darf man nicht kleckern. Geklotzt ist er praktisch, wirkungsvoll und akzeptiert dank indoktrinierter Öffentlichkeit, verkümmertem Wahrnehmungssinn und einer Presse, die nicht gleichgeschaltet werden muß. Man muß sich nur wie ein Terrorist auf das beschränken, was man am besten beherrscht und die eigenen Verluste minimiert: gedungene Todesschwadronen oder Flächenbombardements und High-Tech-Angriffe auf Dörfer und Städte mit Tausenden toter Zivilisten. Die Nazis kämpften gegen Gesindel, Untermenschen und Kriminelle, die U.S.A. gegen Japsen, Schlitzaugen, Rote und Terroristen: sie seien, so Bush, wie „Parasiten auszumerzen" (zit. nach SZ vom 31. Jan. 2002).

Wer sich dem, so Ted Honderich (s. ders., Nach dem Terror, 232), maßgeschneiderten Terrorismusbegriff nicht anschließt, bewegt sich bereits in Feindesland. Als der konservative Kulturkritiker Dinesh D'Souza (in der ersten NBC-Talkshow *Politically Incorrect* nach dem 11. September 2001) meinte, die Attentäter seien keine Feiglinge, sondern „Krieger, und wir müssen begreifen, daß unser Lebensstil uns in einen Konflikt mit den Menschen dieser Welt bringt", ergänzte der Moderator Bill Maher: „Wir sind die Feiglinge, die Cruise Missiles aus 2000 Meilen Entfernung abschießen. Das ist feige. In einem Flugzeug zu bleiben, wenn es ein Gebäude trifft, da kann man sagen, was man will, das ist nicht feige." (zit. nach SZ vom 21. Sept. 2001) Daraufhin wurden Werbeaufträge storniert, Maher erhielt vom Weißen Haus eine Abmahnung und entschuldigte sich. Er mußte einsehen, daß der Mut, die Zivilbevölkerung aus der Luft zu terrorisieren, ein Privileg der US-Luftwaffe ist. Der Rahmen selbst abweichender Meinungen ist einzuhalten wie eine stalinistische Parteilinie. Doch man sollte nicht kleinlich sein. Es ist ein Fortschritt, daß Abweichler, Renegaten, Sektierer und andere Fraktionsbildner nicht erschossen, sondern nur mit Arbeitslosigkeit, Verunglimpfung bis zum Rufmord sowie anderen Formen gesellschaftlicher Ächtung bedacht werden.

Ein ARD-Moderator bezog sich auf die indische Autorin Arundhati Roy, die (in der FAZ vom 28. Sept. 2001) meinte, bin Laden sei „aus der Rippe einer Welt gemacht, die durch die amerikanische Außenpolitik verwüstet wurde". Der Moderator mußte sich entschuldigen und stellte „noch einmal ganz eindeutig fest: Ich vergleiche den Führer der freien Welt nicht mit dem Drahtzieher des internationalen Terrorismus" (zit. nach SZ vom 5. Okt.

2001). Es ist interessant, wie wenig die Bezeichnung *Führer* noch mit Hitler assoziiert wird (wenn das der „Führer" wüßte!). In Billy Wilders *One, two, three* (U.S.A. 1961) war es noch Ironie, daß die Frau des *Coca-Cola*-Chefs von West-Berlin (Arlene Francis) vor ihrem Imperator (James Cagney) salutierte: *Hail, my Fuhrer!* Cagney machte ein Gesicht, als würde er ihr gleich eine knallen. Aber vielleicht dachte er auch nur, was wohl jeder dachte – daß es hätte heißen müssen: *Hail, my Fuhrer of the Free World!*.

Soweit wollte die kalifornische Kongreßabgeordnete Barbara Lee nicht gehen. Sie stimmte als einzige gegen den Afghanistan-Krieg und gab damit das Starsignal für eine Hexenjagd. Als sie auf KMEL 106.1 FM (San Francisco) nicht entsprechend interviewt wurde, war der Journalist arbeitslos.[54] Zeitungsredakteure traten auf Druck der Herausgeber morgens zum Fahnenappell an und sangen die Nationalhymne, Moderatoren erschienen mit den Nationalfarben am Revers zum Dienst. Als Seymour Hersh aufdeckte, daß Perle geschäftliche Interessen an einer Neuordnung des Iraks hat, kam er für diesen wie niemand sonst einem Terroristen nahe (s. SZ vom 14. März 2003).

Ein solches Setzen von Normen und Regeln geht nicht ewig gut, da es auf Macht angewiesen ist. Formieren sich Kräfte, die zu einem Gegenschlag in der Lage sind, wird er nicht lange auf sich warten lassen. Über die Umstände sollte man sich nicht wundern. In altmodischen Kriminal-

---

[54] s. Michael Ratner, Les libertés sacrificiées sur l'autel de la guerre, in: *LE MONDE diplomatique*, Novembre 2001.

romanen mögen Morde stets mit orientalischen Dolchen und geheimen Giftmixturen verübt werden. Doch die Erwartung, Schlachten würden mit Armeen und Flugzeugträgern ausgetragen, wird gelegentlich enttäuscht werden. Jemand, der über diese Mittel nicht verfügt, wird gegebenenfalls zu anderen greifen, was nicht nach jedermanns Geschmack sein mag. Das gilt auch für Cruise Missiles, Uranmunition, Splitterbomben und Napalm. Die Aufspaltung in Kriege als Politik von Territorialstaaten einerseits sowie Partisanen- und Terroristenaktivitäten andererseits kommt dem Bedürfnis arrivierter Kräfte entgegen, die Regeln von Aggressivität, Destruktivität und Sadismus zu bestimmen und sich gleichzeitig über die Gewaltanwendung keine Rechenschaft abzulegen. Die U.S.A. waren stets großzügig im Austeilen. Eigene Verluste konstituierten den Tatbestand der Barbarei. Sie treffen unvorbereitet. Schließlich hatte man unter der Annahme angegriffen, das Opfer würde nicht zurückschlagen.

Nach dem 11. September 2001 sendete das Fernsehen tagelang aus New York. Feuerwehrleute und Rettungstrupps wurden interviewt. Zeitgleich flog Israel, Protegé der U.S.A., Angriffe im Gazastreifen. Es gab Tote und Verletzte. Rettungstrupps wurden nicht interviewt. Auch nicht Angehörige über Schmerz und Verzweiflung. Seit dem ersten Golfkrieg kursieren grobkörnige Videobilder von „chirurgischen Schlägen", die mit der Realität nichts zu tun zu haben scheinen, sondern eher mit Emulsionen auf dem Filmmaterial. Das sieht elegant aus. Von „chirurgischen Schlägen" gegen das *WTC* gab es keinen dieser

Bilder monochromer Blitze am Horizont. Die hätten auch elegant ausgesehen. Nicht wie Krieg. Man hatte in den U.S.A. gar keine Vorstellung vom Krieg. Jetzt hat man sie. Man hat sie auch, weil man sich jahrzehntelang nicht vorstellen wollte, was Krieg bedeutet.

Zensierte Fotos propagieren eine Traumwelt von Krieg, Eroberung und Verwüstung. Nach Hiroshima sprach Truman von einer Atombombe, die auf „einen Militärstützpunkt" abgeworfen worden sei – „weil wir in diesem Angriff, so weit wie möglich, den Tod von Zivilisten vermeiden wollten." (zit. nach Zinn, Amerika, 106) Bush wollte „unschuldiges Leben im Irak schützen" (zit. nach SZ vom 8./ 9. März 2003) – mit Piloten, die gewöhnlich unter Drogen stehen wie den Muntermachern Amphetamine, die nicht nur munter machen, sondern auch zu aggressivem Verhalten führen, realitätsverzerrend wirken und sogar Halluzinationen auslösen. Am 13. September 2004 wurde ein „Präzisionsschlag" gegen Terroristen in Falludscha ausgeführt. Er sei, so ein Militärsprecher, „zielgenau" gewesen und hätte „das Leben Unschuldiger verschont". In den Krankenhäusern war von mindestens 20 Toten die Rede, darunter Frauen und Kinder. Die religiöse Hysterie, die den Erdkreis in „Gut" und „Böse" trennt, schlachtete gewissenlos die Indianer ab und spiegelt sich in einer Militärdoktrin, nach der nur „Schuldige" sterben. „Body count" in „free fire zones" dekorierte die Bilanzen nicht nur in Vietnam.

Anfang Februar 2002 hat eine von einem unbemannten Flugzeug abgefeuerte Rakete Bauern getötet, die nach

Metallschrott suchten. Nach Konteradmiral John Stuffle-
beem hatten US-Soldaten an der Einschlagsstelle Munition, Flugpläne, Kreditkarten und Leichenteile sicherge-
stellt: „Das waren keine Unschuldigen" (zit. nach SZ vom
13. Febr. 2002). Für Rumsfeld zeigten solche Angriffe, daß
es noch „Widerstandsnester" gebe (s. SZ vom 25. Jan.
2002). Wer sich in solchen Gegenden aufhalte, sei kaum
völlig unschuldig. Als bei einer Großoffensive in den Ber-
gen Ostafghanistans bis zu 400 „Kämpfer" getötet wurden,
vermeldete der Kommandeur der Operation: „Einige hundert Terroristen sind tot und können unsere Bürger nicht
mehr terrorisieren." (zit. nach SZ vom 7. März 2002) Fran-
zösische Piloten sollen mehrere Einsätze verweigert haben,
weil das Risiko für die Bevölkerung zu hoch gewesen sei.
US-Piloten hingegen wußten, daß Erfolgsmeldungen so
wichtig sind wie Quartalsberichte für Aktionäre.

In Afghanistan sind nach den ersten Drohungen der
U.S.A. schon aufgrund der Panik mehr Zivilisten umgekommen als bei den Anschlägen vom 11. September
2001. Während der ersten acht Wochen den US-Angrif-
fen sind nach Marc W. Herold, der alle verfügbare Zeugenaussagen seitens der UN, Nichtregierungsorganisatio-
nen wie *Ärzte ohne Grenzen* oder Journalisten vor Ort
zusammengetragen hat, 3.712 Zivilisten zum Opfer gefallen. Insgesamt wird die Anzahl der afghanischen Opfer auf
über 5.000 geschätzt.[55] Keine Bürger mehr terrorisieren

---

[55] s. Selig S. Harrison, L'Afghanistan retombe dans le chaos, in: *LE MONDE diplomatique*, Mai 2002.

können 48 Gäste einer Hochzeitsfeier in Kakarak (Provinz Urusgan) nördlich von Kandahar. Sie starben in der Nacht zum 1. Juli 2002, 117 wurden verletzt, „kaum völlig unschuldig". Die bis zu 45 Toten einer irakischen Hochzeitsgesellschaft im Mai 2004, darunter nach Angaben irakischer Behörden mindestens 13 Kinder, waren für das US-Militär Teilnehmer an „irgendeiner Art Fest [...]. Auch schlechte Leute haben Feste." (zit. nach SZ vom 25. Mai 2004).

Wenn im Dezember 2003 neun Kinder statt des anvisierten „Taliban-Funktionärs" ums Leben kommen (ein paar Tage später waren noch einmal „zwei oder drei", tatsächlich waren es sechs der acht toten Zivilisten), setzen sich Massaker in den Kolonien, an „Partisanen" im Zweiten Weltkrieg oder „Vietkongs", Aufständische der Pazifikzone, fort. Sie verfehlen anders als terroristische Anschläge niemals ihren Zweck, auch nicht Bombardierungen, ausgeführt mit Splitterbomben, der CBU 87, die jeweils 202 kleine Sprengkörper über eine Fläche von zwei bis drei Fußballfelder verteilt, der CBU 89, die Minenfelder produziert oder Napalm, das eine Brandspur seit dem 2. Weltkrieg gezogen hat (zuletzt im Irak). Die U.S.A. haben entsprechende Verbotsabkommen nicht ratifiziert, was ebenfalls nicht als legalistischer Despotismus registriert wird, weil nur bestimmten Wahrnehmungen Anspruch auf Realismus und Logik zukommt.

In dem rationalen und affektiven Raster, das mit allen Mitteln unterstützt wird, geht die Empörung über bin Laden, er nähme Zivilisten in Mithaftung, durch mit dem

Selbstverständnis, nichts anderes zu machen. Bush bedankte sich bei einer Vierjährigen, die ihm schrieb, sie vertraue ihm ihren „Dad" an. Ebenso freut sich bin Laden über jeden „Gläubigen" im Kampf gegen die „Ungläubigen". Wer nicht mit uns ist, ist gegen uns – in Bushs Dschihad-Rhetorik, nach der „Gott [...] in diesem Konflikt nicht neutral" sei, war von „Kreuzzug" die Rede und blitzte mit „Infinite Justice" religiöser Wahn auf. Der Angriff gegen den Irak erfolgte in göttlichem Auftrag, was aus bin Laden einen Konkurrenten in der Geschäftsführung macht. Die westlichen Einsatzkommandos werden als durchtrainierte und maschinenhaft funktionierende Kader gerühmt, denen „fanatische Gotteskriegern" gegenüberstehen, die sich „feige" in ihren „Höhlen" versteckten, eine Taktik, die sonst euphorisch mit „hit and run" beschrieben wird.

Victor Klemperer bemerkte (s. ders., Zeugnis I, 621ff), daß die Sprache der Nazis nicht nur von italienischem Faschismus und russischem Bolschewismus beeinflußt war, sondern vor allem von der US-Reklamesprache mit ihrer technischen, kaufmännischen und propagandistischen Schlagwörtern der Superlative. Sie sind Ausdruck eines verarmten Lebens, das übertölpelt, eingeschüchtert und getäuscht werden will. Sie suggerieren ein Höchstmaß an Teilhabe und verdecken ihren Mangel. Ihre Permanenz verweist auf einen Imperativ, der Gefolgschaft und Begeisterung gebietet. Die bis ins Letzte durchrationalisierte *corporate structure* der US-Konzerne mit ihren aggressiven Reklamestrategien ist nicht weit von NS-Vorstellungen entfernt. Das uniforme, klar zu identifizierende Massen-produkt ist auf uniforme, klar zu identifizierende Massen-konsumenten zugeschnitten, welche Übersichtlichkeit bei Nazis und Bolschewiki als Synonym für Modernität galt und von ihren ständischen Organisationen garantiert wurde.

Der Mythologisierung des Produkts und Monopolisie-rung des Marktes folgt das seelenlose Konzept der „Erinnerungsarbeit" („*der* Holocaust", „das *größte* Verbre-chen aller Zeiten"). In Ermangelung wirklicher Berüh-rung gibt es einen Musterkatalog an Bekenntnissen, der eine Maximierung der Effekte bei Minimalisierung des Aufwands garantieren soll. Hier war für Klemperers Ansatz kein Platz. Gegenoffensiv hieß es (wegen seines Wohnsitzes in der SBZ bzw. DDR oder seines Eintritts in die KPD bzw. SED), er habe sich angepaßt, während seine Nazi-Kollegen sich in Westdeutschland zur Demokratie bekannt hätten. Doch ihr Konformismus war lediglich mit weniger direktem Zwang verbunden, was die Bereit-willigkeit, sich blenden zu lassen, um so verwerflicher macht. Ihre größte Leistung war, sich von Hitler zu distanzieren. Das aber ist nicht schwer.

Werden moralische Anstrengungen zu einem Kinder-spiel, schlägt die Stunde virtuoser Darsteller mit blenden-dem Auftritt vor genügsamem Publikum. Kennedy war eine Glanznummer, ebenso ein Gentleman wie Daniel Patrick Moynihan, ehedem US-Vertreter bei der UNO. Elegant, unprätentiös, ein Mann von Welt, der im Februar 1976 wußte, daß auf Osttimor bereits 60.000 Menschen umgekommen waren, mit zehn Prozent der Bevölkerung, wie er sich ausrechnete, „prozentual also beinahe so viel wie der Blutzoll, den die Sowjetunion im Zweiten Weltkrieg entrichten mußte." (zit. nach Chomsky, Selbstverteidigung, 99) Am Ende waren es 200.000 Tote, ein Drittel, wie wir uns ausrechnen. Dieser Völkermord wurde ermöglicht durch Schreibtischtäter in den U.S.A. (unter anderen CIA-Chef Bush sen., der später als Präsident den ersten Golf-Krieg so nobel begründete: Verbrechen dürfe sich nicht lohnen). Um den Nachschub an Waffen zur „Guerillabekämpfung" zu gewährleisten, war es „der Wunsch des Außenministeriums, daß jegliche UN-Maßnahmen wirkungslos zu bleiben hätten. Diesen Auftrag setzte ich um – mit beträchtlichem Erfolg." (zit. nach ebd.; s. ders., War against people, 9f)

Später erinnerte Moynihan mit 66 US-Intellektuellen 153 saudische Kollegen daran, daß „Rechte und Freiheiten die Basis für Stabilität sind." Landsleute hätten eine prominente Rolle gespielt „beim Aufstieg des militanten Dschihadismus zum weltbedrohenden Phänomen" (s. SZ vom 24. Okt. 2002; www.americanvalues.org). Die Rolle der U.S.A. wurde nicht erwähnt. Ihre Rechte und Freiheiten auch nicht. Sie müssen nicht erwähnt werden. Die imperiale Strategie kann nicht so blutbesudelt sein, als daß Zweifel an ihrem guten Zweck nicht als Resultat irrationaler Ressentiments gälten und Kampfbegriffen sie nicht auf das Niveau ihrer verrotteten Kultur herabzerrten. Ohnehin hatten seinerzeit Moynihans Präsident (Gerald Ford) samt Außenminister (Kissinger) einen Tag vor der indonesischen Invasion Ost-Timors Djakarta verlassen. Damit sollte den Prinzipien der Moral, des Anstands und des Rechts Genüge getan.

Westliche Politiker, ihre intellektuellen Hilfstruppen und die öffentliche Meinung hätten sich nicht mehr eingekriegt, wäre das außenpolitische Vorgehen der ehemaligen Sowjet Union auch nur annähernd so despotisch, terroristisch und hemmungslos gewesen wie es von einem in der Propaganda stets als „unsere" Führungsnation glorifizierten Schurkenstaat praktiziert wird. Es ist ein Land, das charakterlich so deformiert ist in dem Glauben an seine Mission, daß normale Bürger spielend auf die Hütten seiner Opfer feuern. 1937 durften auf dem Münchener Oktoberfest feindliche Flieger „abgeschossen" werden. *Das* gilt als Inbegriff der Verrohung in einem totalitären Staat. Ebenso verroht hätte Rumsfeld eingewandt, wer sich in Hütten vietnamesischer Dörfer aufhalte, sei „kaum völlig unschuldig".

XIII

Anpassung in den Protektoraten

Einen Krieg, der nicht populär gemacht worden ist,
führt keine Regierung mehr.
Victor Adler

Niemand, der sich auch nur ein wenig mit Geschichte
beschäftigt, wird überrascht sein, wenn die Leute,
die am lautesten „Schlagt alles kaputt!" schreien,
später selbst an den Schalthebeln
eines neuen Repressionsapparats sitzen.
Noam Chomsky

Die Oberschicht abhängiger Gebiete zu Verbündeten imperialer Herrschaft zu machen, ist die optimale Form der Kolonialisierung. Nach Punischen Kriegen ist der Sieger machtvoll genug, den Protektoraten sein militärisches, politisches, wirtschaftliches und kulturelles Netz überzuwerfen und so die Ratio des Imperiums durchzusetzen. Alexander der Große verfuhr zwischen Kleinasien und Indien nicht anders als die Römer gegenüber den Etruskern (ab dem 4. Jahrhundert v.Chr.). Die Nazis hingegen schaufelten sich vor allem in Osteuropa auch ihre eigene Grube. So engstirnig waren nicht einmal die Stalinisten, die einheimische Polit-Kommissare an der Spitze ihrer Satellitenstaaten stellten, ganz zu schweigen von den U.S.A. in Lateinamerika, wo Invasionen wie auf Kuba, Haiti, Grenada oder Panama die Ausnahmen und lokale, von ihnen finanzierte und ausgebildete Diktatoren, Militärs sowie Todesschwadronen die Regel sind.

Mit ein bißchen Verstand säubern die Autoritäten das Image nicht mit Umerziehungslager, Gefängnissen oder Schlimmerem, sondern greifen zu schonenderen Formen der Gehirnwäsche. Favoriten sind mittlerweile Begriffe, die seit den 60er Jahren in Umlauf sind. Bei dem Energiekonzern *Enron* war die Rede von einem „revolutionären Unternehmen", „radikalen Ideen", von Gandhi, Lincoln und den US-Bürgerrechtlern, die 1963 ihr Leben riskierten, dem frischen Wind eines Elvis Presley, der Revolution einer strahlenden Zukunft entgegen. Es ist gleich banal, ob als der große Schritt nach vorne in das Reich der Freiheit die Legalisierung von Haschisch propagiert wird oder die Deregulierung der Märkte (s. Frank, Enron, ebd.). Die inflationäre Verwendung von Begriffen wie Revolution, Modernität und Freiheit verweist auf einen psychologischen Mechanismus, der nach Fromm nicht über Nacht entstanden ist: „Man könnte das politische Leben des zwanzigsten Jahrhunderts als einen moralischen Friedhof von Persönlichkeiten bezeichnen, die als angebliche Revolutionäre begannen und sich als bloße opportunistische Rebellen entpuppten." (Fromm, Der revolutionäre Charakter, 122)

Rebellen sind nicht die einzigen Vasallen, doch zeigt ihre Wandlungsfähigkeit die Dynamik intellektueller Korruption durch dominierende Mächte. Zu ihnen stehen Rebellen ebenso in symbiotischen Bindungen wie zu machtlosen Schichten. Sie brauchen diese, um Teil jener werden zu können. Bis es soweit ist, begegnen sie der Autorität mit Haß, Groll und Ressentiments. Danach hakt sich ein Joseph Fischer selbst bei Friede Springer ein – im Dienst der „guten Sache", einer Demonstration gegen Fremdenfeindlichkeit und Antisemitismus. Der Zynismus dieser Prozessionen dürfte Rechtsradikale bestätigen in ihren Ansichten einer als korrupt empfundenen Gesellschaft, weshalb Fischers „Weg zu sich" trotz dessen fehlender Berufsausbildung, die viele mit ihm teilen, kein Vorbildcharakter hat für jene, die ihrem Leben zwar auch auf pathologische Weise einen Sinn geben, aber jenseits tradierter Karrieremuster.

In seiner Sucht nach Anerkennung bewegt sich ein Rebell wie jeder Narziß am Rand einer Psychose, vor der nur Aufstieg und Erfolg bewahren. Als Fischer dem Rostocker Parteitag abrang, seine Militärpolitik zu unterstützen und „endlich Verantwortung zu übernehmen" (zit. nach SZ vom 23. Nov. 2001), sind ihm fast die Gesichtszüge entglitten. Sein Kartenhaus war am Einstürzen. Er durchlitt nicht nur eine Bedrohung *seiner* Autorität, sondern auch jener Autorität, von deren Spielregeln er existentiell abhängt. Solche Leute haben, so Fromm, „ihre Eigentherapie gegen Depressionen und Wahnsinn. Wenn sie um ihre Ziele kämpfen, kämpfen sie in Wirklichkeit um ihre geistige Gesundheit." (Fromm, Anatomie, 228) Diesen Reflexen können die Mächtigen vertrauen. Wie der Musiker und *Devo*-Mitbegründer Mark Mothersbaugh feststellte, ist in einer gesunden kapitalistischen Welt die Rebellion auch nur irgendwas, das sich vermarkten läßt.[56]

Man kann viel gegen Fischer sagen, aber kaum, daß er nicht zu den Zuverlässigsten zählte. In Filmaufnahmen aus den 70ern tritt er einen am Boden liegenden Polizisten aus vollem Lauf in den Leib. Später kam ihm zur Brutalität der Polizeieinsätze sowenig über die Lippen wie zur Despotie imperialer Herrschaft. Wie sie gibt auch er vor, „der Gewalt abgeschworen" zu haben – zwischen der Bombardierung Jugoslawiens und dem Vorstoß nach Zentralasien. Sein Beitrag zu diesen Verbrechen war das *billet d'entrée* eines Parvenus in die Kreise imperialer Macht. Der soziale Aufstieg führte über Tausende Leichen. Nicht minder entmenschlicht ist der *Pflasterstrand*-Artikel (aus den 70er Jahren) von Daniel Cohn-Bendit über Sexualität von Kindern, den Bettina Röhl, Tochter von Ulrike Meinhof, ausgegraben hatte.

Einer Projektion verklemmter Erwachsener gleich wird die Vorstellung des Kindes als lüsternes Wesen entwickelt, womit nicht nur Argumentationshilfen für Pädophile geliefert werden. Zu ihnen zählt Cohn-Bendit nicht. Dafür ist es, wenn Menschen zu Objekten werden, bis zur Legitimation von Flächenbombardements nicht weit: sie hätten, so das Credo, Deutschland vom Faschismus be-

---

[56] s. Thompson (Hg.), The Tenacity of the Cockroach.

freit. Flächenbombardements haben Deutschland zwar nicht vom Faschismus befreit, wohl aber offensichtlich von aller Vernunft. Ihr instrumentalisierter Ersatz hat den Vorteil, nicht mehr in seinen Mitteln erscheinen zu müssen. Zum Zuge kommt eine Gesinnung, die notfalls auch zu Verbrechen gegen die Menschlichkeit zwingt.

1928 riet der britische Labourminister Arthur Ponsoby, in Konfliktzeiten sei die Gegenseite als Alleinverantwortliche hinzustellen, auf ihre Brutalitäten und die eigenen Heldentaten hinzuweisen, sowie die edle Sache, die man verteidige, zu betonen. Kritiker hätten als Agenten des Feindes zu gelten (s. Morelli, Propagande de guerre). Damit kann man etwas anfangen. Neben Cohn-Bendit forderte 73 Jahre später auf dem Rostocker *Grünen*-Parteitag der Vorsitzende der *Heinrich-Böll-Stiftung* Ralf Fücks, einen Militäreinsatz gegen den „Terrorismus" nicht nur zu tolerieren, sondern zu unterstützen (womit es gelang, den Namensgeber der Stiftung zu besudeln wie es zu seinen Lebzeiten keiner Kampagne vergönnt war). Neben Fücks, ehemaliger Funktionär des stalinistischen KBW, profitierten auch Umweltminister Jürgen Trittin (KB), Ex-Staatssekretär im Außenministerium Ludger Volmer oder dortiger Europa-Referent Joscha Schmierer von der Ausbildung in straff geführten Kaderorganisationen. Sie begünstigen seit jeher Charakterschwächen bis hin zu schizophrenen Verhaltensweisen, wobei sich die *grüne* Bundestagsvizepräsidentin Antje Vollmar (Ex-KPD/AO) ganz offen zu ihrem Krankheitsbild bekannte: „Mein Ja [zum Krieg gegen Afghanistan] war eigentlich ein Nein".

Diese „Nein" war ein Ja zur „Befreiung" des Menschen als Befreiung *vom* Menschen. Das Konzept ist nicht originell und reicht vom Terror der Französischen Revolution über Stalins „Säuberungen" bis zu *free fire zones* in der Mandschurei und Vietnam. McNamara zerstörte Dörfer, um sie zu retten. So wie er dann als Weltbank-Direktor Volkswirtschaften ruinierte, damit sie aufblühten, gewann auch Goebbels den Zerstörungen in Deutschland eine gute Seite ab: man werde die Städte schöner aufbauen denn je. Die Menschen selber spielen in diesen Strategien keine Rolle. Angesichts des sich seit dem 11. September 2001 dramatisch verschärften Flüchtlingselends in Afghanistan meinte Fischer, diese katastrophale Lage sei schon vorher „eine Realität" gewesen: „Das Kernproblem [...] ist die Herrschaft der Taliban. Wenn man das Elend wirklich beenden will, dann muß man andere politische Verhältnisse herbeiführen." (SZ vom 18. Okt. 2001)

Das wollten auch Afghanen wie Abdul Haq, einer der erfolgreichsten Kommandanten im Kampf gegen die Sowjets. Er versuchte, im pakistanischen Exil und in Afghanistan den Widerstand zu organisieren und war gegen die Bombardements. Die US-Amerikaner hatten Glück, daß die Taliban wie schon am 9. September 2001 den Anführer der *Nordallianz*, Ahmed Schah Massud, Haq ermordeten. Jetzt war freie Bahn für den Triumph „unserer" Werte, zu deren Illustrierung DER SPIEGEL (am 22. Dez. 2001) nicht nur Kant zu einem Stichwortgeber für Kalenderweisheiten machte, sondern auch die *Beatles*, der lustige Spielmannszug aller Kultur-Globalisierer, und *Madonna* mobilisierte: es handelte sich um „klingende Freiheit". Als Dean Martin von „Clinging Wine" sang, war er wenigstens betrunken oder entbot eine Ode an seinen *Rest*alkohol, der noch nachklänge.

Das Reklamefoto der Sängerin *in concert* („bunte, weltoffene Vitalität") wird mit Steinigungen in Masar-i-Scharif (1991) in einen Kontrast gebracht, der den Beifall von MTV und Goebbels gefunden hätte. Seinen Zuarbeitern hätte die Unterstützung der Islamisten durch die U.S.A. ebenfalls nicht irritiert. Einheimische sind anspruchsvoller. Für sie soll es nicht nur so klingen wie Freiheit, weshalb sie zu ignorieren sind, wenn eine verhungernde Bevölkerung bombardiert werden soll, und zwar, so Rebellenstrategen, ohne Unterlaß, weil aus „Sorge um die Menschen" der Krieg so schnell wie möglich zu Ende geführt werden müsse. Terroristen werden zum Vorwand, mit Splitter-, Streu- und Siebentonnenbomben (*Daisy Cutters*), die in 500 Meter Umkreis nicht nur Butterblumen umknicken, das Terrain zu bereiten, über das man selber zu schreiten gedenkt. Alle Beschönigungen verweisen auf eine Gefühllosigkeit, die auch bei Geisteskrankheit anzutreffen ist und eine verbrecherische Logik ermöglicht.

Das Mitgefühl zumal für Menschen in unserer Nähe gehört zu den gattungsspezifischen Urinstinkten. Sein Fehlen verweist auf das Umschlagen einfachster Regungen in Kalkulation und Schematismus. Es fallen letzte Barrieren, die einem chronisch schizophrenen und latent faschistischen Charakter im Wege stehen. Einem am Boden Liegenden ist kein anderes Schicksal zugedacht als einem in

Obhut gegebenen Kind oder Zivilisten, die den Plänen großer Führer im Wege stehen. Hier mitzuwirken ist Ziel aller Funktionäre, bei der Vernichtung von Kulaken ebenso wie der von Juden. Rebellen sind eine effektive Stütze für autoritäre Lösungen, weil ihr hedonistischer Charakter eine nonkonformistische Einstellung suggeriert, wodurch sich die Teilhabe anderer glaubwürdiger ausschließen läßt. Die Avantgarde denkt für das Volk, weshalb ihr Wechsel in Führungsschichten keine Probleme bereitet – es kommt nur darauf an, wo sich die Möglichkeiten zur „gestalterischen" Tätigkeit anbieten. Auch SPD-Genossen, die von „Linksaußen" auf die Gegenseite geschwenkt sind, würden, so der IG-Bau-Vorsitzende Klaus Wiesehügel, prinzipiell dem Fußvolk vorwerfen, „einfach zu blöd [zu sein], die jeweilige Heilslehre zu kapieren." (zit. nach SZ vom 27./ 28. März 2004).

Um 1900 zeigte sich für Victor Adler das neue „Verantwortungsgefühl" als dumpfer Konformismus und „grinsende Skepsis gegenüber Allem, was proletarische Sittlichkeit [...] ist." (ders., Unmaßgebliche Betrachtungen, 779) Fischer feixte 2002 auf dem Berliner Parteitag wegen fehlender Gegenstimmen. Er kompensierte die Angst des arrivierten Rebellen, seine Balance zu verlieren. Die Aura des Widerspruchs ist die Folklore, die er braucht wie andere Methadon. Die SPD begründete im August 1914 die Billigung der Kriegskredite mit dem Kampf gegen das rückständige Rußland. 2001 waren die *Grünen* entsetzt über die Situation der Frauen in Afghanistan. Mit der Realität hat das wenig zu tun. Der 1. Weltkrieg wurde vom Deutschen Reich ausgelöst, nachdem es ein Attentat zum Anlaß einer Beistandserklärung machte. So wie die Habsburger Monarchie, die Serbien den Krieg erklärte, war auch das Deutsche Reich von einem gesellschaftlichen Immobilismus geprägt. Die Pfründe von Großagrarier und Schwerindustrie waren zunehmend gefährdet. In den U.S.A. verschlechterten sich die Wirtschaftsaussichten schon seit 2000, doch mit der Amtseinsetzung von Bush Anfang 2001 und dem Einfluß missionarischer Fanatiker erweiterte sich das Spektrum der Möglichkeiten hin zu kriegerischen Lösungen gesellschaftlicher Probleme erheblich.

Von neuen Perspektiven verstehen Rebellen etwas – zumal jene, die seit den 60er Jahren von der, so Frank Böckelmann und Herbert Nagel, „wohl komfortabelste[n] Revolte der Neuzeit" (dies., Nachwort, 490) profitierten. Der Wirtschaftsstandort warf Ballast ab in seinem Streben nach „Wettbewerbstauglichkeit" und „Reformfähigkeit". In dieser Ära, die noch lange dem liberalen Bürgertum das Wasser in die Augen treiben wird, bereitete sich die Gesellschaft mit der Diskreditierung traditioneller Bindungen auf eine erhöhte Flexibilität vor. Das „Aufbrechen verkrusteter Strukturen" wurde zur Leerformel und Kampfparole des technischen Fortschritts. Es war „das Programm des emanzipierten Finanzkapitals" (ebd., 493), das auch in der Vorbereitung des Irakkriegs zur Anwendung kam.

Man habe sich der Erkenntnis des *Revolutionärs, Visionisten und Moralisten im Weißen Haus* (SZ vom 28./ 29. Sept. 2002) anzuschließen, daß „radikale Antworten notwendig sind, um Frieden, Freiheit und Wohlstand auch für die künftigen Generationen zu sichern". Es folgte ein Loblied auf die Zerstörung „überkommener" Traditionen durch die Nachfolger von Thatcher und Reagan, den personifizierten Metaphern für Kapitalwillkür und Desozialisierung. In standardisierten Artikeln und Debatten hämmern uns immergleiche „Experten" die Vorzüge der herrschenden Ordnung ein. – ob sie nun in der Wirtschaft über Leichen geht oder im Krieg. Ihre Macht spiegelte sich wider auf dem Berliner Parteitag in Fischers Entsetzen über einen Antrag gegen die US-Präsenz in Europa *für alle Zeiten*. Angelerntes und Schlagwörter sind seine Welt – bis zur Karikatur.

Gegen ein „Ende der Geschichte" wird angeführt, sie sei während des Kalten Krieges nur zugeschüttet gewesen, was jene These auf den Kopf stellt, aber Perspektiven eröffnet. Im „islamischen Krisengürtel von Indonesien bis zu den Maghreb-Staaten", gelte es, mit präventiver Politik „die Modernisierungsblockaden aufzulösen." (s. SZ vom 21. Aug. 2003) Aus dem Schläger, der den Revolutionär gab, wurde der Parodist eines Geostrategen: eine „dreidimensionale Struktur" gliedert er in „Etagen", wobei die zwei oberen (die globale der „großen Mächte mit ihren Allianzen" und die regionale mit „ihren Konflikten") von der unteren am 11. September 2001 angegriffen worden sei – von den „sogenannten *failing states*, Staaten mit einer zusammengebrochenen Struktur." Das ist allenfalls so dreidimensional wie der dreischichtige Käsekuchen bei Muttern, an den unser Rebell gedacht haben mag, als ihm seine Lebensgeschichte durch den Kopf ging: über Barrikaden und „Konflikte" ging es nach oben, wo die Mächtigen sitzen und das Leben Spaß macht – in „ihren Allianzen". Wie schon Fred Astaire als Filmproduzent in *Silk Stockings* (Rouben Mamoulian, U.S.A. 1957) sagte: „Das ist doch der bessere Teil im Leben, oder?" (s. auch Bittermann/Deichmann, Wie Fischer lernte, die Bombe zu lieben)

Seine charakterliche Unreife und die Sucht nach Vermarktung machen den Rebellen zum Motor kapitalistischer Entwicklung. Die Demonstranten beim G-8-Treffen in Genua Juli 2001 waren für Fischer Vertreter eines "antiquierten Linksradikalismus". Antiquiert ist Deregulierern jeder, der von den Kräften des Marktes nicht zermalmt werden möchte (informativ das Gespräch zwischen dem Präsidenten der Bundesarchitektenkammer, Peter Conradi, und dem Staatssekretär im Wirtschaftsministerium von den *Grünen*, Rezzo Schlauch, in: SZ vom 2./3. Okt. 2003). Das Zugeständnis, daß Polizisten Bärte tragen dürfen, ist ein vertretbarer Preis dafür, daß sich von aller Bindung emanzipierte Individuen jede Idee einer Produktionsweise als schöpferischer Tätigkeit aus dem Kopf geschlagen haben. Die Indoktrinierungen, mit denen die Natürlichkeit von Profit und Herrschaft propagiert werden, sollten sich in der Stunde der Not bewähren.

Am 17. März 2002 erklärte ein arrivierter Rebell öffentlich: „es ist nicht Joschka Fischer, der Euch das zumutet", wobei er die Verwandlung eines alternativen Sammelbeckens in eine Kriegspartei meinte, „sondern die Realität mutet Euch etwas zu." (zit. nach SZ vom 18. März 2002) Diesen Konformismus haben nicht Rebellen erfunden. Auf „Realität" als vorgegebenes Gebilde wird immer insistiert, wenn zur Unterdrückung von Meinungen und Lebensformen ein monolithes Weltbild suggeriert werden soll. Analog zu Bolschewismus und Faschismus tritt der Kapitalismus um so totalitärer auf, je weiter der Zerfall der gewerkschaftlichen, politischen und kulturellen Opposition gediehen ist. Thatcher tönte: „There is no alternative."

Die bürgerliche Politik hat kein Subjekt, das den Sozialstaat abbaut, sondern die „Realität" gebiete Rentenkürzungen und Sparmaßnahmen bei sozial Schwachen. Für Fischer fielen die Deutschen nach 1945 nicht „Vertreibungen" zum Opfer, sondern einem „Prozeß der deutschen Selbstzerstörung" (zit. nach SZ vom 29. Okt. 2003). Geschichte wird zu einem anonymen Vorgang, der uns beherrscht, dem wir aber in plakativen Wendungen ein progressives Image verpassen. So bleiben nach Claudia Roth die *Grünen* „eine Anti-Kriegs-Partei, eine Partei mit hoher Friedenskompetenz" (zit. nach Elsässer, 15), weil Kriege nun „humanitäre Interventionen" sind. Wie die Globalisierung, die weltweit auch als Befreiung und Bereicherung empfunden werde, nicht abgelehnt werde, sondern zu „zähmen, zivilisieren und gestalten" sei, sind auch bei NATO, Kündigungsschutz oder Gesundheitsreform die Zwänge der Zeit einzusehen.

Die herrschenden „Tatsachen" existieren nur in einem politisch und ökonomisch gebotenen, dank charakterlicher Anpassung einleuchtenden Zusammenhang. Einwände sind ein Zeichen für Unvernunft, die von der Etablierung der Mächtigen besiegt wurde. In dieser Glaubenswelt sind die Scholastiker nicht von Einwänden zu erschüttern, auch nicht von einer neuen, offiziell abgesegneten Version. Die übernähmen sie wie die alte in toto. Nach dem Dritten Reich orientierte sich die Rechtmäßigkeit des Widerstands nicht an schreiendem Unrecht. Früher Widerstand blieb ein Verbrechen. Nach dem BGH mit seinem Präsidenten Hermann Weinkauff (von 1937-45 Richter am Reichsgericht) durften allenfalls Attentäter im letzten Augenblick angesichts des nahen Zusammenbruchs der staatlichen Ordnung zu dem Schluß gelangen, „ein Eingriff in den geschichtlichen Ablauf, ein Griff in das Rad der Geschichte", sei geboten (s. Friedrich, Amnestie, 281ff) – schließlich zeichnete sich militärisch ein Desaster ab.

Das Modell einer reformistischen Aufklärung läßt sich bis ins 18. Jahrhunderts zurückverfolgen. Spätestens nach der Säkularisierung stellte sich heraus, daß in einem naturrechtlichen System nicht Herrschaft selber zu kritisieren ist, sondern nur ihre religiöse Bindung. Dieser Aspekt mußte im 20. Jahrhundert die Bolschewisten faszinieren, denen mit der Kirche im zaristischen Rußland ein mächtiger Gegner gegenüberstand. Doch auch Industrienationen, wollen sie ihr Potential ausschöpfen, sind auf eine Herrschaftsideologie zwischen Affirmation des Gegebenen und eschatalogischem Versprechen angewiesen. Schon Paulus verlangte von den Sklaven, nicht auf ihre Freilassung zu bestehen, sondern sich mit dem spirituellen Trost der Erlösung durch einen allem Menschsein entrückten Jesus zu begnügen. Als Mahnung zu rezeptiver Demut dient heute nicht der leidende Christus am Kreuz, sondern Auschwitz, das neue Golgatha als letzte Zuflucht für Schurken, Rebellen und Biedergeister. Auch Fischer bediente sich beim Krieg gegen Jugoslawien aus dieser Trickkiste.[57]

Die rebellische Attitüde entsteht bei Hemmnissen im Verwertungsprozeß. Im Schein befreienden Strebens wird Sand aus dem Getriebe gefegt, was Beifall verspricht und den Aufstieg neuer Schichten in die Wege leitet. Der aufklärerische Impetus erlischt in Situationen, deren Meisterung einen unabhängigen Geist, die Freiheit des Handelns sowie die Furchtlosigkeit vor den Autoritäten und ihren Institutionen erfordert hätte. Wer auf „progressive" Geister gesetzt hat, muß sich nun mit dem Kalkül von Machtapparaten begnügen. Rebellen sind Simulanten des Suppenkasper-Syndroms, kippen nie vom Stuhl und löffeln am Ende die ganze Terrine aus.

---

[57] Mit „Nie wieder Auschwitz" unterstützten Paul Spiegel und der außenpolitische Sprecher der CDU/ CSU-Fraktion Friedbert Pflüger den Irakkrieg: gegen Diktatoren helfe nur Gewalt, Auschwitz sei auch von der Roten Armee befreit worden – unter dem Oberbefehl eines Diktators (s. SZ vom 27. Januar und 10. Febr. 2003). Der gleiche Charme einer beschränkten Sicht der Nazi-Verbrechen wird auch in der Rezension eines Buches von Claus Leggewie hervorgehoben. Die Ansicht des Autors: „Der singuläre Genozid hat das im Völkerrecht verankerte Nichteinmischungsgebot und damit den Kern der Souveränität der Staaten erheblich relativiert", wird gelobt, weil sein Engagement in dieser Frage jede „kritische Distanz" vergessen läßt. Bei Bedarf bewahre er natürlich einen „kühlen Kopf" – gegenüber Kritikern wie Chomsky mit seinem „manichäischen Weltbild". Soviel Lob will verdient sein (s. SZ von 27. Apr. 2004).

Ab dem 11. September 2001, als die Autorität ihre Stichwörter ausgab, sprach Fischer von der „neuen totalitären Bedrohung". Diese Merksätze haben keine Bedeutung. Wichtig ist, daß es keine Freiheit des Willens und der Erkenntnis gibt, sondern nur Servilität und Geistlosigkeit. Einer Leichenschändung nahe kam es, als der, so Tariq Ali, „kadavergrüne" Fischer anläßlich Kants 200sten Todestag am 12. Februar 2004 vor dessen Grab in Königsberg damit kokettierte, in den 70er-Jahren die *Kritik der praktischen Vernunft* gelesen zu haben. Denn während Kant von einer Realität spricht, die uns „reine praktische Vernunft" verschafft (KpV, 156), ist bei Rebellen jeden Augenblick zu befürchten, daß „neue Situationen" bedacht und „realistische" Schlüsse gezogen werden.

Cohn-Bendit als Anhänger der Massenvernichtung zu humanitären Zwecken rief bei Diskussionen zum Angriff gegen den Irak schnell „Hitler" dazwischen. Ende Februar 2003, als die Kriegsvorbereitungen abgeschlossen waren, meinte er, man müsse anerkennen, wie Bush nach dem 11. September 2001 „die Nation zusammengehalten hat" und dürfe es sich mit der Beurteilung „nicht zu leicht machen" (s. SZ vom 28. Febr. 2003). Der Vorsitzende des Auswärtigen Ausschusses des Deutschen Bundestags Hans-Ulrich Klose (SPD) hielt es schon im Mai 2002 für „unvorstellbar", daß sich Deutschland einer Aktion gegen den Irak entziehen könnte (s. SZ vom 23.). Später monierte er, Schröder fehle es an Verständnis für die kulturell begründete Angst der U.S.A., deren historische Mission als „sicherer Hafen für die ganze Welt" durch den Terrorismus bedroht werde (s. SZ vom 15./ 16. Febr. 2003). Klose und andere Ex-Rebellen haben zu Hause einen Globus stehen – einen Globus von den U.S.A., dem, so Fischer, „Mutterland der Demokratie". Stets „ein Leuchtturm für Frieden, die Herrschaft des Rechts und für Demokratie und Freiheit" gewesen, sei die Führungsrolle der U.S.A. „unverzichtbar", wie er im Mai 2004 bei einem Besuch in Washington versicherte, als sein Modellbaukasten gerade durch die Folterungen im Irak illuminiert wurde.

Reime auf der Kindertrompete hätten spätestens Mitte Januar 2003, als die größte Militärmacht der Weltgeschichte den Irak eingekreist hatte wie ihre Kavallerie ein Indianerlager, mit zum Angriff geblasen. Schon die Auswirkungen des Embargos oder die 260.000 Einsätze britischer und US-Bomber seit 1992 wurden kommentarlos hingenommen. Nach Rolf Ekeus infiltrierten die U.S.A. in seiner Zeit als Leiter der UN-Inspektionen (1991-1997) das Überwachungspersonal mit Geheimdienstleuten und übten Druck aus, eine Konfrontation mit den irakischen Behörden zu provozieren. Es sollte die Notwendigkeit einer militärischen Aktion bewiesen werden, die dann auch im Dezember 1998 erfolgte, als die U.S.A. ohne UN-Mandat den Irak bombardierten. Der ehemalige UN-Waffeninspekteur Ritter, eingetragener Republikaner und 2000 noch Bush-Wähler, nannte im Sommer 2002 Rumsfeld einen „Lügner" und beschuldigte die US-Führung, sie wolle jede diplomatische Lösung des Konflikts verhindern (s. SZ vom 10. Sept. 2002; Pitt/ Ritter, Krieg gegen den Irak).

Seit Hitler sind nicht so unverfroren Vorbereitungen für einen Überfall getroffen worden. Bush nannte ein irakisches Dossier eine „Enttäuschung für diejenigen, die sich nach Frieden sehnen" (zit. nach SZ vom 21./ 22. Dez. 2002). Man war an das Münchener Abkommen erinnert, als es Hitler den Angstschweiß auf die Stirn trieb, daß im letzten Augenblick irgendein „Schweinehund mit einem Vermittlungsvorschlag" in die Quere käme. Die *grünen* Realpolitiker brachten niemanden ins Schwitzen. Sie meinten im Dezember 2002, die Resolution 1441 des UN-Sicherheitsrats könne von den U.S.A. als Mandat für einen Angriff gegen den Irak ausgelegt werden. Die Unterscheidung zwischen mandatiertem und nichtmandatiertem Einsatz sei „eine Debatte von gestern" (Fischer) – wobei die US-Interpretation der Resolution „kaum als völkerrechtswidrig" angesehen werden könne, wie ein Vorsitzender der *Grünen* sekundierte (s. SZ vom 17. Dez. 2002).

Das paßte. Tags zuvor wurde gemeldet, die U.S.A. hätten mit 50 Lastwagen und 500 „Militärexperten" die nordirakische Grenze überschritten. Nach der Weihnachtspause 2002 erklärte Fischer, Deutschland könnte durchaus einem Kriegseinsatz gegen den Irak zustimmen (s. DER SPIEGEL sowie SZ vom 30. Dez. 2002). Dazu kam es dank der Allianz mit Frankreich nicht, wovon sich Fischer bei seinem ersten Besuch in den U.S.A. nach dem einseitig erklärten Ende der Kampfhandlungen abzusetzen sofort befleißigte (s. SZ vom 19./ 20. Juli 2003). Seine Bestrebungen gehen prinzipiell dahin, die Idee eines Kerneuropas aufzugeben zugunsten einer informellen Groß-EU, die gerade noch fähig ist, die Vorgaben der U.S.A. abzunicken und „strategische Verantwortung" zu übernehmen (s. SZ vom 1. April 2004).

Fischer verkörpert den Prototyp des Aufsteigers, der die Unterwürfigkeit des Kleinbürgers beibehält (vielleicht machen die U.S.A. ihn eines Tages zum UN-Generalsekretär, damit seine Willfähigkeit zusammen mit einem ständigen Sitz im Sicherheitsrat sie aus der Sackgasse ihres Irak-Abenteuers hilft). Solche Leute sind Teil der Illusionen, die eine Gesellschaft über sich selbst hat und über einen Wandel, der bloße Modifizierung ist. Diese Klischees sind die Kehrseite einer Ergebenheit in den gesellschaftlichen Status quo. Niemand kann und will sich vorstellen, in welche Richtung Maßnahmen zur Aufhebung von Ohnmacht und Verdrossenheit zu ergreifen wären. Das moralische Versagen wird rationalisiert durch die „Progressivität" des Rebellentums, dem eine wichtige Funktion als Herrschaftsstütze zukommt. Die heilsgeschichtlichen Erwartungen, die es verkörpert, gleichen dem religiösen Sendungsbewußtsein, worin die U.S.A. ihre Schreckensherrschaft einkleiden. Allerdings sind ihre Grenzen auch Grenzen von Betrug und Selbstbetrug. Sie könnten bereits überschritten sein. Die Chancen hierfür stehen nicht schlecht.

XIV

In den Wellen der Spekulation

> *Es hat ja nur ein paar Tausend Tote gegeben,*
> *und was ist das, verglichen mit dem, was die*
> *U.S.A. im Nahen Osten gewinnen könnten?*
> Michael Springmann (zum 11. September 2001)

Mit dem Zusammenbruch des Energieversorgers *Enron*, größter Konkurs der US-Geschichte, sind schlagartig eine Reihe von Luftschlösser eingestürzt. Die Symptome einer Wirtschaft auf Pump traten schon in den 80er Jahre beim Zusammenbruch von 2.700 Banken, vornehmlich sogenannter *Savings&Loans Associations*, zu Tage und wurden Anfang der 90er unter Bush sen. mit 150 Mrd. USD Steuergeldern verdeckt. Der nächste Versuch, die Probleme zu bewältigen, war geleitet von dem Gedanken, daß die U.S.A. ein Land ohne Banken seien und Kuwait eine Bank ohne Land. Unter Bush jun. (und einer weitgehend identischen Clique) standen die nächsten Kriege auf der Tagesordnung. Der Betrug war der gleiche. Nicht nur Leute wie der *Enron*-Manager Jeffrey Skilling, der in stalinistischer Manier jedes Jahr fünf Prozent der

Mitarbeiter mit dem schlechtesten Ertrag aussortierte, hatten, „die Welt umgedreht": „Wir arbeiten nicht mehr für unser Vermögen, das Vermögen arbeitet für uns." (zit. nach SZ vom 28. Febr. 2002) So denkt jedes Imperium, solange ihm wie in der Hausse einer Spekulationswelle zufliegt, was es begehrt.

Wirtschaftliche Stärke, politischer Einfluß, militärische Präsenz, kulturelle und ideologische Indoktrinierung schaffen einen Rahmen, der als zusätzliche Produktivkraft die eigenen Ziele befördert. Die Kreativität der Buchführung orientiert sich an der Erwartung, in einem Jonglierakt zunächst Spielräume, Emotionen, Sachzwänge und schließlich Gegebenheiten schaffen zu können. Diese Bluffs muß jedes Imperium beherrschen. Doch die Akkumulation dieser Art von Vorteilen ist auch eine Akkumulation von Risiken. Auf einmal steht eine Firma wie *WorldCom* mit sieben Mrd. USD Schulden da, wobei ihr wie *Enron* kurz zuvor die Rating-Agenturen *Standard&Poor's* und *Moody's* solide Finanzen bescheinigt hatten (auch der Nahrungsmittelkonzern *Parmalat*, italienisches Muster des globalisierten Betrugs, wurde bei einem Schuldenstand von 14.3 Mrd. EUR bis kurz vor der Insolvenz von Analysten auf „strong buy" eingestuft – die *Deutsche Bank* erwarb sogar noch 5.1% des Kapitals).

Das Ende der *New Economy* war das Ende damit verbundener Kapitalzuflüsse und spekulativer Gewinne. Mangelnde Produktivität und nicht mehr durch Leistungsbilanzüberschüsse zu kompensierende Defizite in Handel und Staatshaushalt werden, gar mit sozialen

Unruhen und einem sich emanzipierenden Europa (ein-schließlich des von den U.S.A. abgelehnten *Euro*), für Ernüchterung sorgen.[58] Der Abwärtstrend reißt die eigene Nomenklatura mit. 71 der 100 Senatoren standen auf der Spendenliste von *Enron*, wie Bush und sein Justizminister. Sein Staatssekretär im Verteidigungsministerium, sein Handelsbeauftragter und sein Wirtschaftsberater waren Berater der Firma, mit der sein Stellvertreter sowie der Wirtschaftsminister branchenmäßig verbunden waren. Zu Gunsten von *Enron* übte schon Clintons Botschafter in Mosambique soviel Druck aus, daß *amnesty international* aufmerksam wurde. Nach dem Amtswechsel flossen Gelder an den Führer der Republikaner, Thomas DeLay, der den Gesetzentwurf bezüglich einer Deregulierung des Elektrizitätsmarktes einbrachte – es waren sinnvolle Inve-stitionen, denn der für die Allgemeinheit 40 Mrd. USD

---

[58] Bereits ein halbes Jahr nach Einführung der Einheitswährung als Zahlungs-mittel hätten sich, so Ökonomen von *Lehmann Brothers* oder *Morgan Stanley*, viele Großinvestoren umorientiert (s. SZ vom 15./ 16. Juni 2002). Jede Ver-änderung kann sich als schmerzhaft erweisen, denn das Bild einer Überlegen-heit der US-Wirtschaft werde, so der Leiter der Aktienmarktstrategie beim Bankhaus *Sal. Oppenheim*, „zunehmend in Frage gestellt." (zit. nach SZ vom 27. Juni 2002). Das Leistungsbilanzdefizit betrug 2003 fünf Prozent der Wirtschaftskraft (an die 500 Mrd. USD gegenüber einem Plus von 56 Mrd. in Euroland). Im zweiten Quartal 2004 erreichte es nach 147 Mrd. und 127 Mrd. die Rekordhöhe von 166 USD. Im Fiskaljahr 2004 lag das Haushalts-defizit bei 413 Mrd., gegenüber 2002 eine Steigerung von 160%. Die auslän-dischen Direktinvestitionen lagen 2002 bei 30 Mrd. USD, einem Zehntel des Jahres 2000. Anfang 2003 war die Industriekapazität mit 74% so niedrig aus-gelastet wie seit 1982 nicht mehr. Das Handelsbilanzdefizit belief sich 2003 auf rund 530 Mrd. USD, zwischen Juni und August 2004 waren es bereits 160 Mrd.

teure Probelauf für „freien" Stromhandel in Kalifornien führte zu einer Verknappung des Angebots und exorbitanten Preisen (außer in Los Angeles, dessen Versorgung noch städtisch ist).

Sowohl Bush als auch Cheney werden verdächtigt, in Bilanzfälschungen und Insidergeschäfte verwickelt gewesen zu sein. Bush kaufte als Vorstandsmitglied von *Harken Energy Corp.* auf verbilligten Firmenkredit Aktien seiner Firma, von denen er sich im Juni 1990 nach internen Warnungen trennte. Ende des Jahres hatten sie drei Viertel ihres Werts verloren. Ermittlungen seitens der SEC gegen den Präsidentensohn, der 34 Wochen lang sein Spekulantengeschick unter den Scheffel stellte, wurden im März 1992 eingestellt – so wie schon dreimal zuvor, als Bush gegen Bundesrecht verstoßen und nicht ordnungsgemäß gemeldet hatte. Schneller reagierte er, als es nicht mehr angebracht war, sich der Freundschaft und Unterstützung des Chefs von *Enron* zu rühmen. Auch den US-Vermögensverwalter der Familie bin Ladens, der in Bushs Firma *Arbusto* investierte, kennt niemand mehr. *Arbusto* ging 1986 in *Harken* auf, aber *Harken* kennt auch niemand mehr. Cheney geriet bei der Börsenaufsicht SEC wiederholt ins Visier wegen Bilanzpraktiken des Energieausrüsters *Halliburton*, dessen Vorstand er von 1995 bis 2000 war. In einem Werbevideo pries Cheney die Wirtschaftsprüfgesellschaft *Arthur Andersen*, über die zu klagen neben seiner Firma auch die Defraudanten von *Enron*, *Global Crossing* oder *WorldCom* keinen Grund hatten. Am 10. Juli 2002 ist gegen ihn Klage wegen Bilanzbetrugs eingereicht worden.

Man kann mit Michel de Montaigne ‚nicht begreifen, wie die Fürsten so leicht glauben können, daß sie alles sind, und warum die Völker so bereit sind zu glauben, sie seien nichts." (zit. nach Boetie, Knechtschaft, 43 Fn.) Es geht solange gut, wie das Bewußtsein kapituliert vor einem Zahlenwerk, das nichts ist als ein Vorgriff auf Hoffnungen und Erwartungen. Imponierendes Auftreten gehört zum imperialen Wesen, Manipulation zu seiner Politik. Es ist sinnbildhaft, daß Perle, einer der verwegensten Spekulanten in hegemonialer Absicht, März 2003 den Vorsitz des *Defense Policy Board* niederlegte wegen geschäftlicher Verbindungen zu einem betrügerischen Unternehmen, das *Global Crossing* hieß. Es war hoch verschuldet. Der Vorstoß ins Blaue führte zu einem Minus von 12 Mrd. USD (elf Monate später schied Perle ganz aus dem *Pentagon*-Beratungsausschuß aus). Die Grenze zum Betrug ist fließend, wenn nach Robert J. Shiller ein Kurs-Gewinn-Verhältnis von 15 historischer Durchschnitt ist, es aber 2000 fast 45 betrug und selbst 2002 immer noch absurde 30 (s. SZ vom 22. Juli 2002). Für 2004 ging S&P von 17 aus.

Die Kasinomentalität wurde von dem Wahl- und mutmaßlichen Bilanzbetrüger Bush ebenso wie seine Kriegsverbrechen in schwülstige Metaphern verkleidet. Mit den gleichen religiös gefärbte Allgemeinplätze sollten kriminelle Manager beeindruckt werden. Er verstärkt die Probleme einer äußerst hierarchischen Klassengesellschaft, indem er die einseitige Verteilung des gesellschaftlichen Wohlstands, die mit den Siegen in Punischen Kriegen ohnehin schon unaufhörlich pervertiert, bis zur Parodie radikalisiert. Aber das eigentliche Verhängnis liegt tiefer, so wie unter ihm die Bilanzfälschungen nur ans Tageslicht kamen und auch die entlassenen Beschäftigten schon vorher Betrogene waren. Unzählige haben mit dem Kursverfall ihre Altersversorgung verloren, was den Nachteil einer *nicht*staatlichen Rentenversicherung unterstreicht. Hier vollzieht sich eine weitere unheilvolle Entwicklung des Neoliberalismus. Es ist ein Pulverfaß, das trocken zu halten nicht gelingen wird, schon gar nicht in den U.S.A.

Nur 17% der Beschäftigten haben eine garantierte Betriebsrente. Der Absturz der Aktienkurse trieb Ende 2002 nach *Merrill Lynch* die Verbindlichkeiten bei Pensionsplänen für 348 der 500 Unternehmen im *Standard&Poor's Index* auf bis zu 324 Mrd. USD. Die Stahlindustrie ist auch wegen der Zahlungen an ihre Rentner nicht mehr konkurrenzfähig. Das System ist auf permanentes Wachstum angewiesen, und jede Branche in einem Strukturwandel steht vor zusätzlichen Schwierigkeiten. Da die gesetzliche Sozialversicherung in den U.S.A. nur 7.5% des letzten Einkommens abdeckt, sind die Pensionsfonds ein weiterer Betrug. Ihre Auszahlungen stagnierten oder verminderten sich zwischen 1983 und 1998 – außer für die oberen 20 bzw. 5%, bei denen sie sich um 19 bzw. 176% steigerten.[59] In Großbritannien, dem europäischen Vorreiter der Marktorientierung, wurde Mitte 2004 das

---

[59] s. *International Herald Tribune* vom 22. Febr. 2002, zit. nach *LE MONDE diplomatique*, Avril 2002.

Defizit aller betrieblichen Rentenfonds auf 225 Mrd. EUR geschätzt, wobei 60.000 Arbeitnehmer bereits Betroffene des Kollapses sind.

Das Gesundheitssystem ist nicht weniger marode. Niemand auf der Welt zahlt dafür so viel wie die Bürger der U.S.A., wobei sich die Kosten für die nichtsolidargemeinschaftliche Krankenversicherung in fünf Jahren fast verdoppelt haben (was im Juni 2003 zum ersten Streik bei *General Electric* seit 1969 führte). „Eigenvorsorge" dient der oligarchischen Plünderung, deren Zweck alle Mittel heiligt, sofern sie schnelle Erfolge zeitigen. Sie können sich sehen lassen. Nach einer Schätzung von *Merrill Lynch* belaufen sich die in Steueroasen angelegten Gelder auf 3.3 Billionen USD, nach dem IWF auf 5.5, was 25% des gesamten Welteinkommens wäre (s. Chossudovsky, Global, 29). Diese ungeheuren Werte sind das Resultat des Kreuzzugs, den die Mächtigen nach Punischen Kriegen gegen die produktiv Tätigen führen. Viele leere Hände stehen wenigen vollen Taschen gegenüber.

Die Scheinblüten sind angewiesen auf finanzkapitalistische Kunstgriffe. Die Buchhaltungs- und Bilanzierungsprinzipien der U.S.A., die *Generally Accepted Accounting Principles*, begünstigen die Überbewertung von Aktiva und die Unterbewertung von Passiva. Die Diskrepanz wurde 2002 durch neue Standards etwas gemildert, wodurch viele Firmen in die Verlustzone rutschten. Bislang konnten Schulden noch jahrelang mit Gewinnen verrechnet werden und galten als Aktiva. Auch wurden die Optionswerte nicht als Belastungen verbucht. Insgesamt wären die Gewinne der im US-Index enthaltenen Unternehmen für das Jahr 2001 um 30% (rund 45 Mrd. USD) niedriger ausgefallen, im High-Tech-Sektor sogar um 75%, 2000 um 25% (s. SZ vom 13./ 14. Juli 2002). Bei *UBS Warburg* kam man bei den 500 Unternehmen im S&P-Index zu dem Ergebnis, daß sie (2002) 41% zu viel Gewinn ausgewiesen hätten (s. SZ vom 7. Okt. 2003).

Der Schwindel fliegt nicht auf, solange andere die Zeche zahlen, worauf alle Rentabilität imperialer Systeme beruht. Die Bedeutung von Börse, Spekulation, Finanzanlagen und Militäraktionen beeinträchtigt den Realitätssinn. Reichtum wird zu einer fiktiven Größe, Erfolg eine bloße Zahl. Der Weg ist vorgezeichnet hin zur Täuschung, daß der ausgewiesene Wert eines Unternehmens real sei – und nicht auf Schall und Rauch basiere wie in den 90er Jahren mit dem längsten Aufschwung der US-Geschichte, ohne daß die Mehrheit davon profitiert hätte. Es war ein Krisenjahrzehnt, in dem als beschäftigt galt, wer länger als eine Stunde in der Woche arbeitete, ein Drittel arbeitslos oder unterbeschäftigt war und das Einkommensgefälle sich dramatisch vergrößerte. Die Armutsrate erreichte 1998 phänomenale 12.7%, die erst 2003 unter Bush jr. übertroffen wurden.

Nicht besonders hoch hingegen sei die Produktivität gewesen, befand danach die Federal Reserve Bank in New York. Man habe übersehen, daß die Menschen „heimlich" immer mehr gearbeitet hätten. So heimlich war es nicht. Mit den Maximen von Flexibilität, Motivation und Eigeninitiative wurde die erhöhte Ausbeutung zum Gebot der

Stunde. Außer in Südkorea und Tschechien wird nirgends auf der Welt so lange gearbeitet wie in den U.S.A., die zwischen 1990 und 2000 noch einmal fast zwei Prozent zulegten (analog wird in der EU in Großbritannien am längsten gearbeitet).[60] Nach Notenbankchef Alan Greenspan hatte die US-Wirtschaft die herrschende Lehre über Wachstum und Produktivität außer Kraft gesetzt. Außer Kraft gesetzt war nur jedes vernünftige Maß der Verteilung.

Die gewaltigen Geldsummen, die täglich den Erdball umkreisen, sind dem Wirtschaftsprozeß entzogen, weil sie keine Anlage in produktiven Sektoren finden (s. Grossmann, Zusammenbruchsgesetz, 530ff). Das Wachstum hat sich seit den 70er Jahren vermindert. Statt dessen werden zunehmend aus Geldern, das aus Seifenblasen entstanden, wieder Seifenblasen. Das ist allerdings nicht die definitive Krise, sondern zunächst nur eine Voraussetzung, sie zu überwinden. Die Spekulation ist ein Mittel, die mangelnde Produktivität durch Kapitalkonzentration zu überwinden. Mit den Kursverlusten ist nichts verloren. Das Geld der Anleger ist nicht weg – es haben jetzt nur andere. Der Stalinsche Massenterror hatte einen ähnlichen Zweck verfolgt: Enteignungen im großen Stil. Anders funktioniert kein kapitalistisches System, weshalb der Kampf um die transatlantischen Latifundien nie endet und mit der „Globalisierung" eine neue Form angenommen hat.

---

[60] s. Ibrahim Warde, Surexploitation joyeuse aux Etats-Unis, in: *LE MONDE diplomatique*, Mars 2002; Schor, Overworked America.

Sowenig wie Ausgaben, die als Einnahmen verbucht werden, sind auch die militärischen Aktivitäten der U.S.A. „profitabel". Sie sind verbunden mit den Klassen-, Vermögens- und sonstigen Herrschaftsverhältnissen, deren Führungsschichten die Rüstungsaufträge zu Gute kommen. „Der Krieg ernährt den Krieg", läßt Schiller einen General in seinen *Piccolomini* sagen (1. Aufzug, 2. Auftritt). Nichts ist sonst dazu in der Lage. Gleichzeitig ist es eine Investition in die Zukunft, denn die globale Ausplünderung ist nicht umsonst zu haben. So hoffte Horst Köhler, damals Direktor einer Unterabteilung des US-Finanzministeriums (IWF) und im Mai 2004 von den deutschen Rechtsparteien zum Bundespräsidenten gewählt, ein kurzer Irak-Krieg hätte positive Auswirkungen auf die „Weltwirtschaft" (s. SZ vom 21./ 22. Sept. 2002). Damit deutete er an, daß der imperialen Besessenheit wie jeder Bilanzfälschung eine spekulative Produktivität innewohnt. Zwar ist der niedrige Preis für fossile Brennstoffe, der von der Flotte im Persischen Golf gestützt wird, reine Fiktion, da die Präsenz der US-Marine auf eine 30%ige Subventionierung hinausläuft. Doch die gegebenen Strukturen erfordern permanente „Drohkulissen" für nationale Bewegungen sowie Basen für neue Vorstöße. Diese militaristische Grundstruktur ist auf ein weltumspannendes Bündnissystem angewiesen, soll es funktionieren und zu finanzieren sein.

Bereits im 2. Weltkrieg beherrschten die U.S.A. eine Koalition von *Alliierten*, die sie sich für den Koreakrieg von einem Mandat der UNO bescheren ließen. In Vietnam wurden fremde Truppen von Bundesgenossen *sine suffragio* verpflichtet, woraufhin sich Australier und Südkoreaner symbolisch beteiligten. Damit begnügte sich das Imperium 1991 im Golfkrieg nicht: es verlangte Truppen aus aller Herren Länder und *tributum* von jenen, die Grund zur Dankbarkeit hatten (Kuwait und Saudi-Arabien) oder sich fernhielten (Deutschland etwa zehn Mrd. USD, Japan 13). Von den reinen Kriegskosten blieb nur ein Fünftel bei den U.S.A. hängen. Eine weitere Kostensenkung hätte die Stationierung von NATO-Truppen am Golf bedeutet. Entsprechende Pläne seiner Regierung erläuterte der seinerzeitige Außenminister James Baker vor einem Kongreßausschuß.[61]

2003 hatte der Aggressor noch nicht Bagdad erreicht, als Powell die Entsendung einer NATO-„Schutztruppe" vorschlug. Im Juli wurde der Charakter des Irakvorstoßes als Hasardspiel offenbar. Die Unfähigkeit, eine Zivilverwaltung aufzubauen, tägliche Attacken auf die US-Besatzer und monatliche Kosten in Höhe von vier Mrd. USD, mit denen der Besatzer nicht ansatzweise seiner Verpflichtung für Recht, öffentliche Ordnung und Schutz der Bevölkerung nachkommen kann, ließen beim Prokonsul die Vorstellung reifen, sowohl die einheimischen Steuerzahler als auch fremde Regierungen um „substantielle Summen" zu bitten (zit. nach SZ vom 28. Aug. 2003). Mitte 2004 waren die Kriegskosten auf 200 Mrd. USD

---

[61] s. Joel Beinin, Die Ursprünge des Golfkriegs, in: Chomsky et al., Weltordnung, 65.

angestiegen. Schon ein Jahr zuvor hatte Rumsfeld in Gestalt der NATO eine „internationale" Lösung ins Spiel gebracht (s. SZ vom 12./ 13. Juli 2003). Bei Afghanistan gelang es. Die Bedeutung von UN-Resolution und Zustimmung der Bundesgenossen liegt nicht in der Legitimität, sondern in den Kosten. Die U.S.A. können sich wie jedes Imperium nur bereichern, wenn andere bezahlen. „Alliierte" sind Tributpflichtige, kleine Anleger in riskante Unternehmen, die freilich nicht wie der Irak die Dimension eines *Enron*-Desasters annehmen dürfen.

Zur Übernahme der Aufgaben, die während des Zweiten Weltkriegs die Sowjet Union erfüllte, mußte ein neues „Bündnis" geschaffen werden, das mit der Auflösung des Ostblocks seinen offiziellen Zweck verloren hatte. Deshalb sollte nach den Erfahrungen von Golfkrieg, Kosovo und Mazedonien auf Drängen der U.S.A. ab 1999 der Bündnisfall eintreten können, falls „Akte des Terrorismus, der Sabotage und des organisierten Verbrechens sowie der Unterbrechung der Zufuhr lebenswichtiger Ressourcen" die Sicherheitsinteressen der Allianz berührten. Mit dem 11. September 2001 war damit der permanente Kriegszustand eingeläutet, zu dessen Finanzierung permanent Tribut zustünde. Ein Jahr später stand das Konzept einer NATO-Einsatztruppe, mit dem das „Bündnis" auf Bedrohungen wie Terrorismus oder Massenvernichtungswaffen reagieren könne – schneller als wie „zur Zeit in Bezug auf den Irak" (so ein hochrangiger NATO-Vertreter, zit. nach SZ vom 19. Sept. 2002). Auf diese Weise bliebe die NATO, was sie immer war: ein Instrument der U.S.A. für globale „Sicherheit" vor europäische „Sonderwege". Ergänzend wurde die bisherige Strategie der Abschreckung aufgegeben zugunsten einer Taktik der Präventivschläge (s. SZ vom 21./ 22. Sept. 2002).

Mit der Besetzung des Iraks hatte eine radikalisierte Oligarchie eine strategische Absicherung der zweitgrößten Ölreserven der Welt durchgeboxt, gleichzeitig aber einen Nagel in den eigenen Sarg getrieben. Erstmals wurde der Führungsanspruch gegenüber den „Bundesgenossen" erschüttert. Er stieß nicht nur von Anfang auf einen Millionenprotest in aller Welt, sondern vor allem auf eine Phalanx Frankreich-Deutschland-Rußland (plus China). Diese Koalition besteht aus Ländern, die ihre Zukunft jenseits einer US-Hegemonie erkannt haben, während Großbritannien wegen der starken Verbindungen in Ölgeschäft, Rüstungsindustrie und Finanzkapital eine distanziertere Position noch als ruinös betrachtet.

Dem fünf Tage vor Beginn der Bombardierung Jugoslawiens am 19. März 1999 vom Kongreß verabschiedeten *Silk Road Strategy Act*, der auf die Einordnung des zentralkontinentalen Gebiets zwischen der Adria und China in das Imperium abzielt, wurde mit Afghanistan schon Nachdruck verliehen (s. Chossudovsky, 391ff). Die Voraussetzungen waren für die U.S.A. nach dem 11. September 2001 einmalig. Es war nur eine Frage der Zeit, bis unter ungünstigeren Bedingungen der Widerstand konkurrierender Mächte sich weckte. So war der Angriff auf den Iraks zwar ein Erfolg, sofern man beim Sieg der größten Kriegsmaschinerie aller Zeiten über ein am Boden liegendes Dritte-Welt-Land von Erfolg sprechen kann. Weniger erfolgreich war die mit schlichten Bildern dekorierte Strategie der „Befreiung". Ihr Fiasko wurde zu einem Risiko für den Rückhalt bei den Menschen im eigenen Land wie in den Protektoraten. Unweigerlich kam es für die U.S.A. zu einem Imageverlust, zur Förderung von „Ressentiments" und der zunehmenden Ablehnung imperialer Machtstrukturen, auf die eine Kriegswirtschaft angewiesen ist.

Krieg ist die Fortsetzung der Politik mit anderen Mitteln, meinte Clausewitz, weshalb man über den Sinn der Politik nachdenken sollte. Ist sie auf Krieg angewiesen, sind ihre Grenzen absehbar, was sich nach dem 11. September 2001 verdeutlichte. Allein der erhöhte Aufwand für Logistik, Versicherung, Haftung und Sicherheitskontrollen kostete geschätzte 151 Mrd. USD und vermindert zusammen mit dem Anstieg des Kriegsbudgets die Rentabilität der Volkswirtschaft. Den Exporten kosteten nach einer Studie des Außenhandelsverbandes (Foreign Trade Council) die verschärften Visabestimmungen innerhalb von zwei Jahren 30 Mrd. USD. Doch die Plünderung darf nicht ins Stocken geraten. Das ganze Gebilde ist fragil wie die Selbstgewißheit eines Irrsinnigen unter dem Beifall seiner Umgebung. Versiegt er, werden verstärkte Krankheitssymptome den Verfall zu Tage fördern. Vertrauensverlust kann sich keine Wirtschaft leisten – schon gar nicht eine, die von Anfang an auf tönernden Füßen stand.

Die Baisse Ende 2000 verlangte verstärkte Überlegungen, neue Quellen weltweiter Ausplünderung zu finden. Der größte Raubzug der Weltgeschichte muß weitergehen, weshalb das Militärbudget 2003 in etwa so hoch ist wie das der restlichen 191 Staaten der Erde zusammen. Diese Ausgaben drücken sowohl den Umfang der Ausbeutung im Innern aus als auch den Zwang, im aggressiven Auftreten nach Außen nicht nachzulassen. Auf der einen Seite geht es nicht anders. Zumindest ist es für die Politik fast unmöglich, auf Grund der jahrzehntelang gewachsenen Sachzwänge, des mit ihnen entstandenen Gesellschaftscharakters sowie der ihnen angepaßten Charakterstrukturen den gegebenen Rahmen merklich zu verlassen. Doch auf der anderen Seite erweist sich der Weg der Kriegswirtschaft mit ihren unlösbaren Widersprüchen definitiv als Sackgasse.

Nach einer Reihe von Rückschlägen insbesondere unter den republikanischen Präsidenten Reagan und Bush sen. (1981-1993) kam es unter Clinton noch einmal zu einer Blüte, deren Charakter mit dem Platzen der *New-Economy*-Blase unübersehbar wurde. Der Krieg gegen den Irak war die nächste Fehlkalkulation. Autoritäre Fixierungen erlagen der ihnen eigentümlichen Dynamik, obwohl es im Januar 2003 einer Planungsgruppe des *Pentagon* unter Feith dämmerte, daß angesichts der Militärausgaben, auf die man sitzen bleiben würde, und milliardenschwerer Investitionen in die Ölproduktion die mesopotamische Spekulation nicht einmal langfristig aufgehen würde.[62] Es waren solche Kosten-Nutzen-Faktoren, die

---

[62] s. Yahya Sadowski, Vérités et mensonges sur l'enjeu pétrolier, in: *LE MONDE diplomatique*, Avril 2003.

eine Gruppe republikanischer Geschäftsleute zu ihrer
ganzseitigen Anzeige gegen einen Krieg im *Wall Street
Journal* trieben. Doch es blieb bei den Ritualen imperialer
Machtausübung und jeder, der die eingeforderte Gefolgschaft nicht „freiwillig" entbot oder gar verweigerte, lief
Gefahr, irrelevant, tyrannisiert oder als „Freund der Terroristen" ausradiert zu werden.

Seine besten Zeiten hat das Imperium hinter sich. Jetzt
kann es nur noch versuchen, den Großteil der bereitzu-
stellenden Gelder an eigene Firmen wie private Sicher-
heitsapparate gehen oder, so Untersuchungen der US-
Organisation *Christian Aid*, den Verbleib von mindestens
20 Mrd. USD aus irakischen Öleinnahmen „ungeklärt" zu
lassen (s. SZ vom 29. Juni 2004). Das sind Zeichen der
Auflösung, die stets panische Fehleinschätzungen begünstigen. Sie wiederum gefährden den Beistand der Protek-
torate und damit das Imperium selber. Dessen Kohärenz
ist nicht erst mit dem Irak-Krieg im Schwinden. Schon
nach den Anschlägen am 11. September 2001 konnte
nicht verhindert werden, daß eine Diskrepanz wie selten
auftrat zwischen den Überlegungen, die sich Menschen
auf der Straße machten, und den Worthülsen seitens Politikern wie Medien.

Nach dem 11. September 2001 fiel in der Abiturklasse
meiner Tochter der Satz, endlich hätten „die Amis eins in
die Fresse gekriegt". Ein halbes Jahr später antwortete eine
(andere) Schulkameradin im Geschichtsunterricht auf die
Frage, wer Schuld am Kalten Krieg habe: „Die U.S.A.
natürlich. Das weiß doch jeder, daß die Amis Schweine

sind." Solche Stimmen von ansonsten politisch Unauffälligen sind bei fehlenden Gegenstimmen signifikant und als Ausdruck einer tiefsitzenden Strömung zu sehen. Vor über 30 Jahren hat es so etwas in meiner Jahrgangsstufe nicht gegeben, auch wenn wir die Vietnamesen bewunderten und über die Bestialitäten der U.S.A. entsetzt waren.[63] 2004 stand bei einer Umfrage in 35 Ländern, ob US-Wertvorstellungen mit den eigenen übereinstimmten, Venezuela an erster und Deutschland an letzter Stelle (s. SZ vom 7. Mai 2004).

Die Propaganda tritt als Propaganda auf, wodurch ihr Terrain immer abschüssiger wurde. Die agitatorische Vorbereitung des Krieges gegen den Irak war bereits mitleiderregend. Ein Realitätssinn, der jahrzehntelang von Kriegswirtschaft und Spekulationsgier verkrüppelt wurde, ging in den Zustand offener Erosion über. An den sich solchermaßen herausgebildeten Charakterstrukturen und der ihnen spezifische Rationalität ist anzusetzen bei jeder Kritik, die mehr sein will als Kosmetik und Beruhigung.

---

[63] s. auch Eckart Spoo, Aufklärung und Propaganda in Kriegszeiten, in: Schölzel, Schweigekartell.

XV

Verantwortung für das Imperium

*Ich werde mich niemals im Namen der Vereinigten Staaten
entschuldigen, unabhängig von den Fakten.*
George Bush (1988, als die U.S.A.
ein iranisches Verkehrsflugzeug mit
290 Menschen an Bord abgeschossen hatten)

*I'm an American artist.
And I feel guilty about everything.*
Patti Smith

Bush nannte am 12. September 2001 die Opfer der
Anschläge „innocent and unsuspecting people". So
werden nicht prinzipiell Zivilisten eingeschätzt, wie Indianer, Schwarze, Filipinos, Deutsche, Japaner, Koreaner,
Vietnamesen oder jüngst Serben, Afghanen und Iraker
erfahren mußten. In einer Umfrage der *New York Times*
vom 13. und 14. September 2001 nahmen 67% der Befragten in Kauf, daß bei einem „Vergeltungsschlag" Tausende Zivilisten ums Leben kämen. Sind diese 67% auch
unschuldig? Wie die 70%, die im März 2003 für die Ter-

rorisierung eines weiteren Landes waren? In ihrem Ruf nach einem „gerechten Krieg" halten es 58 US-amerikanische Intellektuellen, darunter Francis Fukuyama, Samuel Huntington, Michael Walzer und Amitai Etzioni, wie islamistische Terroristen in ihrem „Heiligen Krieg" für legitim, den Tod Unschuldiger im Interesse „zivilisatorischer Grundwerte" in Kauf zu nehmen.[64]

Sie hätten „nichts getan", attestierte sich die Mehrzahl der Deutschen im Dritten Reich. Doch etwas tut man immer. Man legt sich nur keine Rechenschaft ab und ist ohne jede Vorstellung von dem Charakter seiner Handlung. Am 16. September 2001 nahm Michael Blumenthal, Direktor des Jüdischen Museums in Berlin, an einer Fernsehdiskussion teil. Als ein einziger Diskussionsteilnehmer (Peter Scholl-Latour) die US-Politik mitverantwortlich machte für die islamistische Radikalisierung, wurde der ewig lächelnde Blumenthal unwirsch: die USA seien ja wohl nicht für alles verantwortlich, was auf der Welt passiert. Mit einer solchen Einstellung ist er prädestiniert für seine jetzige Funktion, zur „Vergangenheitsbewältigung" die Verbrechen anderer museal zu verarbeiten, nicht aber unsere Verantwortung heute für das Geschehen zum Thema zu machen. In Übereinstimmung mit „unseren" Werten ist das Geschehen so zu interpretieren, daß wir es uns (bei allem Bekenntnis zur „Trauer") vom Leib halten können.

---

[64] s. Andreas Zielcke, Ein Aufruf-Zeichen, in: SZ vom 14. Febr. 2002; s. auch die US-Replik auf die deutsche Kritik in: SZ vom 10. Aug. 2002.

Näher hinzusehen war schon nicht Blumenthals Sache, als er Berater sowohl von Kennedy als von Johnson war und die Zerstörung in Südostasien mit millionenfachen Tod ihren Lauf nahm. Unter Carter war er Finanzminister, als die Massaker auf Ost-Timor mit Duldung und Förderung der U.S.A. vonstatten gingen. Da spezialisiert man sich lieber auf Überlegungen zu Antisemitismus und Nazigreuel. Diese Verengung unterdrückt die Frage der Schuld als universales Prinzip, das nicht darauf hinausläuft, die Opfer hätten verdient, was die Täter ausführten. Es soll „nur" geklärt werden, wieso es so weit kommen konnte. Der Zusammenhang zwischen dem gesellschaftlichen Handeln und der von ihm ausgehenden Gewalt sowie der Reaktion auf diese Gewalt ist um so vermittelter, wie der Charakter jenes Handelns nicht offen auftritt wie in Diktaturen, sondern anonym wie in der „liberalen" Geldherrschaft. Ihr Charakter zeigt sich in der entseelten Pädagogik, die unter Bombenteppichen begrabenen Frauen, Kinder und Alten im 2. Weltkrieg schuldig zu sprechen. Davon sind die U.S.A. bis heute überzeugt – anders als die Briten.

Ich werde nie vergessen, wie sich Ende der 60er Jahre ein Engländer mir gegenüber, einem 20jährigen, den er Richtung London im Auto mitgenommen hatte, sein Bedauern ausdrückte für die Luftangriffe, an denen er teilgenommen hatte. Ich hielt es für Floskeln der Höflichkeit und redete von Krieg und so. Die moralische Dimension einer Einstellung, der ungeachtet der Umstände klar ist, was richtig und falsch, gut und böse, geboten und verwerflich, ist mir freilich nicht entgangen, sonst wäre mir diese souveräne Geste nicht in Erinnerung geblieben als sei es gestern gewesen. Es ist kein Zufall, wenn das Kreuz auf der wiedererrichteten Dresdener Frauenkirche, welch wunderbare Geste, von Briten gespendet wurde.

Bei uns tabuisieren moralisierende Dogmen, daß die Luftangriffe der Nazis im Westen zumeist aus kriegstaktischen Erwägungen erfolgten. Im Osten hatten sie offen die Vernichtung der Bevölkerung zum Ziel, was nicht weit entfernt ist von der westalliierten Strategie mit ihrer technisch-bürokratischen Ausrottungsmentalität (s. Lifton/ Markusen, Psychologie des Völkermordes, bes. 28ff). Die Zerstörungen in Guernica und Wielun, dem ersten Ziel in Polen, wurden von der Luftwaffe genauso studiert wie die Brandherde in Hamburg und Tokio von der Air Force. Von Gaskammern und Massenerschießungen unterscheiden sich als Kriegshandlungen kaschierte Tötungen vor allem durch eine bessere Presse.

Augenzeugen von Verbrechen wie dem gezielten Beschuß Flüchtender an den Hügeln Dresdens durch US-Tiefflieger werden nur sublimer belehrt als Leute, die in der DDR das seinerzeitige Verhalten der sowjetischen Waffenbrüder „verleumdeten". Diese Indoktrinierungen sind die Kehrseite von *Zero Tolerance* für jene, die im Dritten Reich gelebt und durch einen von ihnen mitgetragenen gesellschaftlichen Konsens Hitler unterstützt haben. Doch waren die Verantwortlichen auf der Siegerseite nicht viel unmittelbarer schuldig, weil sie den Tod Unbeteiligter in ihr Denkmuster eingeordnet haben? Das gälte auf vermitteltere Weise sicher ebenso für die Menschen in der

Nazi-Zeit, aber auch für das restliche Drittel der beiden erwähnten Umfragen.

In der angepaßten Charakterstruktur überdecken Erfolge alle Mißerfolge, für die außer Versagern und Kriminellen niemand zuständig ist. Selbst bezüglich der Nazi-Verbrechen wird die Rolle des Einzelnen durch abstrakte Zuordnungen, rationale Systeme oder funktionale Beschreibungen beschönigt. Alles ist losgelöst vom wirklichen Menschen, was eine unbewußte Projektion eigener Ohnmacht ist. In ihr kommt es nicht zum Bewußtsein für gesellschaftliche Verwerfungen, die sich mit dem Sieg der „Demokratie" über den Faschismus erledigt hätten. Damit war die Rückkehr von der Blut-und-Boden-Mythologie zu jenen abstrakten Ware-Preis-Beziehungen eingeleitet, die einst offene Panik verbreiteten und zur Sehnsucht nach dem faschistischen Staat führten. Das Bedürfnis nach Einordnung in ständische Organisationen entsteht aus der Angst gegenüber den Mechanismen der bürgerlichen Gesellschaft, der krankhafte Kompensationen inhärent sind.[65]

Die Affinität, die sich in der Kollaboration mit Hitler offen zeigte, wurde nur verdeckt durch dessen extreme Psyche. Ihre propagandistische Verwertung übertönt in Frankreich bis heute Stimmen, die von „votre Gestapo

---

[65] Hinweise darauf wie bei Martin/ Schumann, Globalisierungsfalle, 313ff, Amery, Hitler als Vorläufer, 187ff, oder Kurz, Schwarzbuch, 478ff, sind Ausnahmen (wie Ewert, Blinde Flecken). Die Regel ist der Tenor einer Rezension von Butterwegge, Rechtsextremismus, der geprägt ist von der Enttäuschung, daß sich der Autor nicht auf NPD und Konsorten beschränkt hat (s. SZ vom 9. Dez. 2002).

d'Algerie" (Claude Bourdet) sprechen, die Folter als gängige Praxis in den Kolonien bezeichnen (Alain Ruscio) und ein Massaker an muslimische Demonstranten mit „un Oradour en plein Paris", einer Pariser „nuit de cristal" (Jean-Luc Einaudi) oder den Judendeportationen nach Drancy (Didiers Daeninckx) vergleichen (s. *Manière de voir*, Juillet-Août 2001). Noch größer ist die Ignoranz, die staatliche Verbrechen in den U.S.A. begleiten. Prinzipiell haben wir es mit dem gesellschaftlichen Unvermögen zu tun, sich Verbrechen zu erinnern und Reue zu empfinden. Modifikationen von Herrschaft und Meinungen werden für einen Wandel von Gesellschaftsstrukturen und Überzeugungen gehalten. Sie verdecken so, daß auch der neue *Life Style* wie die alte Heilslehre ohne Alternative ist.

Als Vorbild für die entsprechende Indoktrinierung können feuilletonistische Schwärmereien für Pop-Stars gelten, die ein *Spiel mit wechselnden Identitäten* perfektioniert hätten (wie *Madonna*, der, wir erinnern uns, „klingenden Freiheit"). So wie alles, was uns unverwechselbar zukommen sollte, nur sich wandelnde Mode ist, erscheint auch der Nazismus nicht als Produkt des eigenen verfehlten Lebens, sondern als das völlig Andere, von dem man sich nicht mehr distanzieren muß, weil es im verdrängenden Bewußtsein immer schon distanziert erscheint. Die Inszenierung des Kalten Krieges beruhte auf diesem Handlungsmuster der bürgerlichen Eliten, das an einer autoritären Staatsreligion orientiert ist, auf eigene Vorteile bedacht und das Entsetzen von Exzessen kultiviert, die sie bar jeder Verantwortung fern eigener Einstellungen sehen.

Ein solcher Prozeß mußte nicht bewußt initiiert werden. Er entstand wie in Folge einer natürlichen Logik aus einem verkümmerten Denken. Nur ihm konnte die Politik der U.S.A. nach 1945 als „Beistand" erscheinen, auf den sich verweisen läßt wie auf die Zerstörung Karthagos durch Cato. Wenn man bedenkt, wie unbeschwerlich sich die psychische Stabilisierung nach Hitlers Ende gestaltete, war in der Tat Dankbarkeit angezeigt. So wenig Aufwand war nicht zu erhoffen. Ein Meister nahm Dilettanten unter seine Fittiche. Die Lektion verfehlte nicht ihre Wirkung, zumal sie die Alltagsroutine bestätigte, mit der wir die Folgen eigenen Handelns verdrängen. Es ist, als ob sie sich in einer anderen Welt abspielten. Der KZ-Wächter schließt die Tür zur Gaskammer wie der Computer per Tastendruck eine Datei. Für den Piloten, der seine Bomben ordnungsgemäß in Wohngebiete deponiert, hat die eigentliche Handlung nichts zu tun mit Tod, Verderben und Zerstörung. Sie alle können sich die Hände reiben. Im Mangel an Anteilnahme liegt die Bedrohung, weshalb das Schicksal der Juden im Dritten Reich nicht zu trennen ist vom Elend der „Globalisierung".

Das beschränkte Bewußtsein ist Merkmal unserer Gesellschaft und wird sowenig als pathologisch wahrgenommen wie unser Zutun. Von der Dynamik, mit der sich unser Charakter der jeweiligen Gesellschaft anpaßt, hängt es ab, ob früher Juden ermordet, heute Palästinenser massakriert, Landstriche von Wirtschaftsstrategen und ihren Komplizen verwüstet werden oder von Splitterbomben, Napalm, Agent Orange und Atombomben. Die eigene Barbarei ist ausgeblendet, weshalb selber erlittene Gewalt nicht als Rückschlag erscheint, sondern als Frevel, wie ihn die Welt noch nicht gesehen hat. Jetzt sind die Voraussetzungen gegeben, auf Recht und Moral als Leitlinien des Handelns zu pochen. Gleichzeitig sieht man sich durch das Drama eigener Verluste gerechtfertigt, so weiterzumachen wie bisher.

Für Tragödien anderer ist kein Platz. Die U.S.A. beklagten im 2. Weltkrieg etwa so viel Tote wie Guatemala in dem Bürgerkrieg, der wesentlich auf ihr Konto ging. In Südostasien kamen auf jeden gefallenen US-Soldaten rund 80 tote Einheimische – so gut ist nicht einmal das Verhältnis in Palästina zugunsten der Israelis. Als 1984 in Bhopal nach einem „Zwischenfall" in einer Chemiefabrik der US-Firma *United Carbide* 8.000 Inder binnen dreier Tage starben (bis heute 20.000 von 500.000 Betroffenen), reisten die beiden Manager sofort in die U.S.A. aus. Dort sind sie vor Strafverfolgung sicher, obwohl sie Sicherheitsbestimmungen verletzten. In Abwehr aller Verantwortung sind, werden Verbrechen begangen, keine Verbrecher vorhanden.

Vollziehen sich die Handlungen wie bei den Nazis (bis zu den Vernichtungslagern) im Rahmen der „Normalität" (wozu gehört, daß man Kommunisten ermorden, Gewerkschaftler zu Brei schlagen, Juden drangsalieren oder „Geisteskranke" sterilisieren darf), dann haben wir nicht nur fehlendes Unrechtsbewußtsein. Wir haben auch kein Unrecht. Mit dem Charakter der eigenen Handlung verdränge ich den Zusammenhang zu einer Reaktion, die nicht zu dem Bild paßt, das ich mir von meiner Handlung mache. Die Einschätzung unprovozierter Bösartigkeit wird bestärkt durch das Leid, das mir angetan wird. Solch ein Verlauf der Geschichte ist nicht vorgesehen. Man hätte lieber einen anderen. Das ist verständlich.

Muß ein nicht optimaler Ausgang des geschichtlichen Ablaufs eingeräumt werden, gibt man sich gerne fassungslos, weil man „nicht wollte“, was dann „kam“. Doch um schuldig zu werden reicht es, daß der Charakter besonderer Ereignisse mit den eigenen Grundüberzeugungen vereinbar gewesen sind. So verhinderten dominierende Leidenschaften die Einsicht, daß es Hitler nicht um Würde und Freiheit des Menschen ging, sondern um Zerstörung, Knebelung, Unterwerfung und Herrschaft. Nur wenn wir uns an charakterologischen Orientierungen messen lassen, kommt dem Prinzip der Verantwortung in einer Massengesellschaft noch Sinn zu. Waren die Deutschen, wäre mit Fromm zu fragen, ein Boden, in dem die Saat Hitlers leicht und gut aufging, oder fiel sie auf trockene und widerspenstige Schichten (s. Fromm, Hitler, 154f)? Sind die US-Bürger, ließe sich auch in Bezug auf uns Europäer ergänzen, aufmerksame Beobachter der Politik ihres Landes oder stehen sie ihr gleichgültig bis affirmativ gegenüber? Ist ihre Lebensführung in Widerspruch oder Übereinstimmung mit den Maximen imperialer Machtentfaltung?

Damit wird Terror sowenig legitimiert wie die Ausradierung von Städten. Ihre Bevölkerung hatte zwar Verhältnisse mitgetragen, deren Dynamik zumal im Verlauf eines

Angriffskrieges dem Feind den Vorwand bot, mit Akten gegen die Menschlichkeit das Terrain für die Nachkriegsordnung zu seinem Gunsten zu arrondieren. Doch das macht die hierbei eingesetzten Mittel nicht sakrosankt. Sie waren ohne militärische Bedeutung und beseitigten keine Gewalttäter, sondern töteten Hunderttausende, die sich in den Städten aufhielten, weil sie gerade mit dem Krieg nichts zu tun hatten.

Es ist zu wenig, mittelbare Gründe zu haben („Beseitigung des Faschismus"), denn Gründe hatten auch die Nazis für das Betreiben ihrer KZs. Diese Gründe kann man nicht teilen. Entsprechend waren die Mittel, in denen immer der Zweck zum Vorschein kommt. Der Versuch, das Mittel zu heiligen, läuft darauf hinaus, ein Verbrechen durch Verweis auf bestimmte Zwecke zu beschönigen, was der Demagogie politischer Moralisten Tür und Tor öffnet. Demgegenüber gilt mit Kant festzuhalten: „Handle so, daß du wollen kannst, deine Maxime solle ein allgemeines Gesetz werden" (Kant, Zum ewigen Frieden, 158), *und zwar ungeachtet des Zwecks*. Er darf dem Mittel nicht äußerlich sein, was der Fall wäre, wenn er zu ihm in einem bloßen Begründungs- oder Legitimationszusammenhang stünde („was ich mache, ist zwar verwerflich, dient aber einer guten Sache").

Die Trennung der Zwecke von ihren Mitteln ist eine Rationalisierung fehlender Kontrolle gesellschaftlicher Ziele. Sie prägen unsere Handlungen und sind nicht so fremd, wie wir uns einreden – sowenig wie die Rückschläge, die von ihnen ausgehen und unter denen Menschen zu leiden haben werden, die man als unschuldig bezeichnen wird. Aber, um darauf zurückzukommen, wer ist unschuldig? Die Ignoranten? Die Deutschen im Dritten Reich, sagt man, hätten wissen können, wenn sie gewollt hätten. Wer will heute was wissen? Wenn damals mangelndes Interesse schuldig gemacht hat, wieso in unseren Tagen nicht? Nur weil die bewußtseinsmäßige Konditionierung soweit perfektioniert wurde, daß wir die Beschränktheit unserer Wahrnehmung effektiver verdrängen können? Wir haben es mit einem komplexen Vorgang zu tun, in dem es nicht um bewußte Handlungen geht, sondern um Anschauungen und Begriffe, die sich unbewußt in die Struktur des gesellschaftlichen Lebens einfügen und so unsere Wahrnehmungen filtern.

Chomsky sprach von unserer Verantwortung und der Schuld durch Ignoranz, Verharmlosung und Legitimierung von Verbrechen wie dem Inferno, in das die U.S.A. Vietnam verwandelten (s. ders., Selbstverteidigung, 62ff). Er fühlte sich angesichts unserer Haltung gegenüber armen Ländern „mitverantwortlich, weil ich durch meine Passivität auch zum Funktionieren dieser Gesellschaft beitrage." (ders., Arbeit, Sprache, Freiheit, 39) Warum soll jemanden, dessen von ihm gewählte Abgeordnete den öffentlichen Nahverkehr vernachlässigen, die weltweite Sicherung des entsprechend notwendigen Energieverbrauchs nicht tangieren? Schützt Gedankenlosigkeit vor Schuld an Despotien, die gestützt werden müssen, an Todesschwadronen, die „Aufrührer" liquidieren, Demütigungen, mit denen Völker in Zaum gehalten werden, weil die Paranoia regionaler Polizisten von strategischer Bedeutung ist? Oder wird nicht wie die Nazi-Barbarei jeder verstörende Vorgang mit allen Mitteln zu einer Art virtueller Realität verdrängt?

Der Mangel an kritischer Selbstbezüglichkeit, durch den der Gesellschaftscharakter naturalisiert wird, hat es den Bürgern der U.S.A. seit jeher erschwert, die Feindseligkeit gegen ihr Land zu verstehen. Johnson sieht einen weiteren Grund darin, daß so vieles, was „gesät" und in Form von Rückschlägen „geerntet" wurde, sich unter äußerster Geheimhaltung vollzog (s. ebd., 35). Doch diese Politik vollzog sich vor unser aller Augen und war weitgehend von gesellschaftlichem Konsens getragen. Wenn man für seine Illusionen zur Rechenschaft zu ziehen ist, sollen mit der Frage nach einer Mitschuld die Wirkfaktoren, die zu ihr führten, entkräftet werden. Es ist verführerisch, die Tatmotive von Verbrechen, kommen sie denn ans Tageslicht, jenseits der Normalität anzusiedeln und alle Schuld nach überkommenen Mustern zu verteilen. Die Verschleierung des tieferen Wesens der Nazi-Diktatur war und ist konstitutiv für das Funktionieren unserer Gesellschaft, weshalb mit Dankbarkeit das jüdische Monopol auf die Opferrolle unter den Nazis konzediert wird. Damit wird die Kritik der israelischen Ruchlosigkeit als faschistisch zu einem Akt des Antisemitismus. Gleichzeitig pervertiert sich der Begriff von Antifaschismus soweit, bis er mit autoritär-destruktiven Tendenzen kompatibel ist.

In Zeiten von Kriegswirtschaft und permanent zu führender Kriege bedarf es Opfer- und Notwehrszenarien, um das Rationalisierungstableau aggressiver Gesellschaftscharaktere zu vervollständigen. Sie schweißen markant den Staatsterrorismus der U.S.A. mit dem Israels zusammen – um so mehr, wenn sich ihre Apologeten in echtem Blut suhlen können. Ein archaischer Täter-Opfer-Dualismus sieht Schuld gegen alle Prinzipien der Aufklärung in den Kategorien von Anklage, Richten und Strafen, abwehrend und ausgrenzend und nicht anteilnehmend, auf Verantwortung und die Ansprüche selbstbewußten Handelns bestehend. Im Interesse von Freiheit und Vernunft müssen wir uns alle fragen, auf welch vermittelte Weise wir mitwirken an Konstellationen, die dann einen katastrophalen, unter Umständen mörderischen Verlauf nehmen – der wiederum jene Konstellationen sowie die Charakterstruktur, die ihnen entspricht, noch verstärkt.

Zwanghaft werden nichtgenehme Analysen abgewehrt wie eine Diskussion über jahrzehntelange Demütigungen der Palästinenser durch eine verbrecherische Politik als einer der Gründe für die islamistische Radikalisierung. Statt dessen werden Tabuzonen aufgebaut, in denen dem Einzelnen keinerlei Form von Gestaltung und Verantwortung zukommt. Wir schätzen uns dann glücklich, in Übereinstimmung mit „unseren" Werten Geschichte so zu interpretieren, daß wir gut davonkommen. Der Gedanke, daß ich nur insofern mit einer Sache zu tun habe, als ich neben ihr stehe und meine Berechnungen anstelle, ist für die Stabilität einer Gesellschaft verlockend, in der wirkliche Teilhabe nicht vorgesehen ist.

Im Rom der frühen (königlichen) Epoche sicherten sich die Patrizier ihre Vorherrschaft durch religiöse Kontrolle

(Auspizien) sowie Geheimhaltung der Gesetzgebung, Gerichts-, Verwaltungs-, Regierungsverfahren sowie der Kalenderfestlegung. Die Enttäuschung erfolgreicher Plebejer zusammen mit allgemeinem Unmut über zunehmende Verschuldung, Getreidemangel und patrizische Privilegien führte um 460 v.Chr. zum Zwölftafelgesetz, das alle Gesetze und Verordnungen öffentlich machte. Aus Protest gegen ihre nun aktenkundige Benachteiligung verließen die Plebejer Rom. Der Stillstand des gesamten Lebens erzwang Zugeständnisse (u.a. die Einführung von Volkstribunen und die Aufhebung des Verbots von Mischehen). Zugeständnisse müssen auch zweieinhalb Jahrtausende später gemacht werden. Wenn niemand aus Rom auszieht, dann nicht, weil niemand über seine Lage informiert wäre oder sein könnte. Es zieht niemand aus, weil einem verkümmerten Bewußtsein die Optimierung des Funktionierens in einem System, das sich durch die Vermehrung toten Kapitals erhält, als wirkliche Tätigkeit erscheint.

Die Frage unserer Teilhabe berührt nicht irgendeinen Aspekt von Erkenntnis. Es ist *der* Aspekt. An diesem Punkt ist anzusetzen: auch wenn uns die Erfahrung lehren mag, daß Dinge uns beherrschen, so sagen sie uns doch nichts – weshalb das Ich sich ihnen im Interesse seiner Vernunft entziehen muß. Es muß sich als produktiv Handelnder begreifen können, will es zu sich kommen. Der Einwand, es *sei* aber nicht produktiv Handelnder, verweist nur auf den historischen, praktischen Charakter von Erkenntnis. Das fehlende Vertrauen auf die eigene Kraft begünstigt unpraktische Theorien, die so ihrerseits die herrische Gewalt, gegen die man nicht ankomme, in ihrer Autokratie ermuntern. Auch nach Chomsky „bezeichnet der in linksintellektuellen Kreisen auftretende Vernunft- pessimismus […] einen weiteren ideologischen Sieg der privilegierten Kultur, wo er nicht gar zu diesem Sieg das seine beisteuert. Die gleichen Tendenzen leisten einen bemerkenswerten Beitrag zum nicht enden wollenden Projekt namens ‚Mord an der Geschichte‘." (Chomsky, Wirtschaft, 405)

Über die Mystifizierung dinglicher Zusammenhänge, die den Menschen auch theoretisch an die Mechanismen kapitalistischer Herrschaft ausliefert, wird den Dingen jene Kraft und Festigkeit zugeschrieben, die ihnen in jeder auf Austausch beruhenden Gesellschaft angedichtet wird. Die Betonung der daraus resultierenden Abdankung des Subjekts feiern Denkschulen wie Frankfurter Schule, Strukturalismus oder Dekonstruktivismus als erkenntnis- theoretische Großtat. Dafür ist ihnen Beifall gewiß, was sich sowenig einer Verschwörung verdankt wie die mediale Propaganda über die Ereignisse vom 11. September 2001. Ausschlaggebend ist die Empfänglichkeit des Publikums für Denksysteme, die sein Versagen rationalisieren. Wie Theodor W. Adorno findet es ersatzweise Hoffnung auf einen „Mangel an Angst und Bedrohung" (bei allem Vor- behalt) durch übervolle Supermärkte und ewig lächelnde Verkäuferinnen (in den U.S.A.).[66]

---

[66] s. die Auszüge aus Adornos Aufsatz *Kultur und Culture* aus dem Jahre 1957 in: SZ-Magazin vom 29. Aug. 2003.

Jede kapitalistische Gesellschaft wird sich dankbar erweisen, wenn die Wertbeziehungen nicht kritisch aufgelöst werden. Es erscheint gar nicht mehr als eigentliches philosophisches Problem, daß, so Chomsky, „nicht die Menschen selbst die wichtigen Entscheidungen treffen. Und die wichtigen Entscheidungen sind [...] im Wesentlichen Investitionsentscheidungen: Was wird mit dem Geld getan? Was passiert im Land? Was wird produziert? Wie wird es produziert? Wie sehen die Arbeitsbedingungen aus? Wohin geht das Produkt? Wie wird es verteilt? Wo wird es verkauft? Das ist noch nicht alles, was im Leben wichtig ist, aber solange diese ganze Skala von Entscheidungen nicht unter demokratischer Kontrolle steht, hat man die eine oder andere Form von Tyrannei." (Chomsky, Haben und Nichthaben, 185) Dagegen gilt es sich die praktische Aufgabe zu stellen, unmittelbar, d.h. nicht durch Waren vermittelte, menschliche Beziehungen zu realisieren, um ihren dinglichen Charakter überhaupt einsehen zu können (s. Ewert, Problematische Kritik, bes. 30ff, 100ff).

Die Entwicklung der Kriegswirtschaft verstärkt die Ohnmacht des Einzelnen. Ihm tritt eine notwenig immer größer werdende Macht gegenüber, die zum Ersatz des eigenen Lebens wird. Die Gewalt, die von ihr ausgeht, erscheint uns normal in dem Maße, wie wir uns der Gesellschaft anpassen und die verdeckten Kosten blendender Warenwerte nicht in Rechnung stellen. Die schizophrene Einstellung, Massaker, Hunger, Umweltzerstörung und Verelendung nicht mit unserer Tätigkeit in Verbindung zu bringen, verweist auf die sozialpsychologische Bedeutung des Prozesses, in dem sich blinde Marktmechanismen durchsetzen. Als Anfang Ende April 2004 Fotos bekannt wurden, die sadistische Quälereien in den US-Folterzentren dokumentierten, manifestierte eine schokkierte Öffentlichkeit mit ihrem Entsetzen nur den archaischen Zustand ihrer Wahrnehmungsmuster.

Der US-Regierung waren solche Praktiken durch das Rote Kreuz seit März 2003 bekannt, *amnesty international* berichtete wenig später darüber (s. *ai-JOURNAL* 10/ 2003). Doch hätte jeder eine Vorstellung von den GuLAGs in Afghanistan, im Irak und auf dem gunatánamoischen Archipel haben können. Eine Politik, die zumal seit den Zeiten des Kalten Krieges mit dem „Kampf gegen den Terrorismus" als Folgeprodukt auf Angst, Hysterie und Haß gebaut ist, begünstigt charakterologische Deformationen, die von Gewissenlosigkeit, Brutalität und Aggressivität geprägt sind. Das war an der deutschen Ostfront nicht anders. Auch nicht in Vietnam. Jetzt setzte sich der Zynismus, mit dem in Afghanistan Kriminelle als Freiheitskämpfer ausgegeben wurden, fort in den Lügen, mit der das Imperium seine Invasionstruppen in den Irak hetzte und Hunderttausenden Tod, Verderben und die Willkür despotischer Behandlung brachte.

Der 11. September 2001 beschleunigte die Spirale der Bösartigkeit, als der permanente Regreß in der Charakterbildung als gerechtfertigt erscheinen sollte. Die letzten Bausteine ihrer Struktur mußten in einem Klima der Verhetzung nur noch Häftlingen entrissen werden. Für die nötige Ausbildung sorgt die US-Armee, in der Gefangenenmißhandlung selbst in Manövern praktiziert wird (so ein ehemaliger Bundeswehr-Soldat über Erfahrungen bei gemeinsamen Übungen in den 60er Jahren in der SZ vom 28. Juni 2004). Folterungen liegen in der Logik abgeschotteter Bereiche in Militär und Geheimdienst, die nicht kontrolliert werden können, weil die Erfolge nach Punischen Kriegen dazu führen, daß sie unkontrollierbar werden.

Wer diesen Fanatismus rechtfertigte, zeigte nun Entsetzen, was nicht das schlechteste Mittel ist, so weiterzumachen wie bisher. Nicht die ratio, sondern dem 9., 10. Jahrhundert gleich erst das Bild, das Symbol, spricht den Menschen soweit an, daß er nicht ausweichen kann. Selbst Bush war erschüttert und prangerte am 6. Mai 2004 Menschenrechtsverletzungen an – seitens der kubanischen Regierung (sie gingen ihm so nahe, daß er andere Fragen nicht beantworten wollte). Die gleiche Routine beherrscht die Erinnerung an die Judenverfolgung durch die Nazis, die solchermaßen verharmlost wird. Noch so grauenhafte Bilder können nicht verdecken, daß wirklich grauenhaft eine bloß rezeptive, Bilder wie *comics* konsumierende Wahrnehmung ist.

Wie im Mittelalter ist der *pauper* nicht unbedingt durch Armut gekennzeichnet, sondern primär durch beschränkte Teilhabe, was sich nach Punischen Kriegen verschärft. Gegen diese Unterbindung von Vernunft besteht Fichte in seiner Wissenschaftslehre auf die Handlung des Ich, indem er zu ihr auch ihre Beschränkung zählt. Das Ich, so

Fichte, *setzt* sich, weshalb es *ist*; da das Sich-setzen zugleich
= Sein wie = Tätigkeit, kann Tätigkeit gleichgesetzt werden mit Realität. Das, was das Ich nicht bestimmt, sondern in ihm gesetzt ist, wäre das Gegenteil von Tätigkeit,
was Fichte als *Leiden* bezeichnet. Entscheidend ist, daß
Leiden als Nicht-Tätigkeit noch gesehen werden kann als
ein Quantum Tätigkeit, vom Ich in sich aufgehoben und
in das Nicht-Ich übertragen. Es ist eine Tätigkeit, durch
die das Ich in sich ein Leiden setzt, was Fichte als ein *Entäußern* bezeichnet. Damit ist alle Beschränkung des Ich
noch sein eigenes Produkt, wodurch es Verantwortung retten und Schuld auf sich nehmen kann, ja muß.

Das klingt kompliziert, doch an dieser Stelle ist es auch
im wirklichen Leben kompliziert. Einfacher drückte es bin
Laden aus. 1998 in einem Interview darauf angesprochen,
daß bei Anschlägen Unschuldige zu Schaden kämen,
drückte er sein Bedauern aus, gab aber zu bedenken, daß
sie Steuern zahlen würden. Ob es einem gefällt oder nicht,
ist damit der Charakter einer Gesellschaft angesprochen,
die auf eine spezifische Weise von allen mitgetragen wird.
Die prätendierte Unschuld ist ein Verweis auf die Verantwortungslosigkeit dieser Gesellschaft und ihrer Mitglieder.
Bush hat gesagt, was nur Hartgesottene hinausposaunen:
daß die Menschen in der bürgerlichen Gesellschaft keine
Verantwortung *haben*. Sie ist für sie nicht vorgesehen.
Darin besteht der Herrschaftsanspruch der Elite: daß die
Massen nicht partizipieren *sollen*. Sie wären dann schuld-
los, nicht obwohl sie Steuern zahlen, sondern weil Steu-
ernzahlen ihr einziger Beitrag wäre, der sie mit jenen ver-

bindet, die über sie verfügen. Damit ist sowohl ihr Status als Ausgebeutete angesprochen als auch der Konsens durch Hinnahme, charakterologische Disposition, aktive Teilnahme, kurz in jedem Fall durch das Tun, wenn auch nicht unbedingt durch Zutun.

Nach Chomsky hielten einige Kommentatoren „im tiefsten Herzen [...] unsere Verbrechen gegen die Schwachen für so normal wie die Luft, die wir atmen. Unsere Verbrechen, für die wir als Steuerzahler verantwortlich sind, weil wir keine Reparationen bezahlen, sondern den Tätern noch Zuflucht gewähren und die schrecklichen Tatsachen einfach ins schwarze Loch der Gedächtnislosigkeit sinken lassen." (ders., The Attack, 31) Mehr Aufmerksamkeit erregen Verluste „unserer Zivilisation", deren Lauterkeit unterstrichen wird mit der Tragik von Einzelschicksalen. Man benützt die Erschütterung, um sich als Gutmütiger zu präsentieren, der zum Zurückschlagen gezwungen sei. Nunmehr kann der Gegner nicht mehr mit Nachsicht rechnen, egal, ob es sich um die deutsche und japanische Zivilbevölkerung im 2. Weltkrieg handelt oder die serbische im NATO-Krieg gegen Jugoslawien. Sie hatte ihre Toten verdient, weil sie Slobodan Milosovic „gewählt" habe (s. Chomsky, Der neue militärische Humanismus, 136ff).

Bei anderen ist es einfach, bei uns kompliziert. Wir sind nie verantwortlich, nicht in einem Alltag, dessen rezeptive, konsumorientierte Routine auf eine ideelle und materielle Verarmung breiter Schichten verweist. Sie ist abzulesen am Erfolg von *Fast Food* und erklärlich aus unserer

Lebensweise, bestimmten Produktionsformen, daraus resultierenden gesellschaftlichen Verwerfungen und ihrer Potenzierung durch dynamische Entwicklungen. Der Biß in einen *Hamburger* zermalmt nicht nur das Mitgefühl für die geschundene Kreatur, sondern fördert auch die Verdrängung von Anbau- zugunsten von Weideflächen, die Verwandlung von Lebens- in Futtermittel, die Zementierung eines Arbeitsmarktes ohne Perspektiven und den beschleunigten Konzentrationsprozeß in der Agrarindustrie, der Kleinproduzenten ruiniert.[67] Dieser Prozeß vollzieht sich weltweit und ist in den U.S.A. am weitesten fortgeschritten. Bäuerliche Familienbetriebe verschwinden aus der Landschaft, was reibungsloser über die Bühne geht als der Stalinsche Massenmord an den Kulaken. Selbstmord ist Todesursache Nummer eins im Umfeld der Farmen. Mittelbare Ursache ist die Gier nach billigem und schnellem Konsum, der Verlust des Geschmacks, die Mechanisierung von Gefühlen, Empfindungen und Bedürfnissen sowie die Gleichgültigkeit gegenüber den lebensfördernden Werten.

Nicht unser Geschmack bestimmt unsere Lebensführung, die etwa im beiläufigen Verzehr eines *Hamburgers* bestünde, sondern unsere Lebensführung unseren Geschmack. Die Unterwerfung in der verdinglichten, entfremdeten Arbeitswelt, nach Marx *das* Konstituens für kapitalistische Verhältnisse, bedingt eine Infrastruktur, die geprägt ist von der Zentralisierung der Produktionsstätten

---

67 s. Rifkin, Imperium der Rinder, bes. 228ff; Schlosser, Fast Food Gesellschaft.

auf immer weniger Einheiten, der Kapitalisierung von Grund und Boden als Motor urbaner Segregation sowie der zunehmenden Monopolisierung der Steuergelder für die besitzenden Klassen. In den U.S.A. leben 60% der Großstadtbevölkerung in *Suburbs*. Da die zunehmende Ausbeutung im *Pentagon-System* die Berufstätigkeit aller erwachsenen Familienmitglieder erfordert, entstand mit dem Mangel an Zeit das Bedürfnis nach einem umstandslosen, billigen Freßpaket. Die Frage, ob es schmeckt oder gar der Einwand, *daß* es schmeckt, hört sich begründet an. Man unterschlägt aber das Problem, wie Geschmack für bestimmte Sachen zustande kommt und wie er für andere verloren geht.

Zu sagen, der Kunde kauft bestimmte „Nahrungsmittel" oder hört bestimmte „Unterhaltungsmusik" freiwillig, ist nur die halbe Wahrheit. „Freiwillig" führt er auch sein Leben – in dem Sinn, daß ihn niemand offen dazu zwingt. Der Zwang entsteht anonym, wobei gleichzeitig an der Verantwortung festzuhalten ist. Freiheit bezeichnet das Vermögen, einen Zustand von selbst zu beginnen. Die Bedingungen, unter denen wir handeln, mögen nicht von uns hervorgebracht sein. Doch in dem Sollen, nach Freiheit und Vernunft zu streben, liegt die einzige Möglichkeit von Erkenntnis. Sie sagt uns, daß die Einschränkung der Verantwortung bloßer Schein ist. Wir *haben* Verantwortung für das, was passiert durch Tätigkeit und Nicht-Tätigkeit, durch den Verzehr eines Apfels aus regionalem Anbau und den Verzehr eines *Hamburgers*, dessen Geschmack, Herstellung und Vertrieb auf aggressive Machtstrukturen angewiesen ist. Sie treiben nicht jeden Landwirt in den Selbstmord. Einige schon, andere nicht. Zu ihnen gehörten Timothy McVeigh und Terry Nichols, die beschuldigt wurden, am 19. April 1995 das *Alfred P. Murrah Building* in Oklahoma City zum Einsturz gebracht zu haben. 168 Menschen, darunter 19 Kinder, starben, mit McVeigh, der hingerichtet wurde, 169. Gestorben sind aber viel mehr, nur nicht so spektakulär. Ihr Tod war so normal wie das Leben, das wir führen und das verantwortlich ist für die Konsequenzen, die sich daraus ergeben. Diesen Zusammenhang lassen wir nicht an uns heran. Damit stehen wir nicht allein.

Auf der einen Seite haben wir eine Despotie von Nahrungsmittelkonzernen, Banken und Agrarpolitik. Vor allem im Zentrum der U.S.A. (dem *Heartland*, von North Dakota bis New Mexiko) zieht sich eine Spur der Verwüstung und Tragödien hin. Eine Million Farmen wurden seit 1980 zwangsversteigert, die Hälfte der Landbevölkerung hat keine oder nicht genügend Arbeit, häufig anzutreffen ist nach einer Studie geistige Fehlentwicklung, Verhaltensstörung oder pathologische Gewalttätigkeit. Diese Aspekte des gesellschaftlichen Alltags werden verdrängt und selbst Mittel für psychische Betreuung verweigert. Kompensatorisch entstehen rassistische, gewalttätige Organisationen. Der „irrationale Mob" wurde durch den Anschlag vollends diskreditiert, wobei der Wille, zur Stabilisierung der eigenen Charakterstruktur die tatsächlichen Kosten des Lebens zu verdecken, abzulesen ist an einem Widerstand, der vor Verfälschungen nicht haltmacht.

Nach dem 11. September 2001 lehnte der New Yorker Bürgermeister (Giuliani) eine Millionenspende eines saudischen Prinzen ab, weil sie mit der Idee verbunden war, die US-Regierung möge ihre Haltung im Nahen Osten „überdenken". Die Spende sei der Versuch einer „moralischen Rechtfertigung für den Anschlag", sagte eine Sprecherin. Solche Meldungen tauchen zehnzeilig in Klatschspalten auf (s. SZ vom 13./ 14. Okt. 2001). Nach den ersten Bombardierungen Afghanistans zitierte die SZ (vom 8. Okt. 2001) aus einer Erklärung bin Ladens von jenem Teil, der die moralische Integrität des Westens in Frage stellt, nur Allgemeines („Was Amerika heute erlebt, erleben wir seit Jahrzehnten"), nicht aber den konkreten Vorwurf, daß der Westen das Sterben in Palästina und im Irak (Embargo) ignoriert.

Von hier aus klang bin Ladens Warnung, Amerika werde nicht in Frieden leben, solange nicht Frieden in Palästina eingekehrt sei und die fremden Truppen vom geheiligten Boden verschwunden seien, eher wie ein faires Angebot. Es wurde auch in den ARD-*Tagesthemen* unterschlagen. Aber was soll man auch machen nach der staatsstreichartigen Durchsetzung eines Hampelmanns, der gegen einen perfekt durchgestylten (elegant im Tarnanzug wie von Armani), optimal präsentierten (die nackte Felswand im Rücken, gleichsam die unerschütterliche Natur als Fürsprecher des Propheten in der Wüste) und selbstsicher auftretenden Charismatiker eine schlechte Figur machte.

Mit gutem Grund appellierte die US-Regierung an „ihre" Fernsehgesellschaften, al-Qaida-Videos nicht mehr auszustrahlen (s. SZ vom 11. Okt. 2001). Allenfalls sollte indirekt zitiert werden. Gar nicht mehr zitiert wurde Abdul Salam Saif, der Taliban-Botschafter in Pakistan, der mit seinen täglichen Pressekonferenzen unsere Gehirne zu zersetzen drohte. Diese Anmaßung, auf die jedes Imperium das Monopol beansprucht, bezahlte er Anfang 2002 mit seiner Einkerkerung auf einem Kriegsschiff. Gut verwahrt ist auch die Meldung, daß allein 1991 zwischen Januar und August 40.000 irakische Kinder unter fünf Jahren einer Kombination von Unterernährung und Krankheiten, bedingt durch die Zerstörung von Kraftwerken, Abwasserklärung sowie Wasseraufbereitung, verstärkt durch das Wirtschaftsembargo, zum Opfer fielen (s. MacArthur, 269f). Insgesamt haben die von den U.S.A. initiierten Maßnahmen mehr Kinder umgebracht als die Nazis jüdische Minderjährige. Das sei zwar hart, meinte Albright, „aber wir glauben, es ist den Preis wert" (zit. nach Chomsky, The Attack, 54). Um ihren Erfolg nicht zu gefährden, übten die U.S.A. soviel Druck aus, daß die UN-Verantwortlichen für Hilfslieferungen, Hans von Sponeck und Dennis Halliday, von ihren Posten zurükktraten aus Protest gegen eine Strategie, die sie für völkermörderisch hielten (s. Sponeck/Zumach, Irak. Chronik eines gewollten Krieges).

Damit haben sie in den Augen des Imperiums ihre Politikunfähigkeit bewiesen – wenn nicht mehr. Denn prinzipiell ist jedem Gedanken über Verantwortung und Schuld eine terroristische Komplizenschaft zu unterstellen. Als bin Laden kurz vor dem US-Angriff seine Solidarität mit der irakischen Bevölkerung zum Ausdruck brachte, galt der endgültige Beweis einer Verbindung zwischen Saddam Hussein und al-Qaida als erbracht (s. SZ vom 12. Febr. 2003). Der Vorwurf krimineller Handlungen vermag triebhafte Überzeugungstäter nicht zu treffen, sondern bestätigt sie, die Opfer dem Orkus der eigenen Raserei überantworten zu dürfen, ja zu müssen.

In einem Video, das *al-Dschasira* ausstrahlte, beschuldigte bin Laden die U.S.A., Afghanistan aus einem Verdacht heraus überfallen zu haben: „Wie viele unschuldige Dörfer wurden zerstört? Wie viele Millionen Menschen wurden heimatlos gemacht, ohne auch nur irgendein Verbrechen begangen zu haben?" (zit. nach SZ vom 28. Dez. 2001) Damit kam er bei Bushs Sprecherin an die Richtige: „Das ist nichts weiter als die gleiche Art terroristischer Propaganda, die wir zuvor schon gehört haben" (zit. nach ebd.). Davon hatte man genug. Am 8. April 2003 traf eine US-Rakete das Bagdader Büro des Senders. Ein Korrespondent starb. Am 18. März 2004 töteten US-Soldaten in Bagdad zwei weitere Mitarbeiter, nachdem ihr Auto gerammt worden sei und sie „um sich geschossen" hätten. Als eine ihrer ersten Handlungen wies die ab Juni tätige provisorische „Regierung" den Sender aus dem Irak aus: er gefährde die nationale Sicherheit.

Klemperer berichtete 1944 von einem Soldaten, der auf Heimaturlaub von den Verbrechen im Osten erzählte: „Das muß sich rächen." (Klemperer, Zeugnis II, 565) In dieser Befürchtung kommt sowohl das Gespür für die Verwerflichkeit der eigenen Handlung zum Ausdruck als auch die Ahnung, daß im Klima von Destruktivität und Aggressivität nichts Wesensdifferentes entsteht. Dagegen wehrte sich die spanische Regierung mit der Fehlleistung, nach den Anschlägen vom 11. März 2004 in Madrid sofort der ETA die Schuld zu geben. Sie wußte um ihren Anteil am Terror, der jetzt aufblühte (wie allenthalben vor dem Angriff auf den Irak prophezeit).

Inhaltlich mögen sich die jeweiligen Handlungen unterscheiden. Sie sind immer bestimmt vom dominierenden Charakter, der Mentalität, der Tradition und der ideologischen Zielsetzung. Gerade deshalb ist zu verhindern, daß wir den Bezug des täglichen Geschehens zu uns als praktisch tätige, ganz sinnlich gegenständliche Wesen verlieren, unsere Gesellschaftlichkeit an fremde Autoritäten veräußern, Kapitalbewegungen zum Subjekt werden lassen und die Verdinglichung menschlicher Gattungsinteressen hinnehmen wie einen Naturzustand. Ansonsten wären wir wirklich, wie es nach „9/11" als Parole ausgegeben wurde, „alle Amerikaner": Menschen, die aus allen Wolken fallen. In diesem Sinn ist „Anti-Amerikanismus" ein Gebot schlechthin der Menschlichkeit, verantwortlich zu sein.

Schluß mit Bilanzfälschungen

> *Unser Kampf ist der Kampf der Arbeiterklasse,*
> *des Antifaschismus und der antikapitalistischen Gegenmacht.*
> Brigate Autonome Livornesi
> (Fan-Club des AS Livorno Calcio)

> *Was können wir tun? Die Konzerne zerschlagen.*
> *Das wäre ein Anfang. Und dann – warum nicht*
> *gleich aufs Ganze gehen – vielleicht eine freie*
> *Presse, eine parlamentarische Regierung und …*
> *Sie wissen schon, was ich meine.*
> Gore Vidal

Aristoteles meinte, ein Tyrann werde gelegentlich einen Krieg veranstalten, damit seine Untertanen sich ihrer Vergnügungen entledigten und die Notwendigkeit eines Anführers einsähen. Nach dem 11. September 2001 ging zunächst alles glatt. Mit dem WTC sanken letzte Fassaden einer res publica zusammen, die vor den privaten Angelegenheiten der Besitzenden in den U.S.A. drapiert waren. Jetzt untersteht ein paralleler Justizapparat dem Präsidenten und dem Rat für Nationale Sicherheit, nach William Safire (s. *New York Times* vom 15. Nov.

2001) eine diktatorische Machtergreifung, für Johnson ein verkappter, möglicherweise irreversibler Staatsstreich.[68] Die Bewohner dieses Hochsicherheitstrakts werden durch Angstpropaganda in Atem, die Aufseher durch goldene Wasserhähne bei Laune gehalten.

Eine permanente Mobilmachung der Öffentlichkeit sichert die Massenloyalität für eine ruinöse Politik. Das Gespenst von Kommunismus, Drogen und Terrorismus vergrößert den Besitz der Oberschicht, weil der Masse der Bevölkerung absurde Lebensbedingungen zugemutet werden können. Die Proklamation, das „Böse" auf der ganzen Welt zu bekämpfen, ist eine Drohung an das gemeine Volk. In Orwell'scher Neusprache kommt eine Metapher für jene Konsequenzen unter die Leute, die sich aus den Erfolgen in Punischen Kriegen und der damit verbundenen Kriegswirtschaft ergeben: die Aufrechterhaltung eines Lebens, das auf erhöhte Ausbeutung der Mehrheit, unersättliche Bereicherung einer Minderheit, drakonische Einschüchterung und einem paranoiden Überlegenheitsverlangen beruht. Das Ergebnis ist eine Kriegserklärung an die eigene Bevölkerung, der unaufhörlich größere Lasten auferlegt werden müssen.

Neben den psychischen und ökonomischen Verwüstungen türmen sich die Zerstörungen der Umwelt. Den Preis bezahlen die Bürger mit dem Zustand der Natur, der Luft- und Wasserqualität, verschlechternden Aussichten

---

[68] s. Philip S. Golub, Retour à une présidence impériale aux Etats-Unis, in : *LE MONDE diplomatique*, Janvier 2002.

ihrer Volkswirtschaft und steigenden Kosten. Der Eifer gegen das „Böse" ist keine Marotte von Sektierern, sondern eine historisch gewachsene Möglichkeit, Raubzüge ideologisch zu verkleiden. Das Bemühen mag zwanghaft erscheinen, doch darin gleicht es der imperialen Expansion, die es zum Ziel hat. Was für Hitler die rassistische Raserei ist für Bush ein christlich-jüdischer Fundamentalismus. Pathologische Einstellungen stützen ein verrottetes System, in dem seiner Logik gemäß am Ende die stabilsten Gebäude einstürzen.

Das Image der U.S.A. als rechtschaffenes Micky-Maus-Land wird nicht wieder herzustellen sein. Zu dürftig drapiert Fantasy-Kitsch eine abstoßende Präpotenz, wenn von einer „Achse des Bösen" gesprochen wird oder einer Reihe von „Schurkenstaaten", *rogue states. Rogue* bedeutet zwar „Schurke", aber mehr im Sinn von „Schelm", der frei und ungebunden umherschwirrt. Ein Imperium kann viel ertragen, doch für seine Geduld gibt es Grenzen. Allerdings läßt sich die Spirale von Verlogenheit und Gewalt nicht endlos weiterdrehen. Entgegen steht das Unvermögen, minimalen Wohlstand zu sichern, wofür auch noch ein aberwitziger Aufwand erforderlich ist. Ihn kann auf Dauer niemand ertragen: weder die Natur noch der Mensch, der entweder auf einem blamablen Niveau meint davon zu profitieren (im „Mutterland") oder ausgeplündert, vertrieben, gefoltert, wenn nicht getötet wird (in den Neokolonien oder Protektoraten).

Der Weg aus dem Desaster führt über eine Problematisierung des mit ihm entstandenen Gesellschaftscharakters, was wiederum von angepaßten Charakteren nicht ohne weiteres erwartet werden kann. Gleichwohl zeichnen sich immer wieder ganz spontan Ansätze ab. Man mußte nur Hilfsbereitschaft und Aufopferung der Menschen im Umfeld des 11. September 2001 sehen, den Wandel in Umgang, Solidarität, Kommunikation (alles Sachen im übrigen, die keine New Yorker Eigenschaften sind, wie man ständig zu hören bekam, sondern sich überall bei Katastrophen abspielen wie 1998 in Eschede nach dem ICE-Unglück, bei der Flutkatastrophe längs der Elbe 2002 oder selbst dem Münchener Hagelunwetter 1984). Mit all dem hatte man tief verwurzelte Eigenschaften des Menschen im Blickfeld. Sie werden binnen kurzem vom Konkurrenzsystem verschüttet und erdrückt wie vorher die Opfer im WTC (so zahlen die Zeche für die Finanzmisere nach den Anschlägen über Einsparungen bei sozialen Einrichtungen die Armen in den ohnehin vernachlässigten Stadtteilen).

Es ist tragisch, daß wir erschütternder Ereignisse bedürfen, um, je größer das Trauma, desto klarer unsere gattungsspezifischen Bedürfnisse zu sehen. Wir verlieren sie aus den Augen in dem Maße, wie sich gesellschaftlicher Zusammenhang und soziales Urvertrauen auflösen. Die Entfremdung ist das Verbindende zwischen der Höhlenfestung *Tora Bora*, dem *World Trade Center*, ehedem das bestgesicherte Bürogebäude Manhattans, der steinernen Wagenburg *Pentagon* und den *Gated Communities*, eingemauerten Privatstädten, für deren Zutrittsberechtigung der soziale Status das Codewort ist. Die privilegierte Kaste definiert sich nicht unbedingt nach Rasse oder Herkunft, wenngleich diese Kriterien nicht unwichtig sind. Entscheidend aber ist die mit der gesellschaftlichen Stellung im Herrschaftsapparat und der finanziellen Situation verbundene Klassenzugehörigkeit. Ein solches System ist zum Untergang verurteilt, weil es vom Menschen nicht zu verkraften ist. Es mag eine Weile gutgehen, aber eine Weile geht fast alles gut. Eine Weile erhielt selbst Nazi-Deutschland Beifall.

Die Elastizität macht Vorhersagen schwierig. Paul Kennedy wollte selbst 1987 nicht behaupten, die Sowjet Union stehe „dicht vor dem Zusammenbruch" (ders., Aufstieg, 757). Sein Schluß lautete lediglich, die Sowjet Union sei alles andere als von übernatürlicher Stärke. Mehr läßt sich auch nicht von den U.S.A. sagen. Für ihren desolaten Zustand gibt es so viele Anzeichen, daß sich Spätere fragen werden, was noch gefehlt hat zu dem Urteil, ein System der Umweltzerstörung, zerrütteter Familien, florierender Pharmakonzerne, überquellender Gefängnissen, global agierender Despotie, Ausbeutung und Verelendung befände sich im Niedergang, der auch von einem irrwitzigen Polizei- und Militärapparat nicht aufgehalten werden kann. Diese Bilanzfälschung wird auffliegen, weil die Nöte der Bevölkerung schon bislang gravierend waren. Vor ihnen die Augen zu verschließen wird bei allem patriotischen Überschwang nicht gelingen, wenn unaufhörlich der Lebensstandard ab- und die Verschuldung zunimmt. Es wird die Verzweiflung sein, die jeden Bürger zum Nachdenken zwingt.

Vielleicht greift der eine oder andere zum Lehrbuch der Geschichte wie Etienne de la Boetie, der aus seiner Betrachtung der griechischen Antike den Schluß zog: „Oftmal verlieren die Völker ihre Freiheit, indem sie sich betrügen lassen, aber mir will scheinen, als würden sie seltener von anderen als vielmehr meistens von sich selber betrogen." (Boetie, Knechtschaft, 42) Die Syrakuser wählten „in höchster Kriegsnot und ganz und gar von der unmittelbar gegenwärtigen Gefahr benommen' einen Heerführer, der sich nach seiner siegreichen Rückkehr zum König und vom König zum Tyrannen aufschwang – „als hätte er nicht seine Feinde, sondern seine Mitbürger besiegt." (ebd.) Doch genau das hat er: das Volk, so Boetie, „dient hintfort so willfährig und mit solcher Lust, daß man bei seinem Anblick meinen könnte, es habe nicht den Verlust seiner Freiheit zu beklagen, sondern den Gewinn seiner Knechtschaft zu bejubeln." (ebd., 42, 43)

Unser Syrakus verteilt als „Soforthilfe" 60 Mrd. USD an Unternehmen und *Pentagon*, nichts aber an Lohnabhängige und Arbeitslose. Das wäre, so der Vorsitzende der Republikaner im Repräsentantenhaus, „nicht Teil des amerikanischen Geistes". Er ist eingehaucht in die Steuersenkungen von 2001, wobei 90% der 1,3 Billionen USD an zehn Prozent der Bevölkerung ausgeschüttet werden (60% entfallen auf ein einziges Prozent). Im März 2003 sollte mit den ersten Bomben auf Bagdad eine auf zehn Jahre verteilte Dividende in Höhe von 726 Mrd. USD ausgeschüttet werden, von der zwei Drittel dem einkommensstärksten Prozent der Bevölkerung zu Gute gekommen wäre. Die Hälfte der Steuerminderung wird direkt durch die Erhöhung von Abgaben der einzelnen Bundesstaaten auf die Bevölkerung abgewälzt. Die öffentliche Finanznot läßt eine Diskussion über Reformen im Bildungs-, Gesundheits- oder Sozialwesen erst gar nicht aufkommen.

Der Spagat von Bereicherung und Verarmung erfordert kriegerische Anstrengungen, die ihn nicht nur unweigerlich überstrapazieren. Sie führten in ihrer Eigendynamik auch dazu, daß die Schwelle für einen atomaren Erstschlag herabgesetzt wurde. Planungen für Einsätze außerhalb Rußlands verfügte Clinton 1996 mit der Richtlinie PDD 60. Im Frühjahr 2002 wurden Überlegungen bekannt, die Trennung des Einsatzes von konventionellen und nuklearen Waffen aufzuheben (*Nuclear Posture Review*). Für eine neue Generation „kleinerer" Atombomben, deren erstes Opfer das (von den U.S.A. nie ratifizierte) Test-Stop-Abkommen war, wurde ein ganzer Katalog Offensivoptionen erstellt, etwa bei verbunkerten Militär- und Industrieanlagen, wobei Irak, Iran, Libyen, Syrien und Nordkorea erwähnt wurden.[69]

Als seinerseits Nordkorea mit dem Einsatz von Atombomben drohte, war es, so Bush jr. 2003, „Erpressung". Um solchen Frevel vorzubeugen hat das Imperium eine presumptive Selbstverteidigung in ihr Repertoire aufgenommen: sollten „freie Menschen im 21. Jahrhundert",

---

[69] s. SZ vom 11. März 2002 sowie Ulrich Weisser, Amerikas Optionen, in: SZ vom 18. März 2002.

fragte Rumsfeld, auf einen feindlichen Angriff warten, bei dem möglicherweise Millionen Menschen getötet würden (s. SZ vom 24. Juli 2002)? Das kommt natürlich nicht in Frage, schon gar nicht bei Aussicht auf neue Quellen der Bereicherung. Dann muß wie im Irak ein genehmes Gremium die Macht übernehmen, Aufträge an die US- Industrie verteilen und die Einheimischen ermahnen, „Reife" zu zeigen – indem sie an ihrer Spitze einen Ijad Allawi akzeptieren, dessen Hände nach Hersh „vol. Blut" sind (s. SZ vom 2. 3. Okt. 2004). Diese Version von Demokratie schwebte Wolfowitz vor, als er von der türkischen Regierung eine Entschuldigung verlangte, weil „ihr" Parlament gegen eine Beteiligung an dem Überfall auf den Irak gestimmt hatte: sie solle sich überlegen, wie sie sich den U.S.A. so nützlich wie möglich machen könne (s. SZ vom 8. Mai 2003).

Das Ende von Imperien liegt in ihnen begründet. Im 11. September 2001 kulminierte eine Entwicklung, deren abgründige Dynamik sich seitdem noch beschleunigte. Vorläufiger Tiefpunkt ist das gegen weltweiten Widerstand inszenierte Gangsterstück im Irak. Ein halbwegs intaktes Volksempfinden hätte, wenn schon nicht wegen der mindestens 25.000 Toten, so doch wegen einer Wirtschaft, deren maroder Zustand sich nicht mehr verdecken läßt, und einer fragwürdigen Rolle bei den Anschlägen die „Wiederwahl" von Bush 2004 verhindert. Aber wenn er auch von einer autoritären, haßerfüllten, gefühlsarmen, durch verkitschte Rührstücke kompensierten Grundstimmung profitierte, die jahrzehntelang gepflegt wurde (immer offensichtlicher durch systematisch produzierte Angstpsychosen) und soweit beschränkt ist, daß Wahlbehinderungen wie potentielle Verfälschungen durch elektronische Abstimmungsmaschinen geschluckt werden – trotz alledem könnte es irgendwann zu einer Amtsenthebung wegen Formalitäten kommen (wann hat er was gewußt und das Gegenteil behauptet). Denn als Trüffelschwein der Oligarchie hat er im Grunde ausgedient. Sein Abstieg begann, als er nicht in der Lage war, einen akzeptablen Grund für den Krieg gegen den Irak zu präsentieren.

55 v.Chr. begann das Verhängnis von Crassus, weil die kultischen Formen des Fetialrechts für eine Kriegserklärung nicht beachtet wurden, die Bevölkerung von den Motiven seines Partherfeldzugs nicht überzeugt und damit ein *bellum iustum* nicht gegeben war: „Es war für die Opposition ein leichtes, das ganze Unternehmen als Ausfluß von Crassus' Geld- und Ruhmgier zu diskreditieren." (Christ, Krise, 313) 33 wurde er nach dem Desaster bei Carrhae von seinen eigenen Leuten niedergemacht, was Augustus mehr als drei Jahrzehnte später nicht hinderte, diese Katastrophe propagandistisch zu verwerten. Ebenso werden die U.S.A. wie die Niederlage in Vietnam auch das Scheitern im Irak in ihr destruktives Handlungsmuster einordnen – was unter einem Präsidenten John F. Kerry nicht anders gewesen wäre. Er hielt 1998 einen Einmarsch in den Irak für „legitim", falls Saddam „halsstarrig bleibt, die UN-Resolutionen verletzt und weiterhin eine Bedrohung für die Weltgemeinschaft darstellt" (zit. nach

Chomsky, War against People, 27). Die Meinung des UN-Sicherheitsrates spiele hierbei keine Rolle. Am 17. April 2004 bemängelte er, daß „unsere Truppen" 90% des Risikos und der Verluste trügen. So geht es natürlich nicht. Wozu hat man „Verbündete"? Sie sollen wieder eingebunden sowie das eigene Militär konventionell verstärkt werden.[70]

Leute wie Kerry, die in Vietnam ihr Land „verteidigten" und in „Sicherheitsfragen" weiterhin unilateral entscheiden wollen, stecken in jenem Dilemma, in dem sich ein Land nach Punischen Kriegen immer tiefer verstrickt. Durch Bush wurde es nur besser sichtbar. Seine missionarisch auftretende Gier begünstigte zweifellos eine zunehmende Eigenständigkeit Europas, von der beim Bosnien-Konflikt und nach dem 11. September 2001 noch wenig zu sehen war. Geblendet von eigener Hybris nahm Bush das ganz materielle Interesse anderer Länder, die U.S.A. in Zentralasien nicht allein zu neuen Futtertrögen vorstürmen zu lassen, nicht wahr. Er sah nur Gefolgschaft, wo in starkem Maße bereits Eigennutz war. Gerade diese realistische Sicht verbot ein Engagement im Irak, welcher Einsicht sich praktisch die gesamte Bevölkerung im Rest der Welt anschloß.

Bushs Blindheit ist ein Resultat der Dynamik von Zwängen, denen die U.S.A. strukturimmanent ausgesetzt sind. Es gehört nicht viel dazu, davon angeekelt zu sein.

---

[70] s. Michael T. Klare, Les prudences du candidat Kerry, in: *LE MONDE diplomatique*, Juillet 2004.

Nur die Haltlosesten unter den Vasallen gehen noch mit einer „transatlantischen Staatengemeinschaft" hausieren, von ihrem sozialem Aufstieg träumend. Sie prostituieren sich in „Spielräumen" und erliegen mehr Fiktionen als Flaneure auf der „Reeperbahn nachts um halb eins" (wie Hans Albers so warmherzig sang). Sie werden sich mit keinem Zuhälter anlegen. Lieber bieten sie Truppen an wie archaische Stämme Menschenopfer, um Gnade zu finden vor leicht erzürnbaren Gewalttätern, deren drei große Imperative nach Brzezinski lauten: „Absprachen zwischen den Vasallen zu verhindern und ihre Abgängigkeit in Fragen der Sicherheit zu bewahren, die tributpflichtigen Staaten fügsam zu halten und zu schützen und dafür zu sorgen, daß die ‚Barbaren-Völker' sich nicht zusammenschließen." (Brzezinski, Weltmacht, 66)

Doch gerade die Plumpheiten eines Bush jr. werden die U.S.A. immer öfter vergeblich auf eine Mitsprache bei etwaigen EU-Einsätzen in Moldawien oder Bosnien drängen lassen. Eine eigenständige Militärpolitik Europas ist nicht mehr aufzuhalten, nachdem Großbritannien dem Aufbau eines militärischen Hauptquartiers, wie immer es deklariert und organisiert sein mag, zugestimmt hat (s. SZ vom 17. und 18./19. Oktober sowie 29./30. Nov. 2003). Nicht erst die Renitenz von Bundesgenossen, schon die Notwendigkeit, auf Unbotmäßigkeit einzugehen, sind Zeichen imperialen Niedergangs. Meinungsvielfalt wird gepriesen, solange sie nicht vorhanden ist. Läuft die Disziplin aus dem Ruder, werden „Abweichler" zu Feinden, denen ernsthafte Konsequenzen anzudrohen seien, wie es unverhohlen in der *International Herald Tribune* am 14. September 2001 in einem aus der *Washington Post* nachgedruckten Leitartikel hieß.[71]

Trotzdem mußte Rumsfeld nach den Feiern zum 40. Jahrestags des Elysée-Vertrags konstatieren, das Zentrum des US-Protektorats habe sich nach Osten verschoben: „Deutschland ist ein Problem, Frankreich ist ein Problem." (zit. nach SZ vom 23. Jan. 2003) Beide Länder verkörperten das „alte Europa". Für die U.S.A. wäre es die Götterdämmerung im Cäsarenwahn, der schon die Nazis zu der Hoffnung verleitete, sie und ihre Vasallen bildeten das „neue Europa" (s. Klemperer, 28. Nov. 1941, I, 689). Auch heute hat diese Illusion weder die Mehrheit der Bevölkerung in den betreffenden Ländern hinter sich, noch kann sie sich auf das Ergebnis parlamentarischer Debatten stützen.[72] Sie wird wie in Spanien bei der erstbesten Gelegenheit platzen. Umfragen ergaben, daß 75% der Franzosen, 63% der Deutschen und selbst 56% der Briten für eine von den U.S.A. unabhängigere Außen- und Sicherheitspolitik Europas plädieren (s. SZ vom 18. März 2004).

Unsere Cäsaren sind zu Recht in Panik, den Boden unter ihren Riesenbeinen zu verlieren und selber in länger werdende Schatten schnöder Gräber zu verschwinden (die Verlustängste brachen sich, als ein treuer Vasall erstmals

---

[71] s. Serge Halimi, Tous Américains, in: *LE MONDE diplomatique*, Octobre 2001.

[72] s. Catherine Samary, Fractures et espoirs de la « nouvelle Europe », in : *LE MONDE diplomatique*, Novembre 2003.

nach dem 2. Weltkrieg seinem Protektor widersprach, prompt Bahn in Form des Vorwurfs, *Deutschland* wolle die Herrschaft in Europa an sich reißen, im Klartext: den U.S.A. *ent*reißen). Doch so gewiß imperiales Streben darauf hinausläuft, nicht nur das eigene Land in den Ruin zu treiben, muß die Kuh vom Eis, wenn es brüchig wird. Anfang 2003 wurde sie erstmals in einer der traditionell nationalistischen Parteien auf Trab gebracht.

Politiker vom rechten CSU-Flügel forderten die Bundesregierung auf, im UN-Sicherheitsrat eine etwaige Resolution für einen Krieg gegen den Irak abzulehnen (s. SZ vom 10. Jan. 2003). Auf einer Versammlung amüsierte der Bundestagsabgeordnete Peter Gauweiler die gut tausend Zuhörer, als er von „Herrn Rummsfeld" spracht: er, Gauweiler, sei stolz, „zum alten Europa zu gehören." (s. SZ vom 5. Febr. 2003) Als Rumsfeld Deutschland mit Libyen und Kuba verglich, sorgte sich Gauweiler um dessen „inneren Zustand". Soviel Aufmüpfigkeit ist ein irreparabler Kollateralschaden einer amoklaufenden Politik, die bei mangelndem Gehorsam an zwei Länder erinnert, auf deren Staatschefs die U.S.A. Mordanschläge verübt haben. Diese „Sonderbehandlung" wurde bislang nur noch Saddam Hussein und bin Laden in Aussicht gestellt (öffentlich jedenfalls, Herr Schröder!).

Gauweiler und der CDU-Abgeordnete Willy Wimmer protestierten auch gegen eine zum ersten Jahrestag des Überfalls auf den Irak von ihrem Kollegen Pflüger verfaßte Ergebenheitsadresse an die U.S.A. Sie verwahrten sich gegen eine unseriöse Kriegspolitik, die Deutschlands

Sicherheit untergrabe, denn Selbstmordattentate und heimtückische Bombenanschläge seien bekanntlich Waffen derer, die keine Flugzeugträger und Raketen zur Bombardierung fremder Städte haben (s. SZ vom 26. März 2004). Auf dem NATO-Gipfel November 2002 in Prag sollten mit der Osterweiterung Elemente integriert werden, die über solche Ansichten entsetzt sind und sich wie der tschechische Staatspräsident Vaclav Havel „zum Wohle des Friedens" für Gewalt (gegen den Irak) aussprechen. Es sei „nicht im Interesse der Zivilisation", daß die U.S.A. „isoliert werde", während sie in einen Krieg mit der muslimischen Welt „gerate" (s. SZ vom 14. Jan. 2003).

Wie immer führt eine korrupte Einstellung zu Realitätsverlust. Ihr entgeht, daß in der Dämmerung, wenn die Eule der Minerva ihren Flug beginnt, sich die Offenbarung der Punischen Kriege als Zeitenwende vollendet. Es entstehen imperiale Mächte mit allen sozialen, ökonomischen, politischen und militärischen Konsequenzen. Die siegreichen Wehrpflichtigen des 2. Weltkriegs, in deren Gefolge den U.S.A. der halbe Erdball zufiel, haben sich wie das Bauernheer vor mehr als 2.000 Jahren ins Verderben gestürzt. Für Sallust war es das Ende der Römischen Republik: als „Karthago, die Rivalin des Römischen Reiches, von Grund auf vernichtet worden war, alle Meere und Länder offenstanden, da begann die Schicksalsgöttin zu wüten und alles durcheinanderzubringen." (Sallust, Catilina, 10)

Zunächst wuchs „die Gier nach Geld, dann die nach der Herrschaft; das war gleichsam der Brennstoff für alles

Übel." (ebd., 10, 11) Analog zur charakterologischen Deformationen durch Verdinglichung, Entfremdung und Selbstbetrug seien durch *avaritia* und *ambitio*, Habgier und Ehrgeiz, viele Menschen verleitet gewesen, „falsch zu werden, anderes verschlossen im Herzen als auf der Zunge bereitzuhalten, Freundschaften und Feindschaften nicht nach wirklichem Wert, sondern nach dem Vorteil einzuschätzen, mehr eine anständige Miene als eine anständige Art zu haben. Dies wuchs zunächst allmählich, wurde bisweilen gestraft; darauf, als die Ansteckung wie eine Pest einbrach, änderte sich der Staat, die Herrschaft wurde aus der gerechtesten und besten zu einer grausamen und unerträglichen." (ebd., 11)

Sallust war im Altrömischen verwurzelt, Vidal eher, nebenbei bemerkt, in der republikanischen Aristokratie. Vor dem Hintergrund des unbedingten Strebens nach *virtus*, nach Tüchtigkeit, den Werten der Tugend und Tapferkeit, Ehre, sah Sallust nach seiner *Verschwörung des Catilina* in der *Historiae* einen unaufhaltsamen Verfall der Sitten und der römischen Herrschaft nicht erst in der Zeit nach den Punischen Kriegen. Ungerechtigkeiten herrschten vielmehr „schon vom ersten Anfang an". Die Königszeit sei kaum vorbei gewesen, da „plagten die Senatoren die Plebs durch eine Herrschaft, wie sie Sklaven gegenüber passend ist; über Leben und auch über Tod faßten sie Beschlüsse in der Art von Königen, sie vertrieben von Äckern und herrschten mit uneingeschränkter Gewalt, während alle übrigen keinen Anteil an Grund und Boden hatten." Die Verderbnis nahm, „seitdem die Furcht vor den Puniern beseitigt war", seinen freien Lauf. Es ging „mit der Gesittung der Vorfahren nicht mehr allmählich wie zuvor, sondern in der Art eines Wildbachs bergab" (Historiae, 7, 9)

Vidal wäre dann so etwas wie der Sallust der Catilinischen Verschwörung. Während er vornehmlich das Unheil nach dem 2. Weltkrieg beginnen sah, verdeutlichten für Sallust selber die Punischen Kriege nur eine Entwicklung, die lange zuvor angesetzt hatte. Ebenso ist das Schauspiel, das die Vereinigten Staaten in ihrer Blütezeit boten, als eine Tragödie zu sehen, dessen Grundzüge von Anfang an festgelegt waren. Unaufhaltsam trieb das Drama seinem Ende zu. Der Einschlag von Flugzeuge in Wolkenkratzer war nur ein Versuch, die Zeit aufzuhalten, und glich so Don Quijotes Kampf gegen Windmühlen. Nicht minder traurige Gestalten sind die Gotteskrieger globalisierter Herrschaft mit ihren Bomben auf Zivilisten. Als ob sie ein Visier herabgelassen haben, liegt der Charakter ihrer eigenen Destruktivität, ihrer Gesellschaft und der in ihr verfolgten Ziele jenseits ihres beschränkten Blickfelds.

Diese Blindheit ist Staatsgebilden eigen, die durch die Gier nach Reichtum und Macht zusammengehalten werden. Die unablässig zu disziplinierende Öffentlichkeit ist solange für Schlagwörter empfänglich, wie umfassendere Erklärungen kollidieren mit einer verarmten Lebensweise sowie den ihr spezifischen Bedürfnissen. Resultat ist eine schleichende Aushöhlung ihrer inneren Stabilität, was zusammen mit äußeren Fehl- und Rückschlägen den Niedergang beschleunigt.

Anzeichen dafür waren unterschwellige Aversionen, Affekte der Genugtuung, die entgegen der Sprachregelung nach dem 11. September 2001 zum Vorschein kamen. Sie nähren sich aus dem durch kein Indoktrinierungsmodell dauerhaft zu unterdrückenden Empfinden von Ungerechtigkeit, Hochmut, Arroganz und Einfalt. Das menschliche Interesse, Herr seiner Geschicke zu sein, wird sich von einer Übermacht immer bedroht sehen. Eine Maschinerie des Konsenses ist vonnöten für den Kitt, der einen Zustand der Entfremdung, Ausbeutung und Herrschaft zusammenhält. Er ginge sonst aus dem Leim.

Dieser Punkt ist nicht erreicht, wenn der Macht ein Zacken aus der Krone bricht. Dafür ist das Bewußtsein in keiner Weise vorbereitet. Zu spüren ist zunächst die Erleichterung, daß der Anspruch totaler Herrschaft symbolhaft zusammengebrochen ist, eingestürzt wie der Turmbau zu Babel, Mythos entmenschter Vermessenheit. Dem totalitären Selbstverständnis schien ein Schlag versetzt worden zu sein, weil eine terroristische Aktion den Zweifel von Zivilisierten und Fügsamen belebte. Gegen den Zusammenbruch alles Kommunikativen brach sich – brachial unkommunikativ – die „fixe" Idee Bahn, daß die Geschichte weitergeht. Auch wenn, mit Karl Krauss zu sprechen, manchmal weiter als die Polizei erlaubt.

Den Wahnsinn marodierender Kriegstrosse wird von außen niemand aufhalten. Die Gegenströmung muß von innen kommen und sie wird von innen kommen. Die Folgen für ein Gemeinwesen, das dem Rausch von Größe, Geld und Konsum erlegen ist, sind so gravierend, daß der

Ruf: Sklaven Roms, empört Euch!, zum zwingenden Imperativ avancieren wird. Es ist die einzige Chance einer Gesellschaft, die, von Sieg zu Sieg schreitend, aus dem Gleichgewicht kam. Sie muß genutzt werden und wird offensichtlich genutzt. Schon ein paar Tage nach dem 11. September 2001 meinte eine im Fernsehen interviewte New Yorkerin, man müsse sich fragen, woher diese Feindseligkeit käme. Auch ist nach der totalitären Agitation in den U.S.A. nicht überzubewerten, daß im März 2003 zwei Drittel *für* einen Krieg gegen den Irak waren. Noch nie hat sich vor Beginn eines Krieges so viel Widerstand manifestiert. Bereits im Oktober 2002 kam es zu den größten Demonstrationen in den U.S.A. seit dem Vietnam-Krieg. Die Basis für Konsens sieht anders aus.

Eine Umkehr ist immer schwierig. Der Charakter ist keine Maschine, an der sich ein paar Teile austauschen lassen. Er ist ein dynamisches System, dessen Momente voneinander abhängig sind, sich gegenseitig ergänzen und in ihrer Entwicklung bestimmen. Wirkliche Veränderungen erfordern Veränderungen auf allen Ebenen, wobei es immerhin nicht auf die Größe der Schritte ankäme, sondern auf ihre Richtung. Sie müssen tendenziell die ganze Struktur erfassen, in denen der Mensch tätig ist. Alles andere würde ihm und der Entwicklung seines Selbstbewußtseins nicht zum Vorteil gereichen, anderen Erfahrungsmustern widersprechen und zum Scheitern verurteilt sein.

Jeder ist gefordert, denn der Niedergang des Ganzen zeigt sich im Niedergang des Einzelnen, in seiner Einseitigkeit, Dummheit, Irrationalität, seinen lebensverneinenden Strebungen. Die unerläßliche Stütze der Macht ist ein Publikum, das gröbste Unstimmigkeiten hinnimmt, was sich nicht nur Manipulation verdankt. Manipulation in diesem Ausmaß ist nicht möglich. Es bedarf einer Lebensweise in Apathie, Schizophrenie und Ohnmacht, Abhängigkeit und Anpassung. Verantwortung für andere Menschen als Gattungswesen darf es sowenig geben wie Gerechtigkeit und Moral. In diesem Sinn wären im Interesse von Freiheit und Vernunft jene Bedürfnisse zu entfalten, die den Menschen anregen, sich seiner Kräfte zu besinnen mit dem Ziel, sich und andere zu bereichern. Im Kleinen wie im Großen, in den gesellschaftlichen Beziehungen und internationalen Zusammenhängen ist der Untergang abzuwehren, in den U.S.A. und anderswo.

Etwa in London, als sich am 28. September 2002 Hunderttausende gegen einen Irakkrieg versammelten. Es war Sabbat. Anwesende orthodoxe Juden ließen einen jungen Muslimen ihr Plädoyer für die Rechte der Palästinenser verlesen (s. Tariq Ali, Ziviler Widerstand, in: SZ vom 1. Okt. 2002). Der Widerstand muß von den Schichten kommen, deren Konformismus alle soziale Verwerfungen erst ermöglicht. Für sie heißt es, aus schnöden Gräbern aufzuerstehen. Von der herrschenden Elite ist nichts zu erwarten, keine Einsicht, keine Besserung und kein Bemühen. Ihre Verkrüppelung macht sie so ahnungslos wie Iggy Pops Caesar. Der Warnung eines Weisen, er solle sich vor den Iden des März in acht nehmen, begegnet er mit der Frage: „Who is this old man?" Auf die Bitte, er möge ihn verschonen, erfolgt der Reflex eines pathologischen Gewaltmenschen: „Throw him to the lions!" Innehalten ist nicht vorgesehen in mechanischem Handeln und gefühlloser Erfüllung. Schon gar nicht nach Punischen Kriegen.

„Was soll man", meinte der Filmregisseur Jim Jarmusch, „auch von einer Nation erwarten, die zum Teil aus Genozid, Mord und Gier heraus entstand? So ist es wohl naiv zu glauben, daß zu Amerika tiefere moralische Werte gehören. Aber es gibt sie. Ich habe sie erlebt." (zit. nach SZ vom 19. Dez. 2002) Bevor sie wieder Geltung erlangen, wird die Krise der U.S.A., die zwischen 11. September 2001 und dem Einmarsch in den Irak vollerds zu Tage trat, den Niedergang beschleunigen. Das Imperium Americanum wähnte den Zuspruch für seine kriegerische Herrschaft im Überfluß auf seiner Seite. Mit dem WTC waren die letzten Dämme der Mäßigung weggebrochen. Doch diese Überrumpelungstaktik entbehrte selbst jener substantiellen Grundlagen, die im Höhenrausch noch suggeriert werden konnten.

Der Niedergang entfacht noch Streufeuer. In ihrem Schein läuft man in Fallen, die nach den Siegen in Punischen Kriegen allgegenwärtig sind. Der ihnen folgende Aufstieg zeigt wie ein Zeichen an der Wand die Höhe des Absturzes an. Pyhrrus fürchtete, den nächsten Sieg nicht zu überleben. Er hatte Glück. Zu diesem Sieg kam es nicht mehr. Er fiel der Römischen Republik zu, der Angst fremd war. Selbst eine Niederlage war für sie nur das Betriebsrisiko permanenter Kriege, die zum Überleben erforderlich sind. Verhängnis und Schicksal von Imperien besteht nicht darin, besiegt zu werden. Sie siegen sich zu Tode, mit jener Dynamik, der sie ihr Entstehen verdanken. Die U.S.A. werden da keine Ausnahme bilden.

Personenverzeichnis

Abu-Jamal, Mumia
Abramovici, Pierre
Abrams, Elliott
Achbar, Mark
Acheson, Dean
Adams, John Quincy
Adler, Victor
Adorno, Theodor W.
Ahmed, Mahmud
Ahmed, Nafeez M.
Alaoui, Hicham Ben Abdallah El
Albers, Hans
Albright, Madeleine
Ali, Tariq
Allawi, Ijad
Allende, Salvador
Alterman, Eric
Aly, Götz
Amir, Mohammed el s. Atta
Anderson, Terry
Anderson, Walter S.
Anderson, Warren
Anouilh, Jean
Aristoteles
Armani, Giorgio
Arafat, Jassir
Ashcroft, John

Astaire, Fred
Atta, Mohammed
Augustus
Aust, Stefan
Avnery, Uri

Baer, Robert
Baker, Dean
Baker, James
Bamford, James
Baucus, Max
Beamer, Todd
Bearden, Milton
Beatles, The
Becker, Johannes M.
Beers, Charlotte
Beilin, Yossi
Ben Gurion, David
Berlin, Irving
Bertet, Jean-Marc
Biegert, Claus
Biermann, Werner
Birnbaum, Norman
Black, Edwin
Blackman, Paul H.
Blair, Dennis C.
Blair, Tony
Blumenthal, Michael
Böckelmann, Frank
Böll, Heinrich
Boetie, Etienne de la
Bondy, François
Bosl, Karl
Bourdet, Claude

Bovard, James
Braun, Eva
Brisard, Jean-Charles
Bröckers, Mathias
Brown, John
Brücher, Gertrud
Brundage, Avery
Brutus
Brzezinski, Zbigniew
Bülow, Andreas von
Bundy, McGeorge
Bush, George
Bush, George W.
Bush, Jeb
Butterwegge, Christoph

Caesar
Cagney, James
Capra, Frank
Carnegie, Andrew
Carter, James
Cassius
Castro, Fidel
Cato
Chang, Ha-Joon
Chandler, Raymond
Chaplin, Charles
Chargaff, Erwin
Cheney, Richard
Chimelli, Rudolph
Chomsky, Noam
Chossudovsky, Michel
Christ, Karl
Christus, Jesus

Churchill, Winston S.
Cicero
Clancy, Tom
Clarke, Richard
Clausewitz, Carl von
Clinton, Hillary
Clinton, William
Clemons, Steven
Cohn-Bendit, Daniel
Cordovez, Diego
Conradi, Peter
Cooley, John K.
Coulmas, Florian
Crassus
Crawford, Michael

Daeninckx, Didiers
Damasio, Antonio R.
Davis, Mike
Dasquié, Guillaume
Debs, Eugene
Dekkers, Rudi
Dole, Sanford
D'Souza, Dinesh
Dyer, Joel

Ebbers, Bernie
Ebert, Friedrich
Edwards, John
Ehrenburg, Ilja
Ehrenreich, Barbara
Eichner, Klaus
Einaudi, Jean-Luc
Einstein, Albert

Eisenhower, Dwight D.
Ekeus, Rolf
Elsässer, Jürgen
Engels, Friedrich
Etzioni, Amitai
Ewert, Michael

Feith, Douglas
Fellini, Federico
Fichte, Johann Gottlieb
Fields, W.C.
Finkelstein, Norman G.
Fischer, Joseph
Fischler, Hersch
Flores, Rafael
Flottau, Heiko
Ford, Gerald
Ford, Henry
Ford, John
Fox, Robert
Francis, Arlene
Frank, Thomas (Tom)
Franklin, Lawrence
Freud, Sigmund
Friedman, Michel
Friedman, Milton
Fromm, Erich
Fücks, Ralf
Fukuyama, Francis

Gandhi, Mahatma
Gates, Bill
Gates, Robert
Gauweiler, Peter

Giugliani, Carlo
Giuliani, Rudolph
Glaspie, April
Goebbels, Joseph
Goethe, Johann Wolfgang
Golub, Philip S.
Gore, Al
Gracchus
Graham, Bob
Greenspan, Alan
Greffrath, Mathias
Gresh, Alain
Grew, John
Grimm, Hans-Ulrich
Grossman, Wassili
Grossmann, Henryk
Grün, David s. Ben Gurion, David
Grünberg, Harry
Gumbleton, Thomas

Habibzadeh, Saaed
Habermas, Jürgen
Halimi, Serge
Halliday, Dennis
Hamdan, Fuad
Hamilton, Alexander
Hammond, Philip
Hamut, Scheich
Hannibal
Haq, Abdul
Harrison, Selig S.
Hasmi, Nawaf al
Havel, Vaclav
Hayek, Friedrich A. von

Hayworth, Rita
Helms, Jesse
Herman, Edward
Herold, Marc W.
Hersh, Seymour
Hertsgaard, Mark
Herzinger, Richard
Hilberg, Raoul
Himmler, Heinrich
Hitchcock, Alfred
Hitler, Adolf
Hoffman, Bruce
Hohmann, Georg
Hoicke, Cornelia
Honderich, Ted
Hopsicker, Daniel
Hoover, Edgar
Horowitz, David
Huntington, Samuel

Immelt, Jeff
Isserson, Georgi S.

Jarmusch, Jim
Jefferson, Thomas
Jenninger, Philip
Johnson, Chalmers
Johnson, Lyndon B.
Jones, James L.
Junge, Gertraud

Kant, Immanuel
Kapeliouk, Amnon
Karsai, Hamid

Lemnitzer, Lyman L.
Letterman, David
Lewinsky, Monica
Le Winter, Oswald
Lewis, Bernard
Libby, I. Lewis
Lifton, Robert J.
J. Robert Lilly
Lischka, Konrad
Lopez, Jennifer
Loth, Wilfried
Lubitsch, Ernst
Lumumba, Patrice
Luther, Martin
Lynch, Jessica

MacArthur, John R.
Madison, James
Madonna
Magruder, John
Maher, Bill
Mahfouz, Khalid bin
Mahler, Horst
Mander, Jerry
Mao Tse-tung
Markusen, Eric
Marius
Marshall, George C.
Martin, Dean
Marx, Karl
Massey, Jimmy
Massud, Ahmed Schah
Mattick, Paul
McArthur, Douglas

Netanjahu, Benjamin
Nichols, Terry
Nixon, Richard M.
Noske, Gustav

Oden, Nancy
Odom, William
Ogilvie, Robert M.
Oldag, Andreas
Olson, Barbara
Olson, Theodore
O'Neill, John
O'Neill, Paul
Orwell, George

Padilla, José
Padover, Saul K.
Parsons, Richard
Parsons, Robert James
Pauwels, Jacques
Paye, Jean-Claude
Peltier, Leonard
Pepper, William F.
Perelman, Michael
Peres, Schimon
Pfaff, William
Pflüger, Friedbert
Piketty, Thomas
Pilger, John
Pinochet, Augusto
Pitt, William Rivers
Platon
Polgar, Alfred
Pollmer, Udo

Pollock, Jackson
Pol Pot
Pompeius
Ponsoby, Arthur
Pop, Iggy
Pound, Ezra
Powell, Colin Luther
Prantl, Heribert
Presley, Elvis
Priest, Dana
Pyrrhus

Ramonet, Ignacio
Rashid, Ahmed
Ratner, Michael
Reagan, Ronald
Rice, Condoleezza
Rifkin, Jeremy
Ritter, Scott
Rocca, Christina
Rochefort, Joseph J.
Rochefoucauld, François de La
Rockefeller, John
Röhl, Bettina
Roosevelt, Franklin D.
Roosevelt, Theodore
Rosenberg, Barbara H.
Rosenberg, Ethel u. Julius
Roth, Claudia
Rouleau, Eric
Roy, Arundhati
Roy, Olivier
Rumsfeld, Donald
Rutherfurd, John

Sacco, Nicola
Saddam Hussein
Sadowski, Yahya
Safire, William
Said, Edward
Saif, Abdul Salam
Salinger, Pierre
Sallust
Samary, Catherine
Sarasin, Philipp
Saunders, Frances Stonor
Scharon, Ariel
Scheinermann, Vera
Schiller, Friedrich
Schlauch, Rezzo
Schnibben, Cordt
Schölzel, Arnold
Scholl-Latour, Peter
Schor, Julie
Schosser, Eric
Schröder, Gerhard
Schumacher, Ernst Friedrich
Scrivener, Anthony
Servius Tullius
Shakespeare, William
Shenon, Philip
Sherry, Michael
Shiller, Robert J.
Short, Walter
Shulman, David
Shultz, George
Sieferle, Rolf Peter
Sihanouk, Prinz

Simons, Tom
Sinatra, Frank
Smith, Patti
Sokal, Alan
Spoo, Eckart
Speer, Albert
Spiegel, Paul
Sponeck, Hans von
Springer, Friede
Springmann, Michael
Stark, Harold R.
Sternhell, Zeev
Stein, Hannes
Steinberger, Petra
Stewart, James
Stinnett, Robert B.
Stockt, Laurent van der
Stalin, Josef
Strode, Woody
Sulla

Tacitus
Taylor, Francis
Teppich, Fritz
Thatcher, Margaret Hilda
Thompson, Stephen
Todd, Emmanuel
Toqueville, Alexis de
Triandafilow, Wladimir K.
Tripp, Linda
Trasymachos
Truman, Harry S.
Tschiang Kai-schek
Tuchatschewski, Michail N.

Zammar, Mohammed
Zielcke, Andreas
Zimmermann, Moshe
Zinn, Howard
Zinni, Anthony

Literaturverzeichnis

Victor Adler, Unmaßgebliche Betrachtungen, in: Die Neue Zeit, 51, XIX, II, 1900-1901.

Nafeez M. Ahmed, Geheimsache 09/11. Hintergründe über den 11. September und die Logik amerikanischer Machtpolitik, München 2003.

Tariq Ali, Fundamentalismus im Kampf um die Weltordnung. Die Krisenherde unserer Zeit und ihre historischen Wurzeln, München 2002.

Götz Aly, „Endlösung". Völkerverschiebung und der Mord an den europäischen Juden, Frankfurt a.M. 1995.

Jean Anouilh, Becket oder Die Ehre Gottes. Schauspiel in vier Akten, München 1965.

Stefan Aust/ Cordt Schnibben (Hg.), Der 11. September. Geschichte eines Terroranschlags, Stuttgart/ München 2002.

Robert Baer, Der Niedergang der CIA. Ein Enthüllungsbericht eines CIA-Agenten, München 2003.

James Bamford, NSA. Die Anatomie des mächtigsten Geheimdienstes der Welt, München 2002.

Johannes M. Becker/ Gertrud Brücher (Hg.), Der Jugoslawienkrieg – Eine Zwischenbilanz, Münster/ Hamburg/ London 2001.

Werner Biermann/ Arno Klönne, The Big Stick. Imperiale Strategie und globaler Militarismus, Köln 2003.

Klaus Bittermann/ Thomas Deichmann (Hg.), Wie Dr. Joseph Fischer lernte, die Bombe zu lieben. Die Grünen, die SPD, die Nato und der Krieg auf dem Balkan, Berlin 1999.

Edwin Black, IBM und der Holocaust. Die Verstrickung des Weltkonzerns in die Verbrechen der Nazis, München/ Berlin 2001.

Frank Böckelmann/ Hersch Fischler, Bertelsmann. Hinter der Fassade des Medienimperiums, Berlin 2004.

– Herbert Nagel, Nachwort, in: dies. (Hg.), Subversive Aktion. Der Sinn der Organisation ist ihr Scheitern, Frankfurt a.M. 2002.

Etienne de la Boetie, Über die freiwillige Knechtschaft des Menschen. Hrg. und eingel. Von Heinz-Joachim Heydorn, Frankfurt a.M. 1968.

Karl Bosl, Europa im Aufbruch. Herrschaft, Gesellschaft, Kultur vom 10. bis zum 14. Jahrhundert, München 1980.

– Frühformen der Gesellschaft im mittelalterlichen Europa. Ausgewählte Beiträge
zu einer Strukturanalyse der mittelalterlichen Welt, München/ Wien 1964.

– Gesellschaftsgeschichte Italiens im Mittelalter (Monographien zur Geschichte des Mittelalters Bd. 26), Stuttgart 1982.

James Bovard, Lost Rights, [...], 1994.

Jean-Charles Brisard/ Guillaume Dasquié, Die verbotene

Wahrheit. Die Verstrickungen der USA mit Osama bin Laden, Zürich/ München 2002.

Mathias Bröckers, Verschwörungen, Verschwörungstheorien und die Geheimnisse des 11.9., Frankfurt a.M. 2002.

Zbigniew Brzezinski, Die einzige Weltmacht. Amerikas Strategie der Vorherrschaft, Weinheim 1997.

Andreas von Bülow, Die CIA und der 11. September. Internationaler Terror und die Rolle der Geheimdienste, München 2003

— Im Namen des Staates. CIA, BND und die kriminellen Machenschaften der Geheimdienste, München 2002.

Christoph Butterwegge, Rechtsextremismus, Freiburg 2002.

— Michael Klundt (Hg.), Kinderarmut und Generationengerechtigkeit. Familien- und Sozialpolitik im demographischen Wandel, Opladen 2002.

Noam Chomsky, Arbeit, Sprache, Freiheit. Essay und Interviews zur libertären Trandformation der Gesellschaft, hg. Von Peter Peterson, Mülheim 1987.

— The Attack. Hintergründe und Folgen, Hamburg 2002.

— [/ David Barsamian], Haben und Nichthaben, Bodenheim 1998.

— Der neue militärische Humanismus. Lektionen aus dem Kosovo, Zürich 2000.

— Die politische Ökonomie der Menschenrechte. Politische Essays und Interviews, Grafenau 2001.

- Profit over People. Neoliberalismus und globale Weltordnung, Hamburg/ Wien 2000.
- Sprache und Gewalt, hrg. Von Michael Schiffmann, Berlin/ Bodenheim 1999.
- Wege zur intellektuellen Selbstverteidigung, Medien, Demokratie und die Fabrikation von Konsens, hrg. von Mark Achbar, München 1996.
- War against People. Menschenrechte und Schurkenstaaten, Hamburg/ Wien 2001.
- Wirtschaft und Gewalt. Vom Kolonialismus zur neuen Weltordnung, München 1995.
- / Joel Beinin/ Michael Emery/ Howard Zinn/ Craig Hulet, Die neue Weltordnung und der Golfkrieg, Grafenau 1999.

Michel Chossudovsky, Global Brutal. Der entfesselte Welthandel, die Armut, der Krieg, Frankfurt a.M. 2002.
- War and Globalisation. The Truth behind September 11 ...

Karl Christ, Geschichte der römischen Kaiserzeit. Von Augustus bis zu Konstantin, München 2002.
- Krise und Untergang der Römischen Republik, Darmstadt 2000.

Richard Clarke, Against all Enemies. Der Insiderbericht über Amerikas Krieg gegen den Terror, Hamburg 2004.

John K. Cooley, Unholy Wars. Afghanistan, America and International Terrorism, London/ Sterling 2000.

Diego Cordovez/ Selig S. Harrison, Out of Afghanistan. The Inside Story of the Soviet Withdrawal, Oxford 1995.

Michael Crawford, Die römische Republik, München 1987.

Antonio R. Damasio, Descartes' Irrtum. Fühlen, Denken und das menschliche Gehirn, München 1997.

Joel Dyer, Harvest of Rage. Why Oklahoma City is only the Beginning. With a new Epilogue by the Author, Colorado/ Oxford 1998.

Barbara Ehrenreich, Arbeit poor. Unterwegs in der Dienstleistungsgesellschaft, München 2001.

Jürgen Elsässer, Make Love and War. Wie Grüne und 68er die Republik verändern, Bonn 2002.

Michael Ewert, Blinde Flecken. Auschwitz und die Verherrlichung des Mechanischen, Hamburg 2001.

– Die problematische Kritik der Ideologie. Spekulative Schein (Kant, Fichte, Hegel, Marx) und seine polische Auflösung (die sozialdemokratische Erbengemeinschaft), Frankfurt a.M./ New York 1982

Rick Fanasia/ Kim Voss, Des syndicats domestiqués. Répression patronale et résistance, Paris 2003.

Johann Gottlieb Fichte, Grundlage der gesamten Wissenschaftslehre als Handschrift für seine Zuhörer (1794). Einleitung von Wilhelm G. Jacobs, Hamburg 1970.

Norman G. Finkelstein, Die Holocaust-Industrie. Wie das Leiden der Juden ausgebeutet wird, München 2001.

Thomas Frank, Le marché de droit divin. Capitalisme sauvage & populisme de marché, Marseille 2004.

Erich Fromm, Anatomie der menschlichen Destruktivität, Reinbek 1988.

– Arbeiter und Angestellte am Vorabend des Dritten Reiches, München 1980.

– Der revolutionäre Charakter, in: ders., Das Christusdogma und andere Essays, München 1992.

– Hitler - Wer war er und was heißt Widerstand gegen diesen Menschen?, in: ders., Über die Liebe zum Leben. Rundfunksendungen, hrg. von Hans Jürgen Schultz, München 1993.

– Wege aus einer kranken Gesellschaft. Eine sozialpsychologische Untersuchung, München 1993.

Francis Fukuyama, Das Ende der Geschichte. Wo stehen wir?, München 1992.

Mathias Greffrath, Die Zerstörung einer Zukunft. Gespräche mit emigrierten Sozialwissenschaftlern, Frankfurt a.M./ New York 1989.

Wassili Grossman/ Ilja Ehrenburg (Hg.), Das Schwarzbuch. Der Genozid an den sowjetischen Juden, Reinbek 1994.

Henryk Grossmann, Das Akkumulations- und Zusammenbruchsgesetz des kapitalistischen Systems (Zugleich eine Krisentheorie), Leipzig 1929.

Jürgen Habermas, Technik und Wissenschaft als ‚Ideologie'. Für Herbert Marcuse zum 70. Geburtstag am 19.VII.1968, in: ders., Technik und Wissenschaft als ‚Ideologie', Frankfurt a.M. 1969.

Philip Hammond/ Edward Herman, Degraded Capability, the Media and the Kosovo Crisis, London 2000.

Seymour Hersh, Die Befehlskette. Vom 11. September bis Abu Ghraib, Reinbek 2004.

Mark Hertsgaard, Im Schatten des Sternenbanners. Amerika und der Rest der Welt, München/ Wien 2003.

Raul Hilberg, Täter, Opfer, Zuschauer. Vernichtung der Juden 1933-1945, Frankfurt a.M. 1992.

– Die Vernichtung der europäischen Juden. Die Gesamtgeschichte des Holocaust, Frankfurt a.M. 1989.

Ted Honderich, Nach dem Terror. Ein Traktat. Erweiterte, revidierte und neu übersetzte Ausgabe, Neu-Isenburg 2004.

Daniel Hopsicker, Welcome to Terrorland. Mohammed Atta und seine amerikanischen Helfer. Mit einem Nachwort von Mathias Bröckers, Frankfurt a. M. 2004.

David Horowitz, Kalter Krieg. Hintergründe der US-Außenpolitik von Jalta bis Vietnam, Berlin 1983.

Samuel P. Huntington, Der Kampf der Kulturen. Die Neugestaltung der Weltpolitik im 21. Jahrhundert, München 1996.

Chalmers Johnson, Ein Imperium verfällt. Ist die Weltmacht USA am Ende?, München 2001.

Immanuel Kant, Zum ewigen Frieden. Ein philosophischer Entwurf, in: Kleinere Schriften zur Geschichtsphilosophie, Ethik und Politik, Hamburg 1964.

– [KpV=] Kritik der praktischen Vernunft, hrg. von Karl Vorländer, Hamburg 1967.

– Der Streit der Fakultäten, Hamburg 1959.

Paul Kennedy, Aufstieg und Fall der großen Mächte. Ökonomischer Wandel und militärischer Konflikt von 1500-2000, Frankfurt a.M. 2000.

Victor Klemperer, Ich will Zeugnis ablegen bis zum letzten. Tagebücher 1933-1945, hrg. von Walter Nowojski unter Mitarbeit von Hadwig Klemperer, 2 Bde, Berlin 1995.

David Kopel / Paul H. Blackman, No more Wacos: What's wrong with Federal Law Enforcement and How to fix it, [...]

Robert Kurz, Schwarzbuch Kapitalismus. Ein Abgesang auf die Marktwirtschaft, Frankfurt a.M. 1999.

Oswald Le Winter, The Dismantling of America [...]

Bernard Lewis, The Middle East and the West, Bloomington 1964.

Robert J. Lifton/ Eric Markusen, Die Psychologie des Völkermordes. Atomkrieg und Holocaust, Stuttgart 1992.

J. Robert Lilly, La Face cachée des GI's, Paris 2004.

John R. MacArthur, Die Schlacht der Lügen. Wie die USA den Golfkrieg verkauften, München 1993.

Jerry Mander, Gegen die steigende Flut, in: Jerry Mander/ Edward Goldsmith (Hg.), Schwarzbuch Globalisierung. Eine fatale Entwicklung mit vielen Verlierern und wenigen Gewinnern, München 2002.

Hans-Peter Martin/ Harald Schumann, Die Globalisierungsfalle, Reinbek 1996.

Karl Marx, [Gr.=] Grundrisse der Kritik der politischen Ökonomie, Frankfurt a.M./ Wien o.J.

– / Friedrich Engels, Werke Bd. 1, Berlin 1970.

– / Friedrich Engels, Werke Bd. 4, Berlin 1971.

Paul Mattick, Der Leninismus und die Arbeiterbewegung des Westens, in: ders./ Bernd Rabehl/ Juri Tynjanow/

Ernest Mandel, Lenin. Revolution und Politik, Frankfurt a.M. 1970.

— Marx und Keynes. Die Grenzen des 'gemischten Wirt-
schaftssystems', Frankfurt a.M. 1971.

Christian Meier, Res publica amissa. Eine Studie zu Verfassung und Geschichte der späten römischen Republik, Frankfurt a.M. 1997.

Thierry Meyssan, 11. September 2001. Der inszenierte
Terrorismus. Auftakt zum Weltenbrand? „Kein Flugzeug traf das Pentagon!', Kassel 2003.

— (Hg.), Pentagate. Foto- und Fragenkatalog zu einer
Inszenierung, Kassel 2003.

Lou Michel, American Terrorist … [Biographie McVeighs]

Anne Morelli, Principes élémentaires de propagande de
guerre, Brüssel 2001.

Robert H. Nelson, Economics as Religion: from Samuel-
son to Chicago and beyond, [Pittsburgh ?] 2001.

Saul K Padover, Lügendetektor. Vernehmungen im besieg-
ten Deutschland 1944.

Jacques Pauwels, Der Mythos vom guten Krieg. Die USA
und der Zweite Weltkrieg, Köln 2001.

William F. Pepper, Die Hinrichtung des Martin Luther
King. Wie die amerikanische Staatsgewalt ihren Gegner
zum Schweigen brachte, Kreuzlingen/ München 2003.

Thomas Piketty, Les Hauts Revenus en France au XXe
Siècle. Inégalités et redistributions 1901-1998, Paris,
2001.

Platon, Politeia, in: ders., Sämtliche Werke Bd. 2, Reinbek
1994.

Udo Pollmer/ Cornelia Hoicke/ Hans-Ulrich Grimm, Vorsicht Geschmack. Was ist drin in Lebensmitteln, Reinbek 2000.

Alfred Polgar, Budapest, in: Kleine Schriften Bd. 1: Musterung, hrg. von Marcel Reich-Ranicki in Zusammenarbeit mit Ulrich Weinzierl, Reinbek bei Hamburg 1982.

– Eine gespenstische Erscheinung, in: Kleine Schriften Bd. 4: Literatur, hrg. von Marcel Reich-Ranicki in Zusammenarbeit mit Ulrich Weinzierl, Reinbek 1984.

Heribert Prantl, Verdächtig. Der starke Staat und die Politik der inneren Unsicherheit, Hamburg/ Wien 2002.

Robert M. Ogilvie, Das frühe Rom und die Etrusker, München 1988. / 45, Frankfurt a.M. 1999.

Ignacio Ramonet, Kriege des 21. Jahrhunderts. Die Welt vor neuen Bedrohungen, Zürich 2002.

Ahmed Rashid, Heiliger Krieg am Hindukusch. Der Kampf um Macht und Glauben in Zentralasien, München 2002.

– Taliban. Afghanistans Gotteskrieger und der Dschihad. Mit einem Geleitwort von Heiko Flottau, München [2001].

Jeremy Rifkin, Das Imperium der Rinder. Der Wahnsinn der Fleischindustrie, Frankfurt a.M./ New York 2001.

William Rivers Pitt/ Scott Ritter, Krieg gegen den Irak. Was die Bush-Regierung verschweigt, Köln 2002

Alexander Rüstow, Die Religion der Marktwirtschaft, Münster 2001

– Das Versagen des Wirtschaftsliberalismus, hrg. von Frank P. u. Gerhard Maier-Rigaud, Marburg 2001.

Edward W. Said, Das Ende des Friedensprozesses. Oslo und danach, Berlin 2002.

– Frieden in Nahost? Essays über Israel und Palästina. Vorwort von Felicia Langer, Heidelberg 1997.

Pierre Salinger/ Eric Laurent, Krieg am Golf. Das Geheimdossier, München 1991.

Sallust, Historiae/ Zeitgeschichte, übersetzt und herausgegeben von Otto Leggewie, Stuttgart 1996.

– Die Verschwörung des Catilina. Übersetzung, Nachwort und Anmerkungen von Karl Büchner, Stuttgart 1999.

Philipp Sarasin, Anthrax. Bioterror als Phantasma, Frankfurt a.M. 2004.

Eric Schlosser, Fast Food Gesellschaft. Die dunkle Seite von McFood & Co, München 2002.

Arnold Schölzel (Hg.), Das Schweigekartell. Fragen & Widersprüche zum 11. September, Berlin 2002.

Hans von Sponeck/ Andreas Zumach, Irak. Chronik eines gewollten Krieges. Wie die Weltöffentlichkeit manipuliert und das Völkerrecht gebrochen wird, Köln 2003.

Zeev Sternhell, Aux origins d'Israël, Paris 2004.

Robert B. Stinnett, Day of Deceit. The Truth about FDR and Pearl Harbor, with a new Afterword, New York 2001.

Frances Stonor Saunders, Wer die Zeche zahlt … Der CIA und die Kultur im Kalten Krieg, Berlin 2001.

Julie Schor, The Overworked America: the unexpected decline of leisure, New York 1991.

Ernst Friedrich Schumacher, Small is Beautiful. Die Rückkehr zum menschlichen Maß, Heidelberg 1995.

Rolf Peter Sieferle, Bevölkerungswachstum und Naturhaushalt. Studien zur Naturtheorie der klassischen Ökonomie, Frankfurt a.M. 1990.

Stephen Thompson (Hg.), The Tenacity of the Cockroach. Conversations with Entertainment's Most Enduring Outsiders, New York 2002.

Emmanuel Todd, Weltmacht USA. Ein Nachruf, München 2003.

François Truffaut (with the collaboration of Helen G. Scott), Hitchcock, London 1969.

Craig Unger, Die Bushs und die Sauds. Öl, Macht und Terror, München/ Zürich 2004.

Gore Vidal, Das ist nicht Amerika! Essays, ausgewählt und hrg. von Willi Winkler, München 2000.

– Bocksgesang. Antworten auf Fragen vor und nach dem 11. September, Hamburg 2003.

– Ewiger Krieg für ewigen Frieden. Wie Amerika den Haß erntet, den es gesät hat, Hamburg 2002.

– Die vergeßliche Nation. Wie die Amerikaner ihr politisches Gedächtnis verkaufen, Hamburg 2004.

Julius Wellhausen, Prolegomena zur Geschichte Israels, Berlin/ New York 2001.

William A. Williams, Die Tragik der amerikanischen Diplomatie, Frankfurt a.M. 1978.

Gerhard Wisnewski, Operation 9/11. Angriff auf den Globus, München 2003.

Karl August Wittfogel, Die orientalische Despotie. Eine

vergleichende Untersuchung totaler Macht, Berlin 1977.

Bob Woodward, Bush at War. With an update on the war with Iraq, New York 2003.

– Der Angriff. Plan of Attack, München 2004.

Howard Zinn, Amerika, der Terror und der Krieg, Freiburg 2002.

– A People's History of the United States.